Wanderungen in der Provence

Maria und Bernd Riffler

Wanderungen in der Provence

Mit 85 Farbfotos, 47 Kartenskizzen
und 2 Übersichtskarten

Bruckmann

Einband/Vorderseite:
Lavendelfeld bei Valensole

Einband/vordere Klappe:
Der Pont du Gard

Einband/Rückseite unten:
Typisches mit Wein bewachsenes Haus in der Provence

Einband/Rückseite oben:
Sonnenblumenfeld bei Sisteron

Seite 2/3:
Bereits die Anfahrt zum Grand Canyon du Verdon hält einige Landschaftshöhepunkte bereit. So den Lac de Sainte-Croix, dem seine Entstehung als künstlicher Verdon-Stausee kaum noch anzumerken ist.

Vordere Einband-Innenseite:
Übersichtskarte

Hintere Einband-Innenseite:
Grandes Randonnées

Bildnachweis
Andreas Kloyer, Meerbusch: 17, 80/81, 82/83, 121, 126/127, 146, 148/149, 151 oben, 152/153, 159, 162/163, 184, 188/189. – Barbara Kloyer, Bernried: 2/3. – Maria Kloyer, Bernried: 8, 15, 79, 96, 97, 115, 119, 128, 135, 137, 139, 151 unten, 155, 157, 177, 180, 181, 183. – Martin Kloyer, Bernried: 19, 20, 21, 27, 35, 37, 41, 45, 47, 48/49, 55, 59, 63, 64/65, 71, 74, 75, 77, 87, 89, 91, 98/99, 101, 107, 109, 113, 140/141, 143, 168, 171, 173, 175. – Martin Thomas, Aachen-Alt Lemiers: 94/95, 103, 104/105, 122/123, Einband/Vorderseite, Einband/vordere Klappe, Einband/Rückseite unten. – Ernst Wrba, Sulzbach/Taunus: 11, 12, 24/25, 29, 30, 31, 52, 69, 72, 86, 132/133, 165, 169, Einband/Rückseite oben

Die Kartenskizzen zu den Touren und auf den Einband-Innenseiten zeichnete Bernd Riffler, Bernried.

Gedruckt auf chlorarm gebleichtem Papier

Die Deutsche Bibliothek – CIP-Einheitsaufnahme

Riffler, Maria:
Wanderungen in der Provence / Maria und Bernd Riffler. –
München : Bruckmann, 1992
(Erlebnis Wandern)
ISBN 3-7654-2456-0
NE: Riffler, Bernd:

Herstellung: Bruckmann Druck, München
Printed in Germany
ISBN 3-7654-2456-0

Inhaltsverzeichnis

Vorwort

Das Wort Provence weckt zuerst einmal beglückende Vorstellungen von Sonne und Wein. Insbesondere diesen Naturgeschenken, die gleichsam als Inbegriff südlicher Lebensfreude gelten, verdankt das mittelmeernahe Land im Süden Frankreichs den Sonderrang eines privilegierten Wohn- und Feriendorados wie auch seine bemerkenswerte Geschichte und kulturelle Fülle. So begegnet der Provencebesucher immer wieder beeindruckenden Zeugnissen aus den Jahrtausende und Jahrhunderte zurückliegenden keltischen, römischen und frühchristlichen Epochen. Das Erbe wurde von der großen Schar provencebegeisterter Künstler aufgegriffen, die vom Niederländer Vincent van Gogh bis zum Spanier Pablo Picasso das helle Licht suchten und hier für Monate oder für immer ihre Wahlheimat fanden.

Neben Kunst und Geschichte, Licht und Farbenglut, Wein und Lavendel bezaubert die vielbesungene Provence aber nicht weniger mit ihrer ungewöhnlichen Landschaftsvielfalt. So steht der Urwüchsigkeit der elegischen Camargue die Heiterkeit endloser Rebengärten, dem herben Reiz einsamer Höhenzüge und bizarrer Felsgestalten die wilde Romantik der Nesque- und Verdonschlucht gegenüber. Ein fortwährender Szenenwechsel, der nicht allein dem Autotouristen, sondern mehr noch dem Wanderer abwechslungsreiche wie erlebnisvolle Tage und Wochen verspricht.

Der vorliegende Führer versucht, dem breiten Spektrum gerecht zu werden, wenngleich die Aufgabe einer angemessenen Gewichtsverteilung nicht gerade leichtfiel. So hielten die Verfasser die Aufnahme der wichtigsten Stadtrundgänge für angebracht, wenngleich dabei das Wandern im sportiven Sinne naturgemäß zu kurz kommt.

Eine weitere Entscheidung betraf die Einbeziehung von alternativen Fahrradrunden, die uns zumal in der Camargue als ausgesprochenem Radlermekka und auch grundsätzlich geboten schien, weil in besonders heißen Sommern die waldbrandgefährdeten Reviere dem Wanderer nicht selten versperrt sind, so daß ein derartiges Ausweichprogramm durchaus begrüßt wird.

Eine dritte Überlegung galt der Abgrenzung des Tourengebiets, das im Westen über die gebräuchliche Rhônegrenze hinaus bis Nîmes ausgeweitet wurde, da die einstige römische Veteranensiedlung mit den Gebieten östlich der Rhône auf dem gleichen antiken Kulturboden steht.

Desgleichen wurde im Osten mit dem Grand Canyon du Verdon eine Ausnahme gemacht, wenngleich die Haute-Provence wegen ihres andersgearteten Landschaftscharakters und damit verbundenen Zuschnitts der Touren in diesem Führer notwendigerweise unberücksichtigt blieb. Die Berühmtheit der wildromantischen Felsschlucht, die zu den spektakulärsten europäischen Naturwundern zählt, ließ uns jedoch den grenzübergreifenden Abstecher in jeder Weise vertretbar erscheinen.

Keinerlei Kopfzerbrecher bereitete die nördliche Abgrenzung, die mit dem unübersehbaren Mont Ventoux und den Dentelles de Montmirail ebenso von natürlichen Gegebenheiten festgelegt ist wie die Südgrenze durch das Mittelmeer.

Nachdem die Fragen im Vorfeld geklärt waren, brachten die Tourenrecherchen manche zusätzliche Schwierigkeiten, die hauptsächlich mit den spezifischen Eigenarten provençalischer Geländeformen wie mit unüblichen, ungewohnten und unzureichenden Markierungen zusammenhingen. Außerdem erwiesen sich die meist zuverlässigen Karten des Institut Géographique National nicht in allen Details als brauchbare Orientierungshilfen, so daß bei zusätzlich schwankenden Wegverhältnissen Pfadfindertalente und Improvisationsvermögen immer wieder gefragt waren. In manchen Fällen, wie etwa am Étang de Berre, betraten wir als Fußwanderer buchstäblich Neuland, wobei uns das Kartenblatt nur leidliche Unterstützung gewährte.

Nicht sehr viel besser kann es dem wenig versierten Wanderer allerdings auch in einem wahren Tourenparadies wie dem Lubéron-Höhenzug ergehen, der zwar mit einem ausführlichen Routennetz bis in alle Winkel erschlossen ist, trotzdem aber den unerfahrenen Fußtouristen zumal im Verlauf mehrtägiger Unternehmungen vor mancherlei heikle Engpässe stellt. Hier wechselt die heitere Provence unversehens ihr Gesicht, wie es die alljährlichen Notfallstatistiken und Rettungsaktionen einprägsam verdeutlichen. Demgemäß sind die in unser Programm aufgenommenen Zwei-, Drei- und Viertageunternehmungen nur im komprimierten Kurztext aufgeführt, weil sich diese Vorhaben allein dem routinierten, mit jedem Gelände vertrauten Könner anbieten, der mit Stichwortangaben entscheidender Wegstationen und selbst dürftigen Kartenaussagen zurechtkommt. Unter derlei Vorzeichen sind die Durchquerungen der Alpilles, der Dentelles de Montmirail, des Petit Lubéron und des Sainte-Baume-Massivs natürlich absolute Höhepunkte unseres gesamten Tourenangebots.

Ein Großteil der nachfolgend vorgestellten und empfohlenen Wanderungen bewegt sich etappenweise auf Abschnitten der französischen Fernwanderwege, die als Grandes Randonnées mit vorbildlicher Kennzeichnung und vorzüglicher Betreuung jedes Wandererherz höher schlagen lassen. Alle Kritik und jeder Ärger, wenn man wieder einmal vor den Toren und einem zornigen vierbeinigen Wächter eines der zahlreich aus dem Boden schießenden Urlaubschalets die Segel streichen muß, sind schnell vergessen, wenn man auf einem dieser Pfade dahinspaziert, die ohne Unterbrechung über Berg und Tal das ganze Land durchmessen.

So gesehen wird selbst der von den alpennahen Ferienhochburgen verwöhnte und möglicherweise mit dem Vorurteil von südländischer Lässigkeit angetretene Provencewanderer in der Summe zu der eindeutigen Überzeugung gelangen, daß sich auch in der einstigen römischen Lieblingsprovinz Gallia Narbonensis nicht nur bei Wein, Sonne und Kultur, sondern ebenso auf Schusters Rappen viele glückliche Stunden verbringen lassen.

Möge dieser Führer für diese Art des Provence-Erlebens recht viele Freunde gewinnen!

Maria und Bernd Riffler

Das ehrwürdige Gemäuer der betagten und einst bedeutenden Abtei von Sénanque gehört mit dem davor ausgebreiteten Teppich der Lavendelfelder zu den anrührendsten Motiven in der Provence (Tour 17).

Einführung

Unser Tourengebiet – Abgrenzung, Landschaftscharakter

Die Grenzen der Provence werden unterschiedlich definiert. Gegenüber den Festlegungen, die 1879 im Zuge der Aufteilung in die Departements Bouches-du-Rhône, Vaucluse, Var, Alpes-de-Haute-Provence und Alpes-Maritimes getroffen wurden, behauptet sich nach wie vor die Grenzziehung der einstigen römischen Provinz Gallia Narbonensis. Im vorliegenden Provence-Wanderführer wird dem zweitgenannten Gesichtspunkt des gemeinsamen antiken Kulturbodens der Vorzug gegeben und das Tourengebiet im Westen über die Rhône hinaus bis nach Nîmes ausgeweitet. Andererseits bleiben die Departements Haute-Provence und Alpes-Maritimes mit Ausnahme des grandiosen Canyon du Verdon unberücksichtigt, dessen Einbeziehung als eines der eindrucksvollsten europäischen Naturwunder den Verfassern unentbehrlich erschien. Das Departement Var wird konsequenterweise nur in seiner Westhälfte berührt. Demgemäß konzentriert sich unser Wander- und Tourenprogramm hauptsächlich auf die Departements Bouches-du-Rhône und Vaucluse, die zwischen Mont Ventoux und Mittelmeer nach wie vor das Herz der Provence bilden.

Die Landschaft im Geviert von Nîmes, Cassis, Canyon du Verdon und Mont Ventoux ist entgegen gelegentlichen Vorurteilen von überwiegend gebirgigem Charakter, während die Talebenen eher eine nachgeordnete Rolle spielen. Diese Ausprägung ist das Nebenprodukt der vor 60 Millionen Jahren erfolgten Pyrenäenauffaltung, die bis in die ferne Provence ausstrahlte und dort den Boden des einstigen Tethysmeeres zu Höhenzügen und Kalkkämmen hochschob.

Diesen Vorgängen verdankt der heutige Provencewanderer die unerschöpflichen Dorados vom Mont Ventoux über die Alpilles und den Sainte-Victoire bis zum Sainte-Baume-Massiv, die sich als vornehmlich ostwestlich hingelagerte Höhen- und Gebirgszüge in gleichmäßiger Folge aneinanderreihen. Nimmt man noch die bizarren Dentelles de Montmirail, die kleine, zergliederte Montagnette, das Vaucluse-Plateau, den waldreichen, einsamen Lubéron oder die Chaîne de l'Etoile hinzu, wird der alpenbeheimatete Feriengast möglicherweise von geradezu vertrauten Gefühlen überrascht, die im sonnenverwöhnten Weinmekka gänzlich abwegig schienen. Selbst das Mittelmeerufer der Provence zeigt zwei verschiedene Gesichter, von denen die wildromantische Calanques-Felsküste um Cassis ein weiteres Mal den bewegten Landschaftscharakter der Provence verdeutlicht, während das Rhôneschwemmland der Camargue das andere Extrem eindrucksvoll vor Augen führt.

Den Gegensätzen der Landschaft entspricht unser kontrastreiches Tourenprogramm, das vom harmlosen Spaziergang durch freundliche Rebengärten bis zum anspruchsvollen Ausflug in ernstere Felsregionen reicht. Dabei wurden neben etlichen Halbtages- und Ganztagesunternehmungen einige mehrtägige Touren berücksichtigt, die mit ihrem Erlebnisgehalt auch den letzten Skeptiker endgültig zum überzeugten Provencewanderer bekehren.

Streifzug durch die Geschichte

Schon 400 000 v. Chr. lebte an der Mittelmeerküste ein Jägervolk. Seit 100 000 v. Chr. lassen sich Siedler nachweisen, die bereits bis in die Ventoux-Gegend vordrangen. Im zweiten vorchristlichen Jahrtausend kamen die Ligurer. 600 v. Chr. wurde von griechischen Phokäern aus Kleinasien die Hafenstadt Marseille gegründet. Im 4. Jahrhundert vor Christus traten die Kelten auf, die südwärts drängten und Marseille bedrohten, jedoch 122 v. Chr. von den römischen Verbündeten geschlagen wurden. Damit begann die ein halbes Jahrtausend währende Römerära, die vom Pont du Gard bis zum Theater in Orange unübersehbare Spuren hinterließ.

Die Provincia Gallia Narbonensis, bevorzugte Altersabsteige verdienter römischer Veteranen, sah unter Kaiser Konstantin, der 314

n. Chr. kurzzeitig in Arles residierte, noch einmal glanzvolle Tage. Dann folgten wirre Jahrhunderte, in denen nach dem Niedergang Roms wilde Barbarenhorden das Land an der Rhône heimsuchten. Erst mit der Einbindung ins karolingische und der späteren Eingliederung ins Heilige Römische Reich konsolidierten sich wieder die Verhältnisse. So erfuhr Arles 1178 eine neuerliche Aufwertung, als sich Kaiser Friedrich Barbarossa hier zum König von Arles krönen ließ.
Die nächste Epoche bis zum 16. Jahrhundert war voller Widersprüche. Während einesteils unter König René dem Guten die Provence in der zweiten Hälfte des 15. Jahrhunderts eine unerhörte kulturelle und auch wirtschaftliche Blüte erlebte, entbrannten draußen auf dem Lande, wo nicht nur Kartäuser-, Cluniazenser- und Zisterzienserklöster, sondern auch Albigenser- und Waldensergemeinden entstanden, erbitterte und grausam geführte Glaubenskämpfe, die 1545 zu einem furchtbaren Blutbad eskalierten, als der kirchenhörige französische König Franz I. ein Mordkommando zu den Waldenserschlupfwinkeln an den Lubéron-Nordhängen schickte und mehr als zwanzig Dörfer niedermachen ließ. Dazu wurden zweitausend Menschen hingemetzelt, während an die sechshundert Männer nach Marseille als Galeerensklaven wanderten. Kein Ruhmesblatt für die Kirche, die andererseits mit ihren höchsten Würdenträgern von 1307 bis 1377 in ihrer Ausweichresidenz Avignon glanzvoll Hof hielt.
Nach dem finsteren Häretikerkapitel wurde es um die Provence für einige Zeit etwas stiller, die erst wieder mit der Französischen Revolution ins Rampenlicht trat, als der zwielichtige Graf Mirabeau in Aix im Januar 1789 zu freien Wahlen aufrief und drei Jahre später in Marseille ein Lied die Runde machte, das als Marseillaise vom revolutionären Kampfgesang zur französischen Nationalhymne aufstieg.
Von Napoleon trotzdem nur mit Achtung gestraft, erlebte die 1879 in fünf Departements aufgeteilte Provence seit der Mitte des 19. Jahrhunderts neuerdings einen bemerkenswerten Höhenflug, der bis heute anhält. Neben den zunächst tragenden Säulen, Landwirtschaft und Industrie einesteils, wachsender Künstlerzuspruch andererseits, hat sich seit etlichen Jahrzehnten auch der Tourismus zum bedeutenden Wirtschaftsfaktor entwickelt, der sich allerdings in erster Linie auf die Städte und Küstenstreifen konzentriert und im Rahmen unseres Wanderprogramms in seiner massierten Form nach Möglichkeit gemieden wird.

Klima und Witterung – beste Reisezeit

Die günstigste Reise- und Wanderzeit hängt in der Provence mehr als anderswo mit den klimatischen Gegebenheiten zusammen. Entsprechend der Lage im Süden Frankreichs sind die Temperaturen in den Monaten Juni und vor allem Juli und August extrem hoch. 40 Grad sind keine Seltenheit und schon ruhenderweise für manchen eine starke Belastung. Unter derlei Bedingungen noch körperliche Leistung zu bringen, scheidet in aller Regel aus. Am schönsten ist es also im Frühjahr, wenn die Provence wieder in frischer Farbenpracht erblüht, und im warmen Kolorit des ausklingenden Jahres, wenn die gemäßigten Temperaturen im Gegensatz zu unseren feuchtkühlen Novemberverhältnissen als wohltuend mild empfunden werden.
Wenngleich die Vorstellung schwerfällt, kennt auch die Provence Gewittergüsse und ergiebigere Niederschlagsperioden. Allerdings unterscheiden sich in diesem Punkt die Mittelmeerküste und das nördlichere Bergland ganz erheblich. Während es in Marseille an 50 Tagen im Jahr regnet, liegt die Quote in den Gebirgsgebieten dreimal so hoch.
Ein besonderes Phänomen sind die gelegentlich auftretenden Saharaglutwinde und das kalte Pendant aus der nördlichen Gegenrichtung, das unter dem Namen Mistral geradezu Furcht auslöst. In gleicher Weise, in der unser Föhn die Temperaturen binnen weniger Stunden in die Höhe treibt, bedingt der vom Alpenzentralmassiv ankommende Eissturm Temperaturstürze von 10 und mehr Grad. Nach einer alten Bauernregel hält sich der Mistral an einen Dreitagesrhythmus und sucht die Provence drei, sechs oder neun Tage heim, wobei der Monat März, der Herbst

Der Lubéron-Bauernhof inmitten üppiger Rebengärten ist eines der typischen Motive, denen der Provencewanderer auf Schritt und Tritt begegnet.

Aus der Intimität und Behaglichkeit des noblen Innenhofs spricht die heitere Gelassenheit und Lebensfreude des südlichen Frankreich.

und der Winter besonders kritische Zeiten sind.

Trübt schon der Mistral die Idealvorstellung von der immerfreundlichen, bacherlwarmen Provence, bedeutet der winterlich meist ergiebige Schneefall in den höheren Lagen und vornehmlich am Mont Ventoux eine weitere Irritation, die aber halt auch zur Vervollständigung des Provencebilds gehört.

Unterkunft – Übernachtungsmöglichkeiten

Die C.A.F.-Hütten des französischen Alpenvereins sind in der Regel sehr schlicht ausgestattet. Komfort und französische Lebensart sucht man hier also vergeblich. Trotzdem läßt sich's für eine Übernachtung in derlei Unterkünften schon aushalten. Entsprechende Auskünfte erhält man über die Adresse: Cimes, Rue de la République 14, 38027 Grenoble-Cedex (Tel. 76-54 34 36). Eine Klasse höher liegen die Gîtes d'Etape, die als spezielle Unterkünfte für Wanderer konzipiert sind und mit Schlaf-, Aufenthalts- und Kochräumen den Grundbedürfnissen entsprechen. Wenngleich Luxus auch hier noch ein Fremdwort ist, sind naturverbundene und auf solide Preise bedachte Wanderer bei diesen Herbergen an der richtigen Stelle. Da es zumindest in der Ferien- und Urlaubshochsaison von diesen wenig Anspruchsvollen recht viele gibt, kann der Platz in den Gîtes d'Etape gelegentlich sehr knapp werden. Wer eine der nachgenannten mehrtägigen Unternehmungen und dabei ein derartiges Quartier ins Auge faßt, sollte sich also vorher per schriftlicher Anfrage oder per Telefon über das Nachtlager Auskünfte einholen. Die Adressen beziehungsweise Telefonnummern lassen sich bei den örtlichen Tourismusbüros erfragen oder den speziellen Randonnée-Magazinen entnehmen, die unter folgender Adresse zu beziehen sind: Fédération française de Randonnée pédestre, 9, Avenue George V, Tel. 47 23 62 32.

Wer sich für mehrere Tage oder Wochen einmieten möchte, wird sich allerdings nach anderen Möglichkeiten umsehen.

Besonders preisgünstig erweisen sich in der Regel private Ferienzimmer (Chambres d'hôte) oder Ferienhäuser (Gîte rural). Die Vermieter von Ferienzimmern sind meistens beim örtlichen Verkehrsverein (Syndicat d'Initiative) zu erfahren. Auskünfte über die Ferienhäuser erteilt hingegen die Fédération nationale des Gîtes ruraux de France, 35, Rue Gogot-de-Mauroy, F-75009 Paris.

Als nächstes kommen die Relais de Tourismе, kurz R.T.-Hotels, in Betracht, die als Gasthöfe einfacheren Zuschnitts normalerweise mit wenigen Zimmern und schlichterem Komfort, nicht selten aber zum Ausgleich mit einer guten Spezialitätenküche aufwarten.

Neben diesen Häusern, die nicht einer amtlichen Überwachung unterstellt sind, bieten sich als weitere Möglichkeit die mit einem Kamin im grünen Wappen gekennzeichneten Logis de France an, die als aufgefrischte Traditionsunterkünfte mit solidem Komfort und Preisgefüge als gutbürgerliches Mittelmaß anzusehen sind. Auch dafür gibt es eine eigene Adresse: Fédération Nationale des Logis de France, 25, Rue Jean Mermoz, F-75008 Paris.

Wie die Logis sind die am blauen Sechseck erkennbaren und in Sterne-Komfort-Klassen eingeteilten Hotels einer gleichmäßigen staatlichen Kontrolle unterworfen. Je nach Geldbeutel kann man also zwischen einem Ein- oder Fünf-Sterne-Hotel wählen und den jeweils festgelegten Service in Anspruch nehmen.

Hotelverzeichnisse erhält man entweder bei den örtlichen Verkehrs- oder Tourismusämtern oder über die in Deutschland eingerichteten französischen Fremdenverkehrsämter in: 6000 Frankfurt, Kaiserstraße 12, Postfach 100128 (Tel. 068/756083-0) oder: 4000 Düsseldorf, Berliner Allee 26 (Tel. 0211/ 80375).

Als weitere Informationsquellen bewähren sich außerdem die rund ums Jahr besetzten Tourismuszentralen der Provence-Departements:

Departement Bouches-du-Rhône: Comité Départemental du Tourisme, 22a Rue Louis-Maurel, F-13006 Marseille;

Departement Vaucluse: Chambre Départementale de Tourisme, La Balance, Place Compana B.P. 147, F-84008 Avignon Cedex;

Departement Var: Comité Départemental de Tourisme, Conseil Général B.P. 99, F-83003 Draguignan Cedex.

Besondere Aufmerksamkeit wird den jungen Touristen gewidmet. Die Organisation »Acceuil des Jeunes en France« vermittelt Jugendlichen Übernachtungsquartiere vom guten Hotel bis zum Studentenheim. Hier die Adresse: Acceuil des Jeunes en France, 12, Rue des Barres, F-75004 Paris.

Außerdem läßt sich auch in Frankreich eine »Auberge de Jeunesse« auftreiben. Wer eine Jugendherberge benutzen will, benötigt allerdings einen internationalen Jugendherbergsausweis. Zur Vorinformation wird man sich entweder beim heimatlichen Jugendherbergsverband oder bei der Fédération Unie des Auberges de Jeunesse, 6, Rue Mesnil, F-75116 Paris, ein internationales beziehungsweise französisches Jugendherbergsverzeichnis besorgen.

Ebenso wird in Frankreich an Behinderte gedacht. Wer eine Herberge mit entsprechenden Einrichtungen sucht, wende sich an: A.P.F., Délégation de Paris, 22, Rue du Père Guérin, F-75013 Paris.

Schließlich muß man auch als Camper nicht auf gut Glück losreisen, weil zum ersten der ADAC und zum zweiten die bereits genannten Verkehrsbüros entsprechende Verzeichnisse der Campingplätze bereitstellen.

Noch ein Wort zu den Preisen, die in der Provence wie überall in Frankreich nicht gerade gering sind: Zwischen Doppel- und Einbettzimmer wird selten ein Unterschied gemacht. Außerhalb der hochsommerlichen Urlaubshauptsaison kann mit Preisabschlägen gerechnet werden. Fehlt beim Hotelpreis der Zusatz »tout compris«, ist ein Bedienungsaufschlag von 15% üblich.

Wer sich grundsätzlich vor unangenehmen Überraschungen schützen möchte, wird sich rechtzeitig, das heißt nach Möglichkeit einige Monate vor der Urlaubsreise, mit Quartierverzeichnissen befassen, weil die preisgünstigen Herbergen schnell vergriffen sind. Hinweise aus dem Freundes- und Bekanntenkreis können dabei natürlich sehr hilfreich sein. Ist ein passendes Hotel gefunden, steht in der Regel eine Vorauszahlung an.

Noch ein letzter Tip der Verfasser: Wer Sinn für Atmosphäre hat und nicht unbedingt in einem seelenlosen Massenquartier einer Hotelkette landen will, sollte sich beispielsweise einer klösterlichen Hôtellerie anvertrauen. Saint-Michel-de-Frigolet in der malerischen Montagnette oder Lumières an der N 100 von Avignon nach Apt sind zwar keine Luxusadressen, aber gediegene Absteigen mit einem Fluidum, das vieles wettmacht.

Bekleidung – Ausrüstung – Verpflegung

Wie im Kapitel über das Provence-Klima bereits verdeutlicht, ist die Vision vom stets blauen Himmel und warmen Lüfterl ein Wunschtraum, der nicht immer den Realitäten entspricht. Wir haben in Cassis einen Platzregen erlebt, der die Straßen in Bäche verwandelte. Wir sind unversehens von einer Mistral-Attacke überrascht worden, die uns zu halben Eiszapfen auskühlte. Also: Genauso wie in den Alpen selbst an noch so strahlenden Tagen nie ohne Zusatzkleidung für alle Eventualitäten aus dem Quartier gehen. Das heißt, daß stets ein Regenschutz, warme Pullis, gegebenenfalls ein Anorak, Mütze und möglicherweise sogar Handschuhe mitzuführen sind, wenn man im Frühjahr oder Herbst zu einer Wanderung in höhere Regionen aufbricht.

Ist man entgegen jeder besseren Vernunft an einem brütend heißen Sommertag unterwegs, wird man den Kopf tunlichst mit einer Leinenmütze oder einem sonstigen Hütchen gegen die Sonnenstrahlen schützen.

Besonderes Augenmerk gilt dem Schuhwerk. Abgesehen von den Stadtrundgängen benutzen die meisten unserer Wanderungen und Touren ruppigere Schotterwege, unbefestigte Naturpfade oder unruhige Felssteige, so daß mit leichtem Schuhmaterial keine Lorbeeren zu holen sind. Vernünftige und erfahrene Wanderer lassen sich deshalb nicht erst lange auf Sandalen-Experimente ein und ziehen solide Wanderstiefel mit griffigen Profilsohlen an.

Zur Ausrüstung gehören außerdem die gängigen Standardutensilien, die dem Routinier zur Selbstverständlichkeit geworden sind, weil sie immer wieder einmal benötigt werden: Notapotheke mit Verbandsmaterial, Schmerz- und Kreislaufmitteln, Merfen orange u. ä. Außerdem Taschenmesser, Taschenlampe, Ersatzwäsche und sonstige persönliche Unverzichtbarkeiten. Sonnenschutzcreme und Lippenschutz sollten stets zur Hand sein. Wer alleine wandert, sollte nach Möglichkeit ein akustisches Verständigungszeichen, wie etwa ein Pfeiferl, mitführen. Noch zuverlässiger sind optische Verständigungssignale, wie etwa Leuchtraketen, selbst wenn derlei Empfehlungen reichlich überzogen erscheinen. Wer jedoch bedenkt, daß eine Reihe der anschließend beschriebenen Routen stellenweise durch völlig entlegene Winkel und Gegenden führt, wird im Falle eines Sturzes und dadurch bedingter Bewegungsunfähigkeit oder bei einer in der Wärme nicht auszuschließenden Kreislaufattacke den Sinngehalt dieser Ratschläge schnell begreifen.

Ein letztes und wichtiges Wort zur Verpflegung: Wegangrenzende Restaurants und sonstige Verpflegungsstationen gehören zumindest bei den hier beschriebenen Unternehmungen zu den schmerzlich vermißten Schwachstellen. Wer also ohne Proviant und vor allem Wasser antritt, wird einige Qualen auszustehen haben, bevor er bei der Zwischenstation oder am Ziel, wenn's gut geht, mit trockener Zunge und ausgedörrter Kehle zu etwas Trinkbarem gelangt. Das Gebot lautet auch aus medizinischer Sicht: Wasser in ausreichender Menge mitnehmen und lieber beim festen Proviant etwas kürzer treten. Zwei bis drei Liter sind die Untergrenze des täglichen Flüssigkeitsbedarfs. Bei anstrengenderen Wanderungen liegt das Minimum um einiges darüber. Bevor man erst lange mit mehreren, oft gar noch bruchgefährdeten Glasflaschen anfängt, wird man sich also gleich einen Plastik-Mehrlitertank zulegen, der die Tagesration selbst für eine Kleinwandergruppe oder Familie aufnimmt.

Soweit es die feste Verpflegung betrifft, gelten in der südlichen Wärme fast noch mehr die altbewährten Bergsteigerregeln: Kalorienreiches, Schmackhaftes in häufigerer, kleinerer Dosierung.

Wanderwege – Karten – notwendige Orientierungshilfen

Die Grandes Randonnées, zumeist mehrere hundert Kilometer lange Fernwanderwege, sind das Aushängeschild der französischen Wanderbewegung. Dementsprechend sind die Routen mit parallelen weiß-roten Streifen in der Regel ausreichend und zuverlässig markiert. Die Symbole sind einheitlich und

Der magische Zauber eines privilegierten Malerdorados gründet nicht allein in der Sonne und Farbenglut, sondern ebenso im Motivreichtum der Provence.

gut verständlich. Überkreuzen sich der rote und der weiße Streifen, wird damit auf einen falschen Weg hingewiesen. Sind die Streifen geknickt, ändert sich die Wegrichtung in der angedeuteten Weise. Eine erfreuliche Konstante im Vielerlei lokaler Markierungsvarianten. Ein besonders begrüßenswerter und dankbar empfundener Aspekt insbesondere jedoch für den Provencewanderer, der hier den Grandes-Randonnées-Routen in konzentrierter Häufigkeit begegnet. Beim näheren Hinsehen zeigt sich aber auch bei den Randonnées, daß die populären Routen sorgfältiger gewartet werden als manche der seltener begangenen.

So benötigt man selbst bei manchen Grandes Randonnées und mehr noch bei den übrigen lokal versorgten Wegen aussagekräftige und detailliert ausgearbeitete Wanderkarten. Wie schwierig ein derartiger Wunsch allerdings in die Tat umzusetzen ist, mag am Beispiel der Chaîne de l'Etoile über Marseille erläutert werden, deren Wege und Gipfelbezeichnungen auf maßstäblich unterschiedlichen Kartenblättern teilweise erheblich voneinander abweichen. Wird dann von einem einheimischen Jäger und Gebietskenner ein zusätzlicher, auf keinem Kartenblatt vermerkter Name ins Spiel gebracht, wäre die Verwirrung vollständig, wenn nicht die Berge handfest vor uns stünden und Bezeichnungen demgegenüber nicht letztendlich Schall und Rauch wären.

Trotz gelegentlicher Ungereimtheiten und kartographischer Großzügigkeit, die den Verfassern als langgedienten Wanderführerautoren überall begegnen, sind die Karten des französischen Instituts Géographique National (Cartes IGN und Editions Didier Richard), die im Maßstab 1:25000, 1:50000 und 1:100000 angeboten werden und in der Provence müheloser und billiger zu bekommen sind als in Deutschland, insgesamt recht brauchbare Orientierungshilfen. Dennoch wird man als sinnvolle Ergänzung stets einen Kompaß und Höhenmesser mitführen, um vor allem im unübersichtlicheren Gelände die Standortbestimmung und Wegsuche zu unterstützen.

Grundsätzlich muß der Wanderer leider auch in der Provence die Erfahrung machen, daß seine Interessen gelegentlich völlig übergangen werden. Abgesehen von den lokal betreuten Sentiers, bei denen eine durchlaufende Markierung und ein kartenkonformer Weg eher als Ausnahme zu werten sind, kann man hin und wieder sogar auf einer Grande Randonnée vom Ärgernis eines neuerrichteten Landsitzes überrascht werden, der mitsamt seinen vierbeinigen Bewachern den Weg verstellt. Hier heißt es umzudisponieren, eine Notwendigkeit, die nicht in jedem Fall so ohne weiteres gelingt.

Auch werden in der Provence Wege aufgegeben, neu angelegt, anders trassiert, so daß manche Angaben in diesem Wanderführer vielleicht schon wieder überholt sind, wenngleich die Recherchen jüngeren und jüngsten Datums sind.

Die Verfasser sind sich dieses grundsätzlichen Mankos aller Wanderführer wohl bewußt und bitten gegebenenfalls um wohlwollendes Verständnis, aber auch darum, den Groll nicht hinunterzuschlucken, sondern den Verlag von derlei Beobachtungen und Unrichtigkeiten in Kenntnis zu setzen. Schließlich kommen die Korrekturen den nächsten Benutzern des Wegbegleiters zugute.

Waldbrände – die ewige Crux der Provence

Die regelmäßig wiederkehrenden Schrekkensmeldungen von verheerenden Brandkatastrophen und die beklemmenden Bilder von turmhohen Flammenmeeren sind jedem bekannt. Wer bei Cassis, beim Pont du Gard oder bei der Fontaine de Vaucluse wandert, begegnet hautnah den gespenstischen Zeugnissen der Vernichtungswelle, die in den heißen Sommermonaten als stets präsente Gefahr die Provence bedroht, zumal in der trokkenen Wärme und im ausgedörrten Land nur ein einziger Funke genügt. Dem Wanderer sei demnach dringend ans Herz gelegt, äußerste Disziplin zu wahren und folgende, auf unzähligen Hinweistafeln propagierten Regeln strikt einzuhalten:

Kein offenes Feuer, wo auch immer, anlegen!

Keine Zigarettenkippen oder Streichhölzer austreten oder gar wegwerfen!

Keine Gegenstände mit Brennglaswirkung, wie etwa Flaschen, liegenlassen!

Sofort bei der nächsterreichbaren Stelle oder Person Alarm schlagen, wenn irgendwo Feuer entdeckt wird!

Der Grand Canyon du Verdon zählt zu den spektakulärsten europäischen Naturwundern. Dementsprechend steht die seit 1905 erforschte Schlucht im Brennpunkt des touristischen Interesses (Tour 34).

Wer sich so verhält, hilft auf seine Weise, Schlimmes zu vermeiden, und trägt außerdem dazu bei, daß er und andere ihre Wanderfreuden ungeschmälert genießen können. Nehmen die Unvernunft und das Risiko überhand, sperren die Departement-Verwaltungen nämlich schon mal für den ganzen Sommer und Frühherbst sämtliche brandgefährdeten Wälder, so daß man nicht selten unverrichteter Dinge zur Aufgabe gezwungen wird. Ein Vorgang, der den Verfassern ein paarmal einiges Mißvergnügen bescherte.

Von Nîmes bis Avignon

1 Rundgang durch Nîmes

Industriestadt mit Römertouch

Tagesunternehmung; bestens erhaltene, bedeutende Zeugnisse aus der römischen Epoche, demnach für jeden Antike-Begeisterten ein absolutes Muß.

Wenngleich Nîmes, die Zentrale des Departements Gard, strenggenommen nicht mehr zur Provence gezählt werden darf, wurde die Stadt dennoch in unser Programm aufgenommen, weil die historischen Zusammenhänge und Gemeinsamkeiten mit den anderen Städten der Provence, wie etwa Arles, die Einbeziehung nahelegen. Denn wie Arles, der unter Julius Cäsar gegründeten Veteranenkolonie, entstand Nîmes als Alterssitz für die kampfesmüden Legionäre, die in Ägypten und am Nil dem römischen Imperium dienten. So ist auch das Krokodil im Wappen von Nîmes zu verstehen, das eine Kette an eine Palme bindet.

Der Name der Stadt, die heute mit großstädtischen Bevölkerungsdimensionen und reichlich Industrie für den Besucher erst nach und nach an Atmosphäre und gelegentlich gar an beschaulicher Intimität gewinnt, geht auf die keltische Urbevölkerung und auf den gallischen Brunnengott Nemausus zurück, der hier in einer Quelle Verehrung fand.

Im Jahre 16 v. Chr. wurde aus der keltischen Volskermetropole die »Colonia Augusta Nemausensis« und das »wahre französische Rom«, dem massive Befestigungsanlagen sicheren Schutz gewährten.

Nach der ersten Hochblüte im zweiten nachchristlichen Jahrhundert erfuhr die Römersiedlung, wohl eine der größten Galliens, einen raschen Niedergang. Als die Westgoten einfielen, nützte es den Römern wenig, daß sie sich in die mit Wassergraben und Türmen bewehrte Arena verschanzten.

In der Folge stand Nîmes unter den Belastungen fanatisch geführter Glaubenskämpfe, die bis ins 8. Jahrhundert anhielten. Als nächste Prüfungen erfolgten der Sarazeneneinfall und die Ablösung der Westgotenägide durch die Araberheerdrangsal, die schließlich von Karl Martell beendet wurde.

Nach den düsteren Zeiten bis zur Mitte des 8. Jahrhunderts dezimierte sich die Bevölkerung Nîmes' zusehends. Ein Aderlaß, der sich erst im 11. Jahrhundert wieder ins Gegenteil verwandelte, als der Graf von Toulouse die Stadt in Besitz nahm und einen neuen Aufschwung einleitete.

Die Karriere zur wohlhabenden Handelsstadt und zum bedeutenden Textilzentrum wurde allerdings immer wieder durch heftige Glaubensfehden unterbrochen, in deren Verlauf 1389 auch die zwangsenteigneten Juden schwer unter die Räder kamen.

Als letzte und schwerste Bewährungsprobe erwies sich die 1532 einsetzende Reformation, die 1566 in der Nacht des heiligen Michael, der später so benannten »Michelade«, zur Plünderung vieler katholischer Kirchen und zur Hinrichtung von hundert katholischen Bürgern eskalierte.

Seit 1570 beruhigten sich indessen die Gemüter, so daß einer anhaltenden gesellschaftlichen und wirtschaftlichen Konsolidierung bis zum beginnenden 19. Jahrhundert nichts mehr im Wege stand. 1815 machte der Tod mit dem »Weißen Schrecken«, eine Krankheit unbekannter Herkunft, noch einmal ergiebige Ernte. Seitdem blieb die Stadt von gravierenden Schicksalsschlägen verschont.

Wer sich von Nîmes nur einen Rundblick verschaffen möchte, steigt von den Gärten um die Nemausus-Quelle unterm schattigen Föhren- und Zederndach zum Mont Cavalier hinauf und erklimmt möglicherweise noch die hundertvierzig Stufen zum obersten Punkt der Tour Magne, jenes trutzigen Wehr- und Wachturms aus frührömischer Zeit, der dem Stadtbesucher schon weit außerhalb der

Die einstige römische Veteranenkolonie Nîmes hat sich nach langer, wechselvoller Geschichte zur modernen Handelsstadt gemausert, die sich jedoch stellenweise ein idyllisches Flair bewahrte.

BAR LE PARISIEN

Der »Maison Carrée« genannte, noch völlig intakte Römertempel im Zentrum von Nîmes wird wenig respektvoll von lebhaftem Verkehr umbrandet. Ein Stich in die Seele des feinsinnigen Antikefreunds!

Stadtgrenzen beherrschend in die Augen fällt.
Nimmt man sich jedoch einen Stadtrundgang vor, wird man zumindest als Autoreisender eher bei der Place de la Libération am Nordostrand der Römer- und Altstadt beginnen, der dank einer zuverlässigen Beschilderung nicht zu verfehlen ist. Außerdem findet sich hier eine Parktiefgarage, in der man in aller Regel sein Fahrzeug unterbringt.

Stadtrundgang

Die Hinweise auf die *Place de la Libération* setzen so rechtzeitig ein, daß die Tiefgarage unter der großzügig bemessenen Platzanlage auch für den Ortsfremden und ohne Stadtplan problemlos erreicht wird. Ist der Wagen verstaut, spaziert man in westlicher Richtung und über die *Rue de la République* gleich zum ersten antiken Höhepunkt, dem *Amphitheater* (1), das mit der Wucht seines massigen Ovals gleich für die rechte Einstimmung sorgt. Die Arena präsentiert sich in einem erstaunlich intakten Zustand und läßt sich ausnahmsweise ohne einen Griff in den Geldbeutel besichtigen.
Von der Arena bummelt man auf dem eleganten, von Straßencafés gesäumten und von Alleebäumen beschatteten *Boulevard Victor Hugo* in die nordwestliche Richtung und gelangt zur nächsten römischen Hinterlassenschaft, der sogenannten *Maison Carrée* (2). Der schlanke Tempel steht auf hohem Sockel und zeigt sich in seinem Äußeren ebenfalls noch weitgehend unversehrt. Nur im Inneren, das heute eine durchaus sehenswerte Sammlung antiker Kunstwerke beherbergt, sind im Lauf der Zeit und entsprechend den diversen, nicht immer würdigen Verwendungszwecken manche Veränderungen vorgenommen worden. Abgesehen von derlei kleinen Qualitätskratzern wird der Freund erhabener Antike natürlich auch vom lebhaften Treiben rings um das altertümliche Monument irritiert, das der historischen Weihe des einstigen Mittelpunkts des römischen Forums nicht gerade entgegenkommt.
Östlich von der Maison Carrée drängt sich um die *Cathédrale Notre-Dame et Saint-*

Das Riesenoval der Arena zählt zu den Glanzstücken der römischen Hinterlassenschaften, mit denen Nîmes sehr eindrucksvoll seinen hohen Stellenwert während der antiken Blütezeit verdeutlicht.

Castor (3) das betagte und teilweise bis ins 12. Jahrhundert zurückreichende Häusergewinkle des mittelalterlichen Nîmes. Wer also von der Maison Carrée auf dem zur Kathedrale beschilderten Sträßchen oder über die *Rue Général Perrier,* dann rechtsabzweigend auf der *Rue des Halles* das Gotteshaus aufsucht, wird noch manch vorgestrige Idylle aufspüren, in der das Leben, wie's scheint, noch einem geruhsameren Rhythmus folgt. Die Kathedrale am Rand der *Place aux Herbes* ist mit ihrer schmucklosen, behäbigen Einturmfassade von lediglich sprödem Reiz, was nach dem wechselvollen Schicksal und den massiven Umbaumaßnahmen bis ins 19. Jahrhundert nicht eben überrascht.

Von der Wohnzimmerbehaglichkeit des Altstadtkerns spazieren wir auf der Rue Crémieux ostwärts bis zum *Boulevard Admiral Courbet* und auf diesem linkshaltend zur *Porte d'Auguste* (4), die in Nachbarschaft einer blickbeherrschenden neugotischen Kathedrale fast übersehen wird.

Nach der Betrachtung der römischen Stadttorruine und der dabeistehenden Augustusstatue geht's, an der genannten Kirche links vorbei, in nördlicher Richtung zum *Boulevard Gambetta,* der als weitere baumschattige Prachtstraße durchaus einen ausführlicheren Bummel verdiente. Die Nobelavenue wird, in westlicher Richtung, jedoch nicht in voller Länge durchschritten, weil mittendrin auf der rechten Straßenseite die zum »Castellum« beschilderte Rue Ménard abzweigt, die uns schnurgerade und leicht ansteigend zu einem Quersträßchen bringt, auf dem man, rechtsgerichtet, gleich beim sogenannten *Castellum* (5) eintrifft. Die schütteren Relikte der Verteilerstelle des von Uzès übern Pont du Gard nach Nîmes hergeführten Frischwassers lassen wenigstens noch andeutungsweise die technische Genialität der Römer erahnen, für die auch die 49 Kilometer bis zur Quelle bei Uzès, massive landschaftliche Barrieren und ein denkbar dürftiges Gefälle von lediglich 17 Metern kein Hinderungsgrund waren.

Vom Castellum geht man wieder auf gleichem Weg zum Boulevard Gambetta zurück und auf diesem rechts vor bis zu einer Platzanlage. Entsprechend dem Schild »Jardin de la Fontaine« spazieren wir anschließend an einem malerischen Kanal entlang zur *Place Pablo Picasso.* Durch ein Tor wird schließlich der barocke *Jardin de la Fontaine* (6) betreten, der mit seiner stein-, balustraden- und skulpturenreichen Zentralanlage bei der Nemausus-Quelle dem Naturfreund fürs erste nicht unbedingt eine Offenbarung bedeutet, mit den edlen, von antiken Architekturresten durchsetzten Waldarrangements zum *Mont Cavalier* und zur *Tour Magne* (7) hinauf aber in anderer Weise einnehmende Qualitäten gewinnt. Der Park ist je nach Jahreszeit unterschiedlich lang geöffnet, so von Mitte Juni bis Mitte September praktisch Tag und Nacht und über die kühlere Jahreshälfte 7 bis 8 Stunden.

Vom Tor des *Jardin de la Fontaine* geht's südöstlich hinüber zur *Place Briand* und schräg rechts auf der *Rue Gaston Boissier* in Richtung Centre Ville. Am Denkmal von *Ernest Denis* vorbei wird dann wieder der *Boulevard Victor Hugo* aufgesucht, der vom Beginn des Stadtrundgangs her bereits bekannt ist und zum Ausgangspunkt bei der Arena zurückführt.

Wer nach zusätzlichen musealen Genüssen verlangt, wird die Nîmes-Visite noch mit dem Besuch des *Musée des Beaux-Arts* (8) und des *Musée archéologique* (9) abrunden, wenngleich beide Sammlungen hinsichtlich der Bedeutung ihrer Exponate im großen und ganzen einen soliden Mittelplatz einnehmen. Trotzdem lohnt sich das Hineinschauen, weil im Museum der Schönen Künste, von der Arena aus über die südwärts gerichtete *Rue de la Cité-Foule* erreichbar, ein 50 Quadratmeter großes gallorömisches Göttermosaik zu bewundern ist, während das Archäologische Museum, an der *Grand Rue* nordöstlich der Freilichtarena gelegen, unter anderem eine sehenswerte Münzsammlung verwahrt, in der sich auch das ägyptische Krokodilmotiv der ehemaligen römischen Veteranensiedlung findet.

Touristische Angaben

Ausgangspunkt: Wer mit dem Auto anreist, folgt am besten der frühzeitig einsetzenden Beschilderung zur Place de la Libération im Nordosten der Altstadt, wo auch eine geräumige Tiefgarage zur Verfügung steht.

Anfahrt: Nîmes ist aus allen Himmelsrichtungen über Hauptverkehrsachsen und außerdem ab Orange über eine Autobahn zu erreichen.

Weglänge: Entsprechend den teilweise größeren Abständen zwischen den Sehenswürdigkeiten kommen alles in allem fast 15 km zusammen.

Zeitaufwand: Unter einem vollen Tag wird eine halbwegs ausführliche Besichtigung nicht möglich sein.

Karten: Michelin 1:200000, Nr. 245 Provence – Côte d'Azur (für die Anfahrt); für die Stadtbesichtigung kann man sich im Tourismusbüro (nordöstlich der Place de la Libération) einen Stadtplan besorgen.

Sehenswürdigkeiten (in der Reihenfolge des Rundgangs):

1. *Les Arénes:* Das 133 Meter lange und 101 Meter breite Riesenoval der zweigeschossigen Zuschauerränge geht auf das erste Jahrhundert vor Christus zurück. Außer den Arkaden, Säulen und Pilastern, die sich in gleichmäßigem Rhythmus aneinanderreihen, ist der massige Baukomplex nicht differenzierter gegliedert. Auffallend ist der gute Erhaltungszustand des Freilichttheaters, wenngleich im Lauf von zwei Jahrtausenden recht unterschiedliche Verwendungszwecke nicht immer für eine lange Lebensdauer sprachen. So machten die Westgoten, die den Römern folgten, aus der Arena eine Festung. Dann behüteten die »Ritter der Arena« das antike Gemäuer. Anschließend nahmen es im Mittelalter Obdachlose und Notleidende in Beschlag. Dem Vernehmen nach hausten zu dieser Zeit bis zu 2000 Arme in der einstigen Gladiatorenstätte.

Seit 1863 werden hier um Pfingsten herum Stierkämpfe ausgetragen, wobei auf den Zuschauerrängen immer noch 16000 Menschen Platz finden. Früher waren es über 20000.

2. *Maison Carrée:* Das zweite antike Großereignis von Nîmes, der seit 1600 Maison Carrée genannte römische Tempel, hat wie die Arena die wechselnden Zeitläufte und Nutzungen nahezu unverändert überstanden. Einst markierte der elegante, schlanke Bau auf erhabenem Sockel die nördliche Grenze

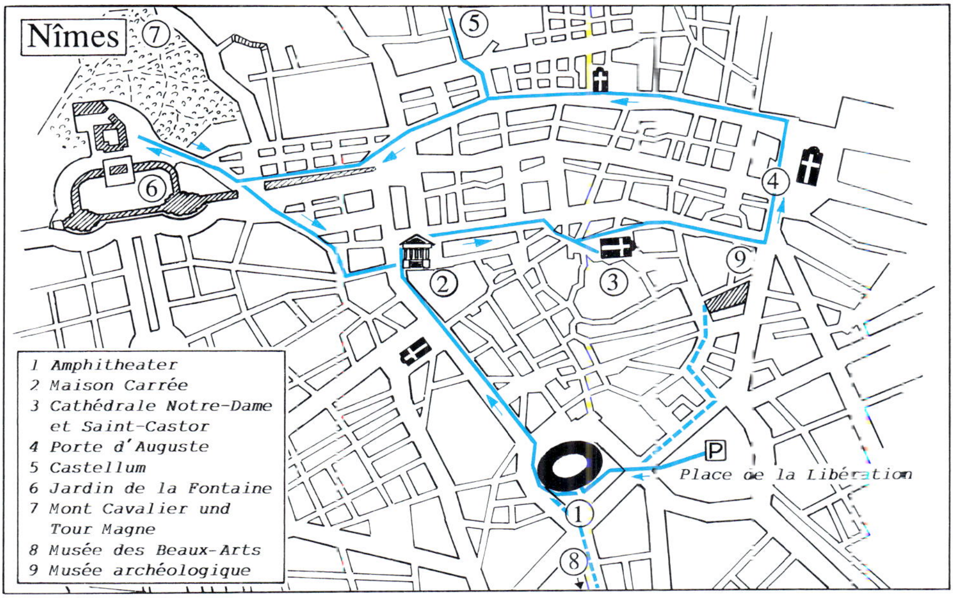

der römischen Veteranenkolonie. Das Forum, dessen Mittelpunkt der Tempel bildete, ist heute durch den lebhaften Autoverkehr jeglicher antiken Würde entzogen, so daß der einstige Kultbau merkwürdig fremd auf dem Platz steht. Wenngleich das Grundkonzept – Säulenvorhalle mit anschließender, von Halbsäulen gegliederter Cella – römischen Zuschnitts ist, weisen Details, wie etwa die kunstvollen korinthischen Akanthusblattkapitelle der Säulen, auf griechische Einflüsse hin. Das 26 Meter lange, 15 Meter breite und 17 Meter hohe Bauwerk dürfte um die Zeitenwende oder kurz vor Christus entstanden sein. Wie das Amphitheater war der Tempel vom Versammlungsraum über Rathaus, Kloster und Kirche bis zum Pferdestall in verschiedenster Weise genutzt worden. Heute beherbergt das betagte Gebäude sinnvollerweise das Musée des Antiques und sehenswerte Relikte aus der römischen Epoche, darunter eine große Apollostatue und das »Frise des Aigles«, ein Adlerfries, das einst die von Hadrian erbaute, inzwischen längst verschwundene Basilika Plotine schmückte.

3. *Cathédrale Notre-Dame et Saint-Castor* (Place aux Herbes): Die 1096 und während der Blütezeit unter dem Grafen von Toulouse entstandene Kathedrale war mehrfach zerstört, erneuert und umgebaut worden, so daß vom Urbau kaum noch Nennenswertes verblieben ist. Weit aufschlußreicher und beeindruckender ist hingegen das Altstadtensemble außen herum, das die malerische und liebenswürdige Kehrseite der ansonsten geschäftigen Industrie- und Handelsstadt vorführt.

4. *Porte d'Auguste:* Die von Arles herführende ehemalige Römerstraße passierte am Osteingang von Nîmes die 13 v. Chr. entstandene Porte d'Auguste, die mit zwei schmalen Fußgängerpforten und zwei breiteren Fahrzeug-Torbögen ausgestattet war. Die spärlichen Reste lassen derlei überlegte Funktionalität nur noch andeutungsweise erkennen. Zur Erinnerung an die geschichtsträchtige Bedeutung des Ortes hat man eine Augustusstatue aufgestellt.

5. *Castellum divisorium:* Um zu ihrem geschätzten Frischwasser zu gelangen, waren den Römern keine Wege zu lang und keine Hindernisse zu hoch. Wer die beckenartige Anlage genau betrachtet und die Gedenktafel entziffert, wird dahingehend belehrt, daß hier das von Uzès übern Pont du Gard mit denkbar geringem Gefälle hergeleitete Wasser auf die zehn Rohrleitungen von Nîmes verteilt wurde. Technische Bravourleistungen, die erst etliche Jahrhunderte nach der Römerägide wieder annähernd Vergleichbares fanden.

6. *Jardin de la Fontaine:* Um die Nemausus-Quelle, dem keltischen Brunnengott-Heiligtum, entstand zur Römerzeit eine weitläufige Anlage, die nach jüngeren Vermutungen diversen Vergnügungs- und Freizeitmöglichkeiten diente. Jedenfalls wird davon ausgegangen, daß hier Thermen, ein Theatergebäude, ein Nymphäum, eine Bibliothek im sogenannten Dianatempel und andere Einrichtungen für Kurzweil sorgten.
Im 18. Jahrhundert versuchte der Militärarchitekt Maréchal mit durchgreifenden Barockisierungsmaßnahmen die Anlage im ursprünglichen Sinne wieder neu zu beleben. Das Vorhaben wurde jedoch, nicht zuletzt aus wirtschaftlichen Erwägungen, auf halber Strecke wieder aufgegeben. Trotzdem war schon viel zu viel geschehen, um den Geist der Antike noch deutlicher spürbar werden zu lassen.
7. *Tour Magne:* Um so geheimnisvoller und altehrwürdiger mutet demgegenüber die Tour Magne auf dem Mont Cavalier neben dem Nemausus-Bezirk an, über deren ursprüngliche Bedeutung und Verwendung die Archäologen nach wie vor uneins sind. Ob Grabstätte, Signalturm, Zitadelle oder Triumphsymbol, soll nach der kleinen, waldschattigen Bergaufmühe hintangestellt bleiben, weil der Prachtblick auf Nîmes und hinaus ins Umland jedes tiefere Nachgrübeln schnell zerstreut.
8. *Musée des Beaux-Arts:* Während sich die Gemälde und Skulpturen jüngeren Datums in ihren Qualitäten nicht gerade über das Mittelmaß herausheben, kann die Sammlung mit einem 50 Quadratmeter großen, 1884 in Nîmes aufgespürten römischen Mosaik doch wenigstens eine Attraktion vorweisen.
9. *Musée archéologique:* Wer sich für die Zeit vor der Römerepoche interessiert, wird in dieser Sammlung aufschlußreiche Exponate vorfinden. Des weiteren wird im Münzkabinett die Plakette mit dem Krokodilmotiv gezeigt, die in origineller Weise auf die antike Zweckbestimmung von Nîmes verweist.

2 Zum Pont du Gard

Auf stillen Wegen zum Römeraquädukt

Halb- bis dreivierteltägiges Programm; stille Wanderung im Vorfeld des berühmten Römerbauwerks und Touristenspektakels; trotz einiger Anstiege wenig anstrengend; abwechslungsvoller Landschaftsrahmen.

Angesichts der ausgeprägten Wertschätzung der Annehmlichkeiten des Wassers war es nicht weiter verwunderlich, daß die Römer für die Wasserleitung von Uzès nach Nîmes sogar den kühnen Pont du Gard anlegten.

Schon längst vor den Erkenntnissen des Pfarrers Kneipp war den alten Römern die wohltuende Wirkung des Wassers bekannt. Die vielteiligen und opulenten Badetempel sind dafür ein beredter Beweis. Daß sich die Römer neben den Thermen aber auch eine solide Trinkwasserversorgung einiges kosten ließen, läßt sich in gleicher Weise belegen. So etwa durch den berühmten Pont du Gard, der als gigantisches, mehrstöckiges Brückenbauwerk den Gardon überspannt und lediglich dazu da war, die steinerne Frischwasserrinne zwischen den Quellen bei Uzès und der seinerzeitigen Veteranensiedlung Nîmes über die Flußsenke hinwegzuführen. Ein Zweckbau also, der zunächst einmal durch seine Ausmaße fasziniert, bei ausführlicher Betrachtung aber auch an ästhetischen Qualitäten gewinnt. So gesehen ist der Touristentrubel nur zu verständlich, zumal schon die Reiseliteratur des vergangenen Jahrhunderts das Römermonument in den höchsten Tönen pries. So liest man im »Guide Pittoresque du Voyageur en France«: »[...] eines der schönsten Denkmale, die das Altertum der Bewunderung der späteren Jahrhunderte hinterlas-

sen hat [...] zwischen zwei dürrgebrannten Hügeln, über einer engen Schlucht, durch die der Gard seine ungestümen Fluten wälzt, inmitten einer stillen Einöde, der kühnste Aquädukt, den man je entworfen hat; er war nur das Hauptstück einer Wasserleitung von sieben Meilen Länge [...]. Welche Leichtigkeit, welche Eleganz in dieser dreifachen Arkadenreihe toskanischer Ordnung, welche Festigkeit, welche Kunst in diesen Pfeilern, deren Quadersteine sich ohne Zement gegenseitig durch ihre Schwere und durch das rechte Gleichgewicht halten [...] es scheint wie gestern gebaut.«

Die Besichtigung des Wunderwerks ist auf verschiedene Art und Weise zu arrangieren. Als eiliger Autotourist wird man sein Fahrzeug auf einer der Großparkflächen vor dem Aquädukt abstellen und schnell einmal zum Obergeschoß hinaufsteigen, wo die ganz Verwegenen auf den ausgetretenen Deckplatten der steinernen Wasserrinne überm Abgrund dahinbalancieren.

Als ehrfurchtsvoller Bildungsreisender wird man in der Nähe des Pont du Gard Quartier beziehen und die Verwandlungen des Bauwerks über den Tag hinweg verfolgen.

Als gesundheitsbewußter Aktivurlauber kann man sich jedoch das Großerlebnis auch auf Schusters Rappen redlich verdienen, weil der Pont du Gard in das Grande-Randonnée-Netz einbezogen ist und beispielsweise von Sernhac aus in Form einer ansprechenden, stillen Höhenwanderung aufgesucht werden kann.

Der Wegverlauf

In der Ortschaft *Sernhac* finden sich genügend Abstellmöglichkeiten für den fahrbaren Untersatz. Nachdem das Auto irgendwo untergebracht ist, spaziert man vom Dorfzentrum auf einer Teerstraße in die nordöstliche Richtung und bis zum links abzweigenden, in Richtung Aquädukt beschilderten Fahrweg, der ansteigenderweise zuerst eine Baumschule passiert. Anschließend geht's entsprechend der weiß-roten *Randonnée*-Markierung weiter bergauf und auf der Höhe zwischendurch an einer Steinmauer entlang. Nachdem die enge Schneise durch reichlich stacheliges Gebüsch (mit kurzer Hose und blanken Beinen eine nicht ganz blessur- und schmerzfreie Passage!) ausgestanden ist, kommt man an einem modernen Kreuz vorbei. Dahinter ist bald die Ortsperipherie von *Saint-Bonnet-du-Gard* erreicht. Links hinunter gelangt man zur Fahrstraße und zum Dorfplatz, an dessen linkem Rand die Wegtafel unsere weitere Route anzeigt.

Die zuverlässig gekennzeichnete GR 6 gewinnt erneut an Höhe und führt zunächst in die nordwestliche Richtung. Schließlich geht's nach einem Rechtsknick nordwärts und auf einem absteigenden Waldweg zum *Aquädukt*. Die Verbindung zwischen Talgrund und Aquädukt-Obergeschoß wird durch eine Treppe hergestellt.

Nachdem das Bauwerk in angemessener Ausführlichkeit besichtigt ist und die Verpflegungsfrage zufriedenstellend (bei derlei Tourismus-Hits gegebenenfalls nicht ganz geldbeutelschonend) geklärt ist, wird wieder zum Rückzug angetreten, der sich auf der gleichen Route abspielt.

Touristische Angaben

Ausgangspunkt: Sernhac (25 m).
Anfahrt: Von Tarascon bzw. Beaucaire auf der D 986 in Richtung Pont du Gard und vor Remoulins linksabzweigend nach Sernhac. Hier in die Ortsmitte und irgendwo parken.
Höhendifferenz: Bis zu den höchsten Punkten jeweils um die 130 Meter. Alles in allem summiert sich die Anstiegsleistung für den

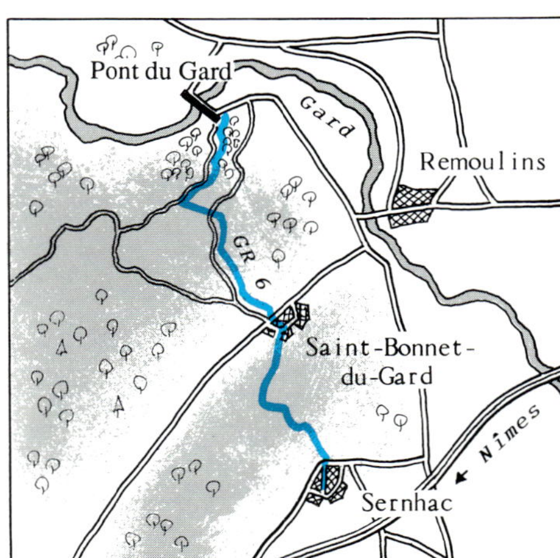

Die Wasserrinne des Pont du Gard war einst mit Steinplatten abgedeckt. Heute flanieren schwindelfreie Touristen auf dem luftigen, ungesicherten Laufsteg des berühmten Aquädukts.

Hin- und Rückweg also auf etwa 500 Höhenmeter.

Weglänge: Hin- und Rückweg (gleiche Route) insgesamt ca. 13 km.

Gehzeit: Hin- und Rückweg insgesamt max. 4 Stunden.

Karten: Michelin 1:200 000, Nr. 245 Provence – Côte d'Azur (für die Anfahrt); Cartes IGN 1:100 000, Nr. 66 Avignon – Montpellier.

Sehens- und Wissenswertes: Der Pont du Gard ist ein Teilabschnitt der einst 49 Kilometer langen Wasserleitung, die zu Römerzeiten zwischen Uzès und der Veteranensiedlung Nîmes angelegt wurde. Auftraggeber war Agrippa, der Schwiegersohn von Kaiser Augustus. Dereinst überquerten in der zuoberst verlaufenden Steinrinne pro Tag etwa 20 000 Kubikmeter Wasser den Gardon, auch Gard genannten Nebenfluß der Rhône. Der Pont du Gard hat drei Arkaden-Stockwerke. Das unterste Geschoß hat sechs Joche und ist 22 Meter hoch. Das mittlere Stockwerk hat 11 Joche, ist 242 Meter lang und 19 Meter hoch. Das oberste Stockwerk mit dem Wasserkanal ist feingliedrig in 35 Bögen unterteilt, 7 Meter hoch und 275 Meter lang. Der früher von Steinplatten gegen die Sonneneinstrahlung geschützte Wasserkanal (die Abdeckung ist nicht mehr vollständig) mißt im Inneren eine Tiefe von 1,45 Meter und eine Breite von 1,22 Meter. Das insgesamt fast 50 Meter hohe Bauwerk läßt sich vom Talboden aus über eine Treppe besteigen. Wer sich auf die Abdeckplatten der Wasserrinne wagt, sollte absolut schwindelfrei sein, weil keinerlei Schutzvorrichtungen angebracht sind. Angeblich ist noch niemand abgestürzt. Die im Lauf der Jahrhunderte erfolgte warme Verfärbung des Aquäduktgesteins schafft insbesondere zu abendlicher Stunde im Einklang mit der Flußspiegelung zauberhafte Bilder und Stimmungen.

3 Von Tarascon zur Abtei Saint-Roman

Felsenkloster über der Rhône

Halbtageswanderung in idyllischem Landschaftsrahmen; kontrastreiche Sehenswürdigkeiten und prachtvolle Aussichtspunkte, insgesamt also ohne weiteres ein tagfüllendes Programm.

Wenngleich zwischen Beaucaire und Tarascon nur die Rhône liegt und eine Brücke die beiden Städte seit jeher verband, war von brüderlicher Eintracht nie die Rede. Während nämlich Beaucaire am Westufer des Flusses die einstige Grenzbastion des französischen Herrschaftsbereichs bildete, regierten auf der gegenüberliegenden Seite die Herren der Provence.

So gesehen werden auch die beiden stattlichen Burganlagen verständlich, die den Rhôneübergang gegen wechselseitige Übergriffe sicherten. Aber auch nachdem Tarascon mitsamt der Provence gegen Ende des 15. Jahrhunderts an Frankreich gefallen war, legte sich keineswegs die tief sitzende Rivalität, weil Beaucaire mit seiner 1217 vom Grafen von Toulouse ins Leben gerufenen und über Jahrhunderte weltberühmten Foire de Beaucaire auf wirtschaftlich besseren Beinen stand als der flußjenseitige Nachbar. Erst mit dem Eisenbahnzeitalter fand die gewinnträchtige Messe-Ära ein Ende, so daß Tarascon wieder einigen Boden gutmachte. Wer heute durch die verwinkelte Enge des alten Beaucaire bummelt oder die gelassene Idylle um den kleinen Binnenhafen am Ende des Rhône-Sète-Kanals betrachtet, erfährt kaum noch einen Hinweis auf den einst überragenden Stellenwert der internationalen Warenbörse. So wurden in den besten Jahren nicht weniger als dreihunderttausend Besucher bei der Julimesse gezählt, die mit ihrem vergnüglichen, von Gauklern, Komödianten, Artisten und Dompteuren bestrittenen Rahmen zum kommerziell-gesellschaftlichen Rundumereignis avancierte. Ein Großspektakel, dem Tarascon unter René dem Guten seine historisch begründeten Tarasque-Feste entgegensetzte. Der Legende zufolge war nämlich der Ort östlich der Rhône, der früher auf einer Flußinsel lag, in grauer Vorzeit in regelmäßigem Turnus von einem Löwen-Krokodil-Monster heimgesucht worden, das Tarasque hieß und insbesondere nach Menschennahrung verlangte. Solch wüstem Treiben konnte dem Vernehmen nach erst die 48 n. Chr. in Tarascon aufgetauchte heilige Martha Einhalt gebieten, die das weihwasserbesprengte und besänftigte Untier an einer improvisierten Leine in die Stadt führte. Eine von zwei Versionen, weil sich ebenso die Überlieferung hielt, daß eine kleine Schar beherzter Ritter seinerzeit dem Flußdrachen den Garaus machte, wobei allerdings die Hälfte der Sechzehn-Mann-Truppe ihr Leben einbüßte.

Der zwiespältigen Mär gemäß hat man früher konsequenterweise zwei separate Feste und Schauspiele inszeniert, wobei einmal der böse und ein anderes Mal der gezähmte Drache im Mittelpunkt stand. Heute sind beide Vorgänge zum letzten Junisonntag hin zusammengefaßt und mit mehrtägigen Veranstaltungen verknüpft, die vom Stierkampf bis zum Feuerwerk ein buntes Kaleidoskop provençalischen Amüsements vermitteln.

Aber selbst ohne derlei Höhepunkte lohnt Tarascon ohne weiteres auch eine ganztägige Visite, zumal die Altstadt an sich, die Kirche Sainte-Marthe und vor allem das äußerlich schmucklose, im Inneren dafür um so kunstreichere Schloß nicht im Vorbeigehen abgetan werden können.

Steht dem Tarascon-Besucher der Sinn außerdem nach sportlicher Bewegung, kann mit dem Spaziergang zur Abbaye de Saint-Roman geholfen werden, die als geheimnisvolles Felsenkloster überm westlichen Rhôneufer für längere Zeit dem Verfall preisgegeben schien, inzwischen jedoch wieder als touristisch interessantes Kulturdenkmal zu besichtigen ist.

Wie so oft in der Provence, in der die sprichwörtliche Heiterkeit des Südens und die

Als Grenzposten verschiedener Machtbereiche wurden die Nachbarstädte Tarascon und Beaucaire an den beiden Rhôneufern mit mächtigen Burgen gesichert. Im Bild die bestens erhaltene Anlage von Tarascon.

strenge Askese hinter düsterem klösterlichem Gemäuer dicht beieinanderstehen, ist der Ausflug zur luftig plazierten Gebetsstätte ein abrupter Wechsel von einer zur anderen Welt. So unbeschwert und aufregend das bunte Treiben um Daudets leichtlebigen Romanhelden »Tartarin von Tarascon« in Szene tritt, so bedrückend welt- und lebensfern dünkt die karge dereinstige Felsbehausung der Mönchsgemeinschaft.
Nach der eindrucksvollen Betrachtung der letzten Zeugnisse einer jenseitsbezogenen Lebensform genießt man natürlich nicht ungern den fabelhaften Ausblick auf die irdisch existente Provencelandschaft, die sich zu Füßen der Abteiverliese besonders ansprechend vor unseren Augen ausbreitet.

Der Wegverlauf

Vom Parkplatz unmittelbar neben der *Rhône-Burg* an der Westperipherie *Tarascons* geht's zunächst über die *Rhône-Brücke* nach *Beaucaire* am gegenüberliegenden Flußufer, wo man sich die friedliche Idylle des *Rhône-Sète*-Minikanalhafens und das enge Gassengewinkle der einst vielbesuchten Messestadt anschaut. Dann wird vom Westrand Beaucaires neben der Fahrstraße für kurze Zeit in Richtung Remoulins/Pont du Gard marschiert. Am Stadtausgang teilen sich die Straßen. Links geht's nach Nîmes. Wir aber halten uns an die in Richtung Pont du Gard beschilderte und rechts weiterführende Straße. Nach ca. 700 Metern zweigt links ein zu einem Hospital ausgewiesenes und mit der rot-weißen GR-Markierung versehenes Sträßchen ab, das uns vom unruhigen Dasein neben der vielbefahrenen Verkehrsachse erlöst. Nach Überquerung einer Gleistrasse wird nach links weitergewandert. Kurz bevor die vorhin bereits erwähnte Straße nach Nîmes erreicht wird, macht unsere Route wieder einen Rechtsknick, wobei die weiß-rote Wegmarkierung vorläufig noch zuverlässige Orientierungshilfe leistet. Das Sträßchen steigt leicht an und zieht dann nahezu eben durch locker gereihtes Gebüsch. Bei einer nächsten Wegteilung würde man dem Gefühl nach lieber auf der rechtsabbiegenden,

Unweit von Beaucaire wurde in der Weltabgeschiedenheit einer Felshöhe die Abtei Saint-Roman eingerichtet, die für ihre Räumlichkeiten weitgehend die natürlichen Gegebenheiten einbezog.

Die Gräber des Felsenklosters Saint-Roman stehen in düsterem Widerspruch zur landschaftlichen Schönheit des Rhônetals, das sich vor der exzellenten Aussichtsloge besonders eindrucksvoll ausbreitet.

breiteren Schotterstraße bleiben, die jedoch nach einiger Zeit im abermaligen Rechtsbogen zu einem Aussichtspunkt hinaufzieht und hier endet.
Um sich die überflüssige Mühewaltung zu ersparen, wird man bei der Weggabelung also mit geschultem Pfadfinderblick nach einer der mittlerweile recht spärlichen weiß-roten Markierungen Ausschau halten, die uns linksgerichtet auf einen zwischendrin leicht absteigenden Karrenweg führt. Das gelegentlich recht zerfurchte Feldstraßerl hält sich auch in der Folge in gebüschreicher Umgebung auf und bleibt für geraume Zeit von irritierenden Abzweigungen verschont.
Bald jedoch wird erneut einiges Orientierungsgeschick verlangt, weil der Weg vorübergehend nahezu aussetzt. Die Ratlosigkeit läßt sich allerdings schnell beheben, wenn man vor dem Markierungskreuz, das uns von der verkehrten Route abhält, linksgerichtet den Furchen des zerpflügten Wald- und Wiesenpfades nachspürt und schließlich wieder auf ein deutlicher ausgeprägtes Feldsträßchen gelangt, das späterhin auf eine Teerstraße trifft. Jenseits der Autobahn ist der Parkplatz für die motorisierten Besucher der *Abbaye de Saint-Roman*. Bei der Parkfläche, die als hauptsächlicher Ausgangspunkt der Saint-Roman-Pilger dient, wird der jetzt ausführlichen und unübersehbaren Beschilderung zur Abtei gefolgt und auf einem maßvoll ansteigenden Schotterweg zur aussichtsvoll hochplazierten Klosterruine (140 m) hinaufgestiefelt. Nach etwa 20 Gehminuten ist man bei den merkwürdigen Relikten der Felsenabtei, die mit Ausnahme von Montag und Dienstag besichtigt werden können. Nach dem Besuch des asketischen Mönchsdomizils kann man noch auf einem 300 Meter vor dem Felsenkloster links abzweigenden, etwa einen halben Kilometer langen und ebenfalls ansteigenden Schottersträßchen einen fabelhaften Aussichtsbalkon aufsuchen, von dem der benachbarte Saint-Roman-Berg, das nahe Beaucaire, Tarascon, die Rhônelandschaft und andere erhebende Bilder in unverstellter Ausführlichkeit zu genießen sind. Ein Platz, der für eine Schau- und Verpflegungsrast wie geschaffen ist und den

wahren Provencefreund nicht so schnell wieder losläßt.
Letztendlich heißt's aber, von all der Schönheit wieder Abschied zu nehmen und den Rückweg anzutreten, der sich auf der Route des Herwegs vollzieht.
Selbstredend wird man in *Tarascon* nicht gleich wieder ins Auto steigen, sondern der alten geschichtsträchtigen Stadt noch einen kleinen Bummel widmen, zumal hier wie überall in der Provence nach gemütlichen Lokalitäten nicht lange Ausschau gehalten werden muß.

Touristische Angaben

Ausgangspunkt: Tarascon (17 m), Parkplatz neben dem Schloß vor der Rhônebrücke.
Anfahrt: Von Avignon auf der N 570, dann D 970 nach Tarascon und auf der Altstadtumgehung in Richtung Beaucaire und zum Parkplatz neben dem unübersehbaren burgartigen Schloß vor dem Rhôneübergang.
Höhendifferenz: 120 m; die tatsächliche Anstiegsleistung liegt etwas darüber.
Weglänge: 7 km (einfache Wegstrecke), insgesamt mit Rückweg (auf gleicher Route) also 14 km.
Gehzeit: Hin und zurück insgesamt nicht mehr als 4 Stunden.
Karten: Michelin 1:200000, Nr. 245 Provence – Côte d'Azur (für die Anfahrt); Cartes IGN 1:100000, Nr. 66 Avignon – Montpellier.
Sehens- und Wissenswertes:
1. *Beaucaire:* Mit dem kleinen, malerischen Binnenhafen am Ende des Rhône-Sète-Kanals und etlichen ansprechenden Altstadtwinkeln ist die 13000-Einwohner-Siedlung am Rhôneostufer auch heute noch einen Besuch wert. Die Hochblüte liegt allerdings um einiges zurück. Bis zum Aufkommen der Eisenbahn war Beaucaire nämlich Schauplatz einer jährlichen Handelsmesse, die als Foire de Beaucaire weltweites Ansehen genoß. Die seit 1217 bestehende Einrichtung zog in den besten Jahren bis zu 300000 Besucher an, die nicht allein am Warenumschlag, sondern auch am vielteiligen Unterhaltungsrahmenprogramm interessiert waren. Neben dem Rathaus und der Kirche Notre-Dame-des-Pomiers, beide im Barock entstanden, ist noch die Burgruine zu erwähnen, die mit einem weitgehend unbeschädigt gebliebenen Bergfried und vor allem mit einer bedeutenden Aussicht aufwartet. Die von Ludwig dem Heiligen errichtete Schloßresidenz wurde von Richelieu im 17. Jahrhundert weitgehend zerstört. Zu diesem Zeitpunkt hatte die Burg als einstige Grenzfeste zur Provence allerdings schon längst ausgedient, so daß ihr Abriß keinerlei strategisches Gewicht mehr hatte.

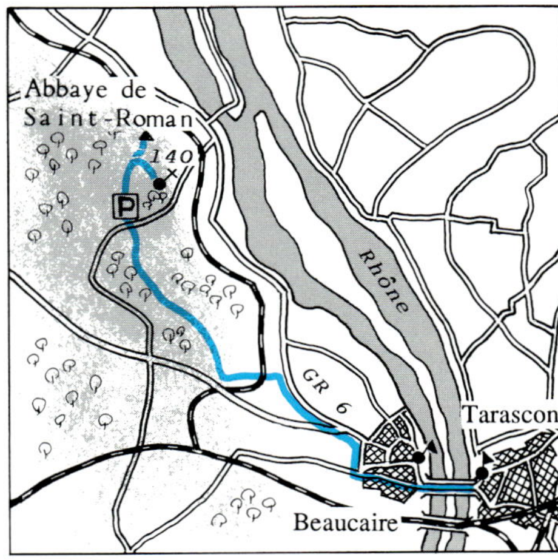

2. *Abbaye de Saint-Roman:* Nordwestlich von Beaucaire und über dem westlichen Rhôneufer liegt auf felsiger Höhe ein aufgelassenes Kloster, dessen Räume unmittelbar in den Fels geschlagen wurden. Die schlichte, weltabgeschiedene Anlage war in Vergessenheit geraten und erst in jüngerer Zeit wieder entdeckt und dem Tourismus zugänglich gemacht worden. Ein Abtstuhl aus dem 11. Jahrhundert und andere Relikte verweisen auf das ehrwürdige Alter wie auf die bedürfnislose Lebensweise der Bergmönche. Neben dem beklemmenden Rückblick in eine asketische, jenseitsorientierte Welt freut sich der Saint-Roman-Besucher nicht weniger über die umfassenden, weitreichenden Ausblicke vom klösterlichen oder benachbarten Hochbalkon.
Das Felsenkloster kann bei Herausgabe dieses Buches möglicherweise schon jeden Tag besichtigt werden (1990 am Montag und Dienstag noch geschlossen, also vorherige Anfrage in Beaucaire empfehlenswert).

3. *Tarascon:* Die Nachbarstadt von Beaucaire am Ostufer der Rhône verdankt ihre Bekanntheit nicht zuletzt Daudets leichtlebigem und prahlerischem Romanhelden »Tartarin von Tarascon«, der gegenüber den lebensabgewandten Saint-Roman-Mönchen ein ganz anderes Bild provençalischer Daseinsfreuden vermittelt.
Seinen Namen verdankt Tarascon indessen einem legendären Ungeheuer, das Tarasque hieß, und auch von den Römern, die über Tarascon eine Straßenverbindung von Rom nach Spanien anlegten, als »Tarusco« übernommen wurde. Das menschenverschlingende Monster fand allerdings in der heiligen Martha seinen Meister, die gegen Mitte des ersten nachchristlichen Jahrhunderts im Gefolge der Maria Magdalena über Les Saintes-Maries-de-la-Mer nach Tarascon gekommen war und als erste Wundertat gleich einmal das Untier zähmte und an die Leine nahm. Ein Ereignis, das im bildnerischen Schaffen der Nachwelt zahlreiche Berücksichtigung fand und in den aufwendig inszenierten Tarasque-Festen alljährlich gefeiert wird.
Neben diesen spektakulären Höhepunkten wird das Gedenken an die Lokalheilige auch mit der Sainte-Marthe-Kirche in Ehren gehalten, die im Äußeren wie im Inneren als Stilgemisch von der Romanik bis zur späten Gotik allerdings keinen kunstgeschichtlichen Sonderrang erreicht.
Besuchens- und sehenswerter ist unter künstlerischen Aspekten dementgegen das Schloß an der Rhône, das mit seinem wuchtig kahlen, kaum gegliederten Äußeren denkbar abweisend ausschaut, von innen besehen jedoch geradezu elegante, wohnliche und dekorschöne Saiten aufzieht. Zumal im 15. Jahrhundert und in den glücklichen Jahren unter René dem Guten stand das Schloß im Mittelpunkt rauschender Feste. Der Glanz legte sich jedoch schnell, als Tarascon mit der Provence bald nach dem guten René an Frankreich fiel. In der Folge diente das Schloß als Gefängnis, ein Vorgang, der in den verbliebenen Wandkritzeleien der damals Inhaftierten auf makabre Weise in Erinnerung gebracht wird. 1926 nahm sich Tarascon des erstaunlich unbeschädigt gebliebenen Riesengebäudes an und führte es musealen Zwecken zu.

4 Saint-Michel-de-Frigolet

Klösterliche Idylle in der Montagnette

Halbtagesspaziergang oder -radrunde im außerordentlich reizvollen Minigebirge zwischen Avignon und Tarascon; klösterliche Beschaulichkeit und mystisches Kirchenerlebnis in Saint-Michel-de-Frigolet.

Unter den vielen Landschaftsüberraschungen der Provence zählt La Montagnette, das abrupt aus der Ebene südlich von Avignon herauswachsende Minigebirge, bestimmt zu den liebenswürdigsten. Die gesamte Oberfläche der Buckelreihe beträgt kaum nennenswerte sechstausend Hektar. Desgleichen reißen die spärlichen zwölf Kilometer zwischen Barbentane am Nordende und Tarascon am Südrand den Alpenkenner kaum vom Hokker. Nimmt man die noch dürftigere Ost-West-Ausdehnung von sechs Kilometern zwischen Graveson und Boulbon und die 170 Meter des Raous-Felsrückens als höchster Erhebung hinzu, verbietet sich fast die anspruchsvolle Bezeichnung Gebirge. Und trotzdem verbindet sich mit dem kleinen Bergland, in dessen Mitte verträumt und zurückgezogen das Kloster Saint-Michel steht, ein unvergleichlicher Zauber, der den hochbetagten, wortgewaltigen Poeten Fréderic Mistral in seligen Reminiszenzen an seine in Frigolet verbrachten Jugendtage zu überschäumenden Lobgesängen veranlaßte. So schrieb er 1906 in seinen Memoiren: »Oh Düfte, oh Licht, oh Wonnen, oh Fata Morgana, oh Frieden süßer Natur, welches Ausmaß an Glück und paradiesischen Träumen habt ihr über meine Kindheit ergossen! [...] Die Hügel rundum waren bedeckt mit Thymian, Rosmarin und Lavendel. [...] Sobald nur die Sonne schien, machte uns der Duft der Bergwelt trunken. [...] Und all die lieblichen Hügel, die Schluchten und Schlüchtchen mit ihren prachtvollen provençalischen namentönenden und beredten Namen, denen das Volk der Provence in kerniger Art seinen Genius aufgedrückt hat – wie sie uns verzauberten! – Ewige Denkmäler des Landes und seiner Sprache, durchtränkt von Thymian, Ros-

marin und Lavendel, überstrahlt von Gold und Azurblau.«
Kommt man heute auf den geruhsam emporschwingenden Straßen von der westlichen oder östlichen Seite nach Saint-Michel-de-Frigolet, mag man selbst als pragmatischer Vertreter einer weniger romantischen und naturschwärmerischen Zeit solchen Hymnen kaum widersprechen. Schon überhaupt nicht, wenn man wie die Verfasser das Glück hat, in der schlichten Hôtellerie des klösterlichen Gemäuers eine Ferienbleibe zu finden. So war es für uns immer wieder von neuem ein Erlebnis, wenn wir nach der Hitze des Tages und aus der Betriebsamkeit des Tals in die milde Kühle der Frigolet-Höhe und in die friedliche Gelassenheit ums Ordensdomizil zurückkehrten.
Man kann die Bekanntschaft mit der Montagnette-Idylle und den Saint-Michel-de-Frigolet-Besuch kurz und bündig per Auto inszenieren. Wer dem Geheimnis und der ungewöhnlichen Anziehungskraft des Natur-Kultur-Ereignisses indessen behutsamer und ausführlicher auf die Spur kommen will, wird von Barbentane aus auf nach wie vor beliebten, langgedienten Pilgerpfaden neben der Fahrstraße zum frommen Ort hinaufsteigen oder aber auch mit häufiger Begleitung den vielgefragten Rundkurs auf dem Radsattel absolvieren, der mit dem lustigen Bergauf-Bergab-Intermezzo über den Frigolet-Scheitel jeden Freizeitchampion in Begeisterung versetzt.
Wie man sich's auch einrichtet, wird selbstredend dem Kloster die angemessene Aufwartung gemacht, wenngleich im Widerspruch zur stattlichen Ummauerung und trutzigen Schauseite der Anlage das Innere in seiner unkonventionellen, unregelmäßigen Anordnung und seinen zurückhaltenden Dimensionen keinerlei straffen Bauwillen und Hang zum Großen erkennen läßt. So stöbert man im Klosterladen zwischen lokalen Honig- und Kräuterspezialitäten, Souvenirflitter und zahlreichem Schrifttum nach einem geeigneten Mitbringsel, studiert dann gegebenenfalls die Tagesmenükarte des Klosterhotels, deren Preisgefüge für provençalische Verhältnisse übrigens angenehm aus der Reihe tanzt, und begibt sich natürlich dann noch in die gegenüberliegende Kirche, die im historisierenden, neugotischen Stil des 19. Jahrhunderts und mit überschwenglichem, buntem Dekor dem gebildeten Kunstkenner nicht gerade Hochgefühle beschert, dafür aber in ihrer mystischen Düsternis zumindest andeutungsweise einen der Gründe der ungebrochenen Popularität von Saint-Michel liefert. Soweit es die Geschichte des Klosters betrifft, finden sich nämlich keinerlei spektakuläre Wunder, die eine Wallfahrt ins Leben riefen. Außerdem war die Ordensniederlassung nach der Anfang des 12. Jahrhunderts vermuteten Gründung als Augustinerchorherrenstift immer wieder über längere Strekken dem Verfall preisgegeben, verwaist oder zweckentfremdet worden, so daß von einer Hochblüte allenfalls in dem kurzen Zeitraum zwischen 1856 und 1883 die Rede sein kann, als der berühmte Pater Edmond Boulbon in Frigolet mit seinen Prämonstratensermönchen Quartier bezog. Im Jahre 1880, kurz vor Boulbons Tod, erreichte der Konvent mit hundert Ordensleuten seinen höchsten Bestand. Im gleichen Jahr wurde jedoch auch der Zenit überschritten und das Kloster von einer Woge der Kirchenfeindlichkeit aufs härteste bedrängt. Nach Jahrzehnten des Niedergangs schien 1903 mit der Auflassung von Frigolet das Schicksal besiegelt. Wie schon öfters in der Montagnette-Abgeschiedenheit, regte sich aber auch diesmal nach etlichen Jahren neue Betriebsamkeit, so daß heute wieder um die dreißig Brüder den Ordensregeln des Prémontré-Abts und Prämonstratenserurhebers Norbert von Xanten folgen. Der Legende nach war Norbert als weltlicher Stiftsherr von Xanten in jungen Jahren den irdischen Genüssen sehr zugeneigt. Nachdem sein Pferd während eines Ausritts vom Blitz getroffen war, vollzog sich seine Bekehrung zu einem asketischen und gläubigen Dasein, das Norbert schließlich veranlaßte, einen auf Armut und Verzicht ausgerichteten Orden zu gründen. Daß in Frigolet dennoch den Bedürfnissen und Vorstellungen veränderter Zeiten Rechnung getragen

Die Klosteranlage Saint-Michel-de-Frigolet steht ungemein malerisch inmitten der vegetationsüppigen Montagnette-Erhebungen. Das neue Gotteshaus ist nach wie vor ein beliebter Treffpunkt der Gläubigen.

wurde, erhellt die saloppe Abschlußbemerkung einer stellenweise amüsant verfaßten, schön bebilderten Begleitbroschüre, die vornehmlich betont, daß »in Frigolet der Tourist [...] auf seine Rechnung« kommt, aber, nebenbei bemerkt, »auch der Pilger nicht enttäuscht von hinnen« geht. Und um einer möglichen Frigolet-Jenseitseuphorie noch einen zusätzlichen Dämpfer zu versetzen, folgt gleich noch die süffisante Zusatzbemerkung: »Alle Wege führen zu Gott, auch jene durch die Provence, und selbst jene, die nach Frigolet führen.«

Der Wegverlauf

a) Wanderung von Barbentane nach Frigolet

Hin- und Rückweg insgesamt 10 km; 70 Höhenmeter; für den Anstieg maximal 1½ Stunden, für den Rückweg 1 Stunde oder wenig darüber.

Am südwestlichen Ortsausgang von *Barbentane* ist neben der nach Frigolet beschilderten Straße ein Parkplatz angelegt, wo man sein Fahrzeug hinterlassen kann. Anschließend wird dem Waldpfad gefolgt, der lange Zeit westlich der Straße bleibt und geruhsam ansteigt. Nachdem die Höhe annähernd erreicht ist, wechselt der schattige Weg auf die andere Seite der Teertrasse. Die letzten paar Meter bis zum klösterlichen Gemäuer werden schließlich auf der Fahrbahn absolviert. Dann aber betritt man den stillen, malerischen Innenhof der *Abtei Saint-Michel* (107 m) und schaut sich in der empfohlenen Weise etwas um.

Nach der angemessenen Besichtigungs- und Verschnaufpause geht's wieder in Nachbarschaft der Autoauffahrt nach Barbentane hinab, wobei straßenbegleitende Alternativwege gegenüber dem Herweg zusätzliche Varianten ermöglichen.

Alles in allem kommen also um die 10 Kilometer zusammen, so daß ein halber Tag ordentlich gefüllt ist.

b) Radrunde um Frigolet

30 km; fast 100 Höhenmeter; 2–2½ Stunden.

Start und Ziel sind die geräumigen Parkmöglichkeiten nördlich der Klostermauer von *Saint-Michel-de-Frigolet.* Zuerst geht's auf dem Fahrsträßchen, das uns von der eben vorgestellten Wanderung bereits bekannt ist, in Richtung Barbentane. Bei der bald folgenden Straßenteilung wird jetzt aber nicht nach Barbentane, sondern linkshaltend in Richtung Boulbon geradelt. Die landschaftlich sehr abwechslungsvolle Teerstraße senkt sich kurvenreich zur *Rhôneebene* und sorgt für eine vergnügliche Schußfahrt. Dann wird die lebhaft frequentierte Fahrbahn in Richtung Tarascon erreicht, der man sich allerdings nur für eine kurze Weile bis nach *Boulbon* anvertraut. In Boulbon folgt man nämlich rechtsabzweigend der Wegtafel nach Vallabrègues und gelangt auf ein erneut ungemein reizvolles Teersträßchen, das zuerst *Mézoargues* durchquert und schließlich den Wegtafeln gemäß im Rhôneort *Vallabrègues* eintrifft. Hier wird dem Wegweiser in Richtung Avignon entsprochen und auf einer denkbar gemütlichen Radlerstraße dicht neben der *Rhône* in die nordöstliche Richtung getrödelt. Der Fluß versteckt sich allerdings hinter Uferwällen und läßt sich nur erahnen. Nach geraumer Zeit ist die Schonfrist auf dem geruhsamen Sträßchen indessen abgelaufen, weil nach der *Rhônebrücke* zuerst einmal in unruhigerer Autonachbarschaft ein Stück bis *Barbentane* zu überbrücken ist und anschließend, vor und in Barbentane zweimal rechtshaltend und nach Frigolet ausgerichtet, die eingangs begrüßte Bergabetappe in umgekehrter Richtung zu bewältigen ist.

Gestandene Freizeitcracks, von denen uns gerade auf dieser Runde recht viele begegnen, sind von solchen harmlosen Herausforderungen allerdings angenehm berührt und steigen zum Endspurt beherzt in die Pedale. Zuletzt ist wieder der Ausgangspunkt erreicht und ein vergnügliches 30-km-Pensum absolviert.

Touristische Angaben

Ausgangspunkte: a) Parkplatz am südwestlichen Ortsrand von Barbentane und neben der Straße nach Saint-Michel-de-Frigolet (ca. 35 m); b) Abbaye de Saint-Michel-de-Frigolet (102 m; geräumige Parkmöglichkeiten nördlich der Klosteranlage).

Anfahrt: a) Von Avignon auf der N 570 südwärts in Richtung Arles, dann nach der Du-

Das Städtchen Barbentane am Nordfuß der malerischen kleinen Montagnette war als Besitztum der Bischöfe von Arles zu einigem Wohlstand und beachtlichen Baukunstwerken gelangt. Hier die Altstadt.

rancebrücke und am nördlichen Eingang von Rognonas rechtsabzweigend nach Barbentane. Hier durch die enge Ortschaft und in Richtung Frigolet bis zum Parkplatz am südwestlichen Ortsrand. b) Ebenfalls auf der N 570 von Avignon südwärts in Richtung

Arles, dann kurz nach Graveson bei der Straßengabelung nicht links in Richtung Arles weiter, sondern geradeaus nur noch ein kurzes Stück in Richtung Tarascon und bis zur links abzweigenden Auffahrt nach Frigolet, die gleich darauf im Rechtsbogen die Tarasconstraße überbrückt und nordwestwärts, zuletzt in einigen Kehren, das eindrucksvoll hochplazierte Kloster erreicht.

Höhendifferenzen: a) Fußwanderung ab Barbentane ca. 70 m; b) Radrunde annähernd 100 m.

Weglängen: a) Hin und zurück etwa 10 km; b) Radrunde ca. 30 km.

Wegzeiten: a) Für die Wanderung sind insgesamt höchstens 2½ Stunden reine Gehzeit zu veranschlagen. b) Für die Radrunde wird der versierte Freizeitsportler mit dem entsprechenden Gerät in lockeren 1½ Stunden spätestens wieder beim Startplatz Frigolet eintreffen. Beschaulichere Genußradler können natürlich auch drei Stunden unterwegs sein.

Karten: Für die Wanderung a) empfiehlt sich die Cartes IGN 1:25 000, Nr. 3042/ouest Châteaurenard – St-Rémy-de-Provence; für die Radrunde b) genügt hingegen die Cartes IGN 1:100 000, Nr. 66 Avignon – Montpellier.

Bemerkens- und Sehenswertes:

1. *Saint-Michel-de-Frigolet:* Das Kloster inmitten des La Montagnette genannten kleinen Berglands südlich von Avignon war möglicherweise schon vor der ersten Jahrtausendwende als Benediktinerabtei entstanden. Neueren Nachforschungen entsprechend läßt sich Frigolet jedoch erst seit 1133 als Augustiner-Chorherrenstift nachweisen. Die bewegte Geschichte war eher mit Tiefschlägen als mit Höhepunkten verbunden. Selbst der Aufschwung im 19. Jahrhundert, in dem der Prämonstratenserorden das betagte Gemäuer bezog, führte zu keiner kontinuierlichen Konsolidierung der Verhältnisse, so daß am 11. April 1903 die letzten Mönche das aufgelöste Kloster in Richtung Belgien verließen. Im Ersten Weltkrieg wurden in Frigolet politische Gefangene festgehalten. Nach und nach kehrten jedoch die Prämonstratenser zurück, die in dezimierter Besetzung wenigstens Teile des Gebäudekomplexes wieder ihrem ursprünglichen Zweck zuführten.

Wer in Frigolet kunstgeschichtlich Bedeutsames sucht, wird eher enttäuscht. Aus der Anfangszeit des 12. Jahrhunderts ist die romanische Saint-Michel-Kirche übriggeblieben, die mit ihrem weitgehend schmucklosen, von einer Spitztonne überwölbten Innenraum typisch provençalische Eigenheiten zeigt.
In die gleiche Entstehungszeit fällt der an Saint-Michel angeschlossene Kreuzgang, der in der Qualität seines plastischen Dekors hinter berühmteren Provencebeispielen um einiges nachsteht.
Die dritte betagte Hinterlassenschaft, eine kleine romanische und dereinst separat plazierte Marienkapelle, hat man in die Mitte des 19. Jahrhunderts neuerrichtete dreischiffige Basilika integriert. Die üppige Barockausstattung mit kunstvollen Holzvertäfelungen und zahlreichen Bildnissen ist hauptsächlich der 1683 erfolgten Schenkung der Königin Anna von Österreich zu verdanken, die in Notre-Dame-du-Bon-Remède überirdischen Beistand erflehte und daraufhin den nachmaligen Sonnenkönig Ludwig XIV. gebar.
Neben dem dekorüberhäuften Notre-Dame-Kleinod und den architektonischen Relikten aus der Gründerzeit imponiert natürlich in erster Linie die großdimensionierte Basilika aus dem 19. Jahrhundert. Sie ist in einem historisierenden Stilgemisch aus romanischen und gotischen Anleihen erbaut und wartet mit einem goldleuchtenden, farbreichen Innenraum auf. Der süßliche Zierat fällt im Halbdunkel des dreischiffigen Raums jedoch kaum ins Gewicht und wird von der geradezu mystischen Stimmung weitgehend überspielt.

2. *Boulbon:* Das Dorf am Westrand von Montagnette und zu Füßen eines Felssporns war im Mittelalter von großer strategischer Bedeutung. So ließen sich die Grafen von Provence an dieser zwischen Avignon und Tarascon gelegenen Stelle eine mächtige Burganlage errichten, die mit ihren Resten noch heute das Bild der Ortschaft prägt. Nördlich außerhalb der einstigen Festungsmauer steht die Chapelle Saint-Marcellin, eine romanische Friedhofskirche aus dem 12. Jahrhundert, die mit dem feierlichen Ernst ihres klar gegliederten, wohlproportionierten und nahezu schmucklosen Inneren beachtli-

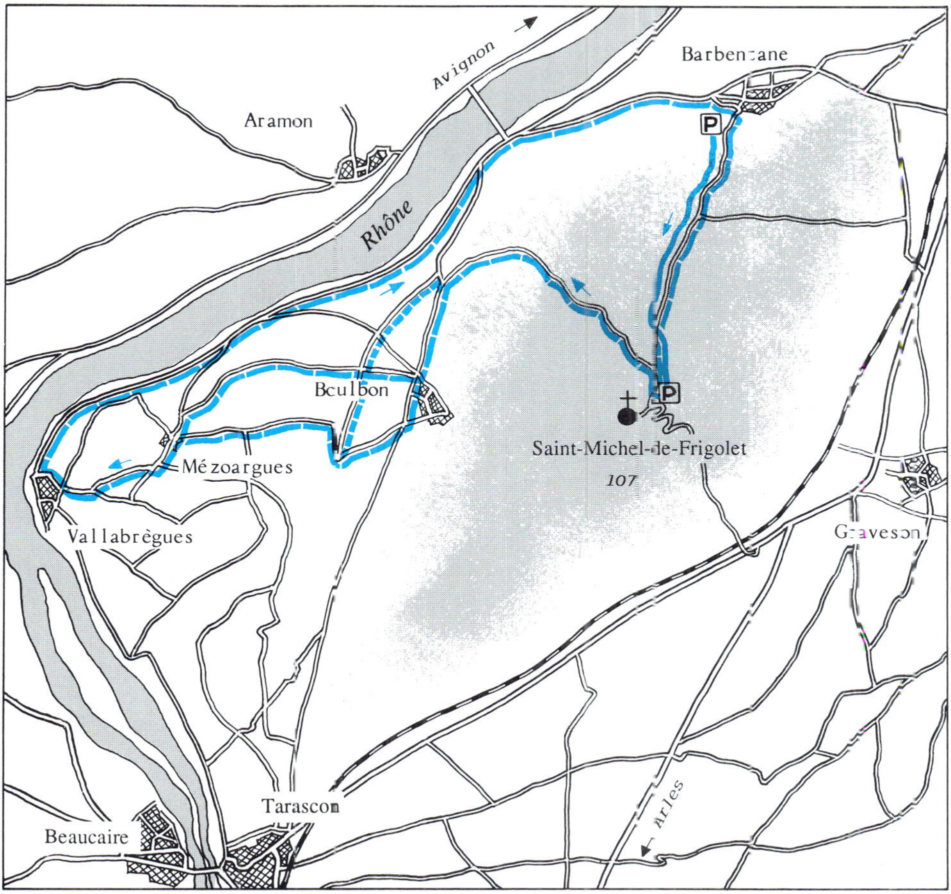

ches architektonisches Format erreicht.

3. *Barbentane:* Trotz der bereits zur Römerzeit nachweisbaren Besiedelung der Gegend am Nordrand von La Montagnette setzte der Höhenflug des Städtchens Barbentane im 9. Jahrhundert ein, in dem das Gebiet als Schenkung den Bichöfen von Arles zufiel. Die hohe Geistlichkeit errichtete sich bald eine Burg, von der außer einem im 14. Jahrhundert erbauten Donjon freilich kaum noch etwas die Jahrhunderte überlebt hat. Erhalten blieb indessen das betagte Rathaus aus dem 15./16. Jahrhundert, das mit seiner Erdgeschoßvorhalle und seiner Obergeschoßgalerie noch typische Merkmale mittelalterlicher provençalischer Bauweise trägt.

Gegenüber dem Maison des Chevaliers ist das 1674 begonnene Schloß ein bezeichnendes, außergewöhnlich geglücktes Beispiel des französischen Barocks, der sich weniger in überschwenglichem Dekor, sondern mehr in der disziplinierten Ausgewogenheit edler Proportionen äußerte.

Der gleiche Sinn für Harmonie und architektonischen Zusammenklang spricht aus der Kirche Notre-Dame-de-Grace, die seit der Grundsteinlegung im romanischen 13. Jahrhundert bis ins 19. Jahrhundert mehrere Erweiterungen erfuhr, ohne ihre einheitliche Wirkung zu verlieren.

Zusammen mit den wehrhaften Altstadttoren und etlichen malerischen Winkeln kann sich Barbentane also in jeder Weise sehen lassen, so daß in der geruhsamsten und beschaulichsten Form mitsamt Frigolet selbst ein ganzer Tag zur Neige geht.

5 Rundgang durch Avignon

Touristenzentrum mit päpstlicher Vergangenheit

> Je nachdem, welche Museumsbesuche und sonstige ausführlichere Unterbrechungen in den Rundgang einbezogen werden, durchaus ein- oder gar zweitägiges Programm; trotz der düsteren Feierlichkeit des opulenten päpstlichen Gemäuers, das im Mittelpunkt des touristischen Interesses steht, finden sich etliche Winkel ausgesprochen malerischen, intimen Charakters.

Wer vor seinem ersten Avignon-Besuch den Stadtplan studiert und angesichts der fast viereinhalb Kilometer langen, noch völlig intakten Ringummauerung von Vorstellungen martialischer mittelalterlicher Düsternis bedrängt wird, unterliegt ebenso einer Fehleinschätzung Avignons wie der historisch bewanderte Kulturreisende, der mit der Rhônestadt lediglich Vorstellungen von religiöser Strenge und päpstlich grauem Riesengemäuer verbindet. So finster und abweisend nämlich die Wucht der schmuckarmen Mauermassen des einstigen Exildomizils der römischen Kirchenfürsten die Szene beherrscht, so heiter und ausgelassen ist das Treiben auf der Place de l'Horloge oder auf der malerischen Place des Carmes. Eine Stadt der Kontraste also, deren Facettenvielfalt nicht zuletzt in ihrer bewegten Geschichte gründet, die weit in die graue Vorzeit zurückreicht. Bereits im Neolithikum sollen, wie neuere Forschungen belegen, auf dem Felsen neben der Rhône Menschen gehaust haben. Im dritten vorchristlichen Jahrhundert diente der Kalkstock ligurischen Siedlern als sicherer Standort für ein Oppidum. Als nächstes folgten die Römer, die sich an gleicher Stelle in gewohnter Weise mit Villen, Thermen, Theater und Tempeln einen funktionstüchtigen Militär- und Verwaltungsstützpunkt zulegten. Nach dem Römerrückzug folgten Burgunder, West- und Ostgoten, Franken, Sarazenen und Normannen. Schließlich gehörte Avignon zum Heiligen Römischen Reich Deutscher Nation.

Der Blüte im 12. Jahrhundert, die von wirtschaftlichem Wohlstand und der Erhebung zur Stadtrepublik geprägt war, folgte im Verlauf des Albigenserkriegs ein empfindlicher Tiefschlag. Als sich nämlich Avignon, vom Hochgefühl eigener Stärke beflügelt, eine Konfrontation mit dem französischen König und der Kirche zumutete, wurde die Stadt von Ludwig VIII. und dem päpstlichen Legaten einer dreimonatigen Belagerung ausgesetzt. Nach der militärischen Maßregelung waren die Stadtmauer und dreihundert Häuser Avignons in Schutt und Asche gelegt. Wenig darauf erwarb der Heilige Stuhl die benachbarte Grafschaft Venaissin, während der fromme und papsttreue Karl II. von Anjou in seiner Doppelrolle als König von Neapel und Graf der Provence auch in dem auf 5000 Seelen zusammengeschrumpften, weitgehend zerstörten Avignon das Kommando führte.

Der über Karl II. vom Vatikan nach Avignon hergestellte Brückenschlag veranlaßte schließlich den reisefreudigen, 1305 inthronisierten und von rominternen Querelen zermürbten Papst Klemens V., im Dominikanerkloster von Avignon seine Exilresidenz aufzuschlagen. Einer glücklichen Fügung gemäß war der Nachfolger Klemens' V., Johannes XXII., bereits vor seiner Erhebung zum Christenoberhaupt Bischof von Avignon, so daß eine Rückkehr nach Rom schon allein deshalb in weite Ferne rückte.

Als dann Benedikt XII. weiterhin an der noch jungen Tradition festhielt und das bischöfliche Palais durch das Palais Vieux ergänzen ließ, war die Rolle Avignons als neues Zentrum der Christenheit endgültig festgeschrieben.

Benedikts Nachfolger Klemens VI. erweiterte schließlich die Residenz mit dem Palais Neuf.

Die Blitzkarriere vom Statistendasein zum weltpolitischen Dreh- und Angelpunkt blieb

Neben der stellenweise geradezu beklemmenden Düsternis beeindrucken zumindest ebenso die gewaltigen Dimensionen des Papstpalasts, die auch das Weitwinkelobjektiv nur unvollständig erfaßt.

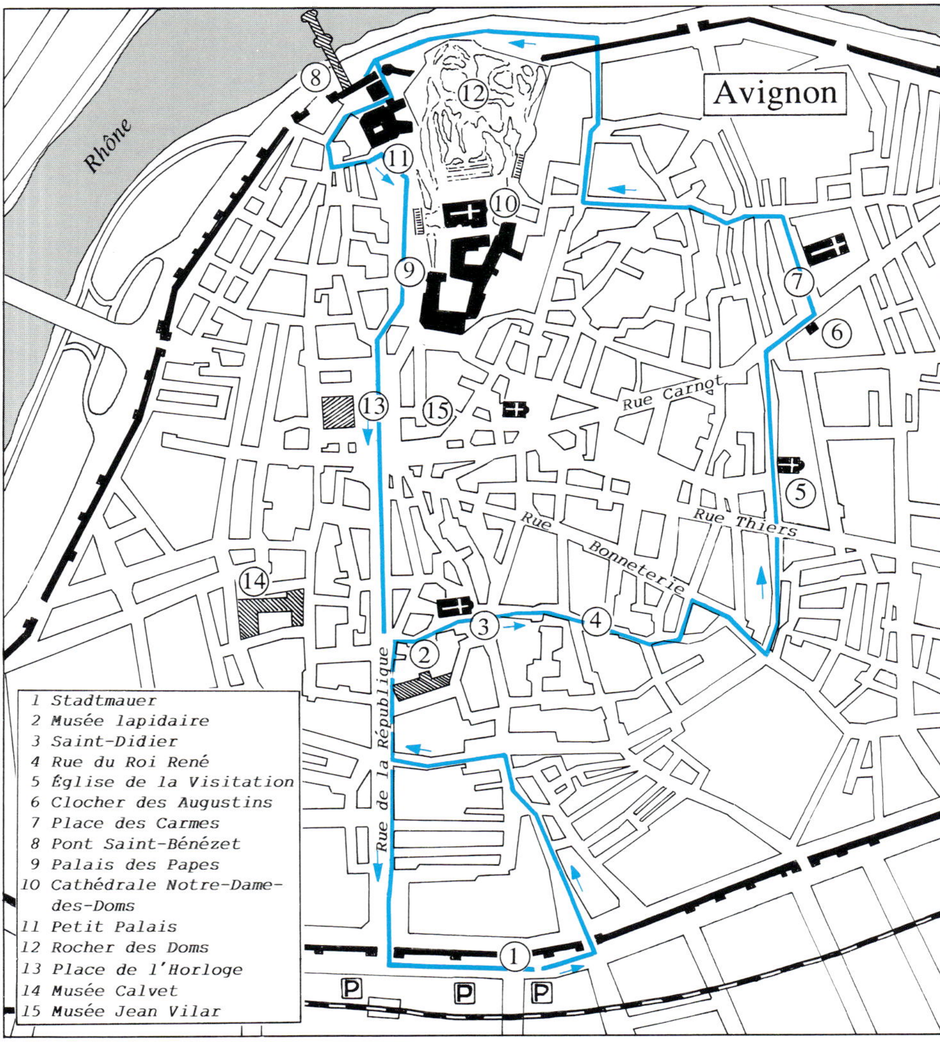

auf die Bevölkerungsentwicklung und auf das Stadtbild natürlich nicht ohne Auswirkung. In wenigen Jahrzehnten stieg die Einwohnerzahl Avignons auf 60000, während die Stadt innerhalb der neuen Ringmauer einem einzigen Bauplatz glich. Überall schossen die Feudalherbergen weltlicher und geistlicher Würdenträger aus dem Boden. Als der neunte und letzte der Kirchenfürsten, der Gegenpapst Benedikt XIII., die Bühne Avignons verließ und die große Ära beendete, war die Stadt derart wohlhabend, daß sie die nachfolgende Rezession ohne Mühe überstand und auch weiterhin ihre schnell errungene Stellung als wirtschaftlicher und kultureller Mittelpunkt beibehielt. Kurz vor 1800 kam Avignon endlich zu Frankreich und nahm seither eine kontinuierliche Aufwärtsentwicklung.

Die derzeit mehr als 150000 Einwohner der Provencestadt leben natürlich nur noch zum geringeren Teil in der mittelalterlichen Altstadt, um die sich mittlerweile die Siedlungsfläche aufs Vierfache erweitert hat.

Wer eine Besichtigung der Altstadt von Avignon vorhat, läßt es günstigerweise nicht darauf ankommen und versucht nicht erst beim Papstpalast und bei der Place du Palais eine

Parkmöglichkeit zu ergattern. Mehr Glück versprechen selbst während der Hochsaison im August (wo jeder Hitzeallergische an sich ungern in die Provence reist, die Franzosen aber hauptsächlich Urlaub machen) die etlichen Parkmöglichkeiten, die an der Ringstraße außerhalb der Stadtmauer zur Verfügung stehen. So gäbe es geräumige Abstellstreifen auf der Altstadt-Westseite zwischen Pont Saint-Bénézet und Pont de l'Europe. Wenn man auf diese Weise durch die Porte de l'Oulle und über die Place Crillon die Altstadt aufsucht, ist man kurzerhand beim Papstpalast und demgemäß in der ersten Hälfte des Stadtrundgangs bei den Höhepunkten. Wir halten es deshalb im Sinne einer Steigerung für sinnvoller, in einem der Parkhäuser südlich der Stadtmauer und in Bahnhofsnähe das Fahrzeug zu hinterlassen und durch die Porte de la République beziehungsweise Porte Saint-Michel zur Besichtigung anzutreten. Die nachgenannte Route entspricht dieser Empfehlung.

Stadtrundgang

An der Ringstraße, die südlich an der Altstadtmauer Avignons entlangführt *(Boulevard Saint-Roch, Boulevard Saint-Michel* und *Boulevard Limbert)* stehen mehrere Parkmöglichkeiten zur Verfügung, so beispielsweise im *Palais-des-Papes-Parkhaus* unweit des Bahnhofs. Wer hier sein Auto abstellt, spaziert zunächst auf dem Boulevard ein paar Schritte rechts vor, durchschreitet anschließend linksgerichtet die *Porte Saint-Michel* und die *Stadtmauer* (1) und gelangt über die *Rue Saint-Michel* zur *Place des Corps Saints.* Dann geht's auf der *Rue Henri Fabre* links hinüber zur eleganten Avenue der *Rue de la République,* auf der man, rechtshaltend, im Handumdrehen beim *Musée lapidaire* (2) eintrifft. Die Verehrer antiker Relikte lassen sich einen Besuch der Sammlung nicht entgehen. So oder so verfolgt man die *Rue de la République* im Anschluß an das Museum noch ein kurzes Stück in die nördliche Richtung und kommt, auf der *Rue du Prévôt* rechtsabzweigend, zur *Place Saint-Didier* mit der ernsten, schmucklosen *Église Saint-Didier* (3). Der Rundgang wird ostwärts auf der schmalen *Rue du Roi René* (4) fortgesetzt, an der sich ein paar noble Stadtresidenzen mit prunkvollen Fassaden reihen. Nach der einstigen *Chapelle Sainte-Claire* mit der Petrarca-Gedenktafel geht's auf der *Rue Artaud* links, dann auf der *Rue Bonneterie* rechts. Anschließend folgt man, wieder linksgerichtet, der *Rue Philonarde,* die über die *Rue Thiers* führt und in die *Rue Paul Saïn* übergeht, an der die *Église de la Visitation* (5) steht.

Nach der angemessenen Betrachtung der stilistisch uneinheitlichen, aber recht interessanten Fassade des Gotteshauses (ins Innere kann man leider nicht vordringen) bummelt man auf der *Rue Paul Saïn* bis zur querenden *Rue de Portail Matheron,* der man rechtsgerichtet folgt. Nach wenigen Metern steht man vor dem *Clocher des Augustins* (6), einem Kuriosum von Glockenturm, dem man nach provençalischem Muster den käfigartigen Glockenstuhl mit dem Geläute einfach obenauf gesetzt hat.

Während sich das Auge noch mit derlei gewagten Kontrasten beschäftigt, dringt von der anderen Seite bereits das Stimmengewirr der malerischen *Place des Carmes* (7) an unser Ohr, die mit Trödelmarkt- und Künstlerfluidum die einstige Papststadt von ihrer liebenswürdigsten Seite präsentiert. Man würde also gerne ein bißchen länger verweilen und auch der platzangrenzenden Kirche des ehemaligen *Karmeliterklosters* einen Besuch abstatten, wenn nicht einesteils noch das beachtliche Hauptprogramm anstünde und andererseits das Gotteshaus zumindest unter der Woche nicht nur morgens und spätnachmittags die Pforten öffnete. Also begnügt man sich mit dem Durchblick zum schönen Kreuzgang, der links vom Kirchentor möglich ist, genehmigt sich vielleicht noch eine kurze Verschnauf- und Erfrischungspause in einem der gemütlichen Straßencafés und verläßt anschließend die *Place des Carmes* an deren Nordwestrand. Linkshaltend geht's auf der *Rue des Infirmières* zur *Place des Trois Pilats* und auf der *Rue Bertrand* zur *Rue Banasterie,* auf der man, rechts vor (zwischendrin mit einem beeindruckenden Blick auf die Rückseite der hochragenden Cathédrale Notre-Dame-des-Doms neben dem Papstpalast), zu einem kleinen Fußgängerdurchlaß der *Stadtmauer* gelangt. Jenseits der Minipforte wird eine stark frequentierte Fahrstraße überquert, das *Rhôneufer* aufgesucht und linksgerichtet in Nachbarschaft stiller Wasser wie lauter Autokolonnen zum vielbesungenen, vierbogigen Überbleibsel der alten *Saint-Bénézet-Steinbrücke* (8) gepilgert, die man, natürlich nur gegen Entgelt, auch betreten kann. Ein Vorgang, der sich trotz der leider Gottes unvermeidlichen kommerziellen Begleittöne durchaus lohnt, weil sich die Ausblicke auf den düsteren Komplex des nahen Papstpalastes und auf die verträumte Impressionismusidylle der Rhônelandschaft vom Brückenrudiment aus besonders ansprechend gestalten. Außerdem ist die originelle Nutzung eines Brückenpfeilers als Kapellengehäuse schon für sich sehenswert und den Abstecher wert.

Gegenüber vom Brückenzugang weist die Wegtafel schließlich zum *Palais des Papes* (9), wo alle Fäden des Avignon-Tourismus zusammenlaufen und das märchenparkverdächtige Unikum einer Miniatur-Bockerlbahn seine Kreise zieht.

Der kulturbeflissene Bildungsreisende sieht über derlei romantisch verbrämte Geldbeutelerleichterungen großzügig hinweg und verfügt sich zur obligaten Visite in das kirchenfürstliche Ausweichdomizil, durch das mehrmals täglich auch Führungen in deutscher Sprache erfolgen. Wer auf Prunk und vielfältigen Kunstgenuß eingestellt ist, wird bei der langen Wanderung durch die endlosen Fluchten des Riesenpalastes allerdings nur stellenweise auf seine Kosten kommen.

Nach der Besichtigung des Palais wird man der Vollständigkeit halber wenigstens noch einen Blick in das dunkle Innere der angrenzenden und bereits erwähnten *Cathédrale Notre-Dame-des-Doms* (10) werfen, die freilich neben der erdrückenden Wucht der Papstburg schon äußerlich wenig zu bestellen hat und außerdem in den Jahrhunderten nach der romanischen Bauzeit durch eine barocke Ausstattung spürbar in Mitleidenschaft gezogen wurde.

Für derartige Enttäuschungen entschädigt jedoch wieder ein Besuch des *Petit Palais* (11), das an der Stirnseite der stilleren, mit Ruhebänken ausgestatteten Nordhälfte der *Place du Palais* steht und als einstige Herberge nobler Papstgäste in jüngerer Zeit eine bemerkenswerte Sammlung italienischer Gemälde des späten 13. bis frühen 16. Jahrhunderts aufgenommen hat.

Desgleichen wird man nach soviel Kunst und Architektur ebensogern noch der Natur und den Gärten des *Rocher des Doms* (12) nördlich der Kathedrale seine Aufwartung machen, wo sich aufschlußreiche und einnehmende Blicke auf die türmereiche Dächerlandschaft Avignons und auf den Pont Saint-Bénézet eröffnet.

Ist der Stadtrundgang auf diese Weise stilvoll und beschaulich abgerundet, spaziert man wieder von der *Place du Palais* südwärts zur *Place de l'Horloge* (13) mit dem pompösen *Hôtel de Ville* und genießt die bunte Heiterkeit und lebensfrohe Ungezwungenheit des Gaukler-, Komödianten-, Musikanten- und Touristentreffs ums nostalgieverklärte bunte Karussell.

Wer anschließend noch Zeit und Verlangen nach Kunst hat, kann schließlich noch den Umweg über die Rue Joseph Vernet machen und das *Musée Calvet* (14) besuchen. Desgleichen ist von der Place de l'Horloge mit einem kurzen Abstecher die *Maison Jean Vilar* (15) erreicht.

Zuletzt kehrt man auf der *Rue de la République* wieder zur südlichen Stadtmauer zurück. Von der *Porte de la République* sind's dann nur noch ein paar Meter bis zum Parkhaus auf der gegenüberliegenden Seite der am Bahnhof vorbeiziehenden Straße.

Touristische Angaben

Ausgangspunkt: Diverse Parkplätze bzw. Parkhäuser westlich der Stadtmauer bzw. südlich des Mauerrings in Bahnhofsnähe.
Anfahrt: Gut beschilderte Zufahrtsstraßen aus allen Richtungen; übersichtliches Parkleitsystem im Bereich des Ringboulevards.
Weglänge: Der hier beschriebene Rundgang ab Bahnhof ist etwas über 4 km lang.
Zeitaufwand: Selbst bei flüchtiger Betrachtung der Sehenswürdigkeiten nicht unter 2 Stunden; mit Besuch von Palais des Papes, Rocher des Doms, Petit Palais, Pont Saint-Bénézet, Musée lapidaire und Musée Calvet ohne weiteres auf zwei Tage auszudehnen.
Karten: Michelin 1:200000, Nr. 245 Provence – Côte d'Azur (für die Anfahrt); für den Stadtrundgang holt man sich am besten im

Die große Ära als Exilbleibe der Päpste bescherte Avignon bis zum heutigen Tag eine Ausnahmestellung im provençalischen Tourismus. Trotzdem finden sich noch genügend idyllische Winkel.

Office de Tourisme (Cours Jean Jaurès, unweit der Porte de la République an der südlichen Stadtmauer bzw. vis-à-vis vom Bahnhof) einen Stadtplan.

Sehenswürdigkeiten (in der Reihenfolge des Rundgangs):

1. *Stadtmauer:* Die heute noch völlig intakte, ovalförmige Stadtmauer entstand unter den Päpsten Innozenz VI. und Urban V. in der zweiten Hälfte des 14. Jahrhunderts. Von den drei Vorgängeranlagen aus der Römerzeit, der späten Antike und dem Mittelalter (1226, wie eingangs erwähnt, durch Ludwig VIII. geschleift) sind kaum noch Überbleibsel vorhanden. Zu den dereinst sieben Stadttoren, die mit quadratischen Türmen, Zugbrücken und Fallgittern bewehrt waren, kamen im Lauf der Zeit weitere Durchgänge, so daß die Altstadt Avignons von jeder Seite ohne lange Umwege zu erreichen ist.

2. *Musée lapidaire* (Rue de la République):

Die Sammlung widmet sich hauptsächlich dem antiken Avignon. Daneben finden sich aber auch mit der Tarasque de Noves, der Darstellung eines Fabelgeschöpfs aus der Keltenzeit, vorrömische Exponate.

3. *Église Saint-Didier* (Place Saint-Didier): Die Kirche wurde 1359 geweiht und zählt somit zur Gotik. Im Gegensatz zur strömenden, vertikalen Dynamik dieser Stilrichtung wirkt der Bau im Äußeren wie im Inneren so ernst und massig wie der zur selben Zeit entstandene Papstpalast Benedikts XII. Trotz der konsequent durchgehaltenen Schmucklosigkeit sind einige bedeutende Ausstattungsdetails in der einschiffigen breiten Halle verwahrt. So in einer Seitenkapelle die dramatisch vorgetragene Darstellung der Kreuztragung aus dem Jahr 1478, die als frühes Beispiel französischer Renaissancekunst bei Kennern Beachtung findet. Oder die 1953 freigelegten Fresken, die vermutlich auf die Bauzeit zurückgehen. Oder eine Glastafel jüngeren Datums mit einer Darstellung des Baus der Saint-Bénézet-Brücke.

4. *Rue du Roi René:* Die schmale Straße führt an einigen prachtvollen Fassaden vorbei. Wo einst die Chapelle Sainte-Claire stand, erinnert eine Gedenktafel an den italienischen Dichter Francesco Petrarca, der hier zum erstenmal seiner Laura und dem Ziel seiner lebenslang unerfüllbaren Liebe begegnete.

5. *Église de la Visitation* (Rue Paul Saïn): Die Kirche entstand im 17. Jahrhundert, also nach der päpstlichen Hochblüte Avignons, und ist für den Kunsthistoriker von einigem Interesse, weil sich in der Fassade französisch-klassische Kühle und italienische Barockvitalität in durchaus gelungener Weise verbinden.

6. *Clocher des Augustins* (Rue de Portail Matheron): Der Campanile eines einstigen Augustinerstifts ist mit seinem obenaufgesetzten Glockenkäfig ein typisches Beispiel für diese in der Provence verbreitete Art des Glockenstuhls.

7. *Place des Carmes:* Wer Avignon jegliche malerische Intimität abspricht, wird angesichts des quirligen Treibens und der bunten Trödelmarktbuden der Place des Carmes schnell eines Besseren belehrt. Wer Sinn für sorglose Gelassenheit hat, wird sich hier unweigerlich zu einem Glas Wein niederlassen und den weiteren Rundgang erst mit Verzögerung fortsetzen. An der Place des Carmes lag einst ein Karmeliterkloster, von dem noch der Kreuzgang erhalten ist.

8. *Pont Saint-Bénézet:* Die im Volkslied »Sur le pont d'Avignon« besungene Rhône-Steinbrücke überspannte ehedem mit 22 Bogen den hier zweigeteilten Fluß und ist mit dem spärlichen 4-Bogen-Überrest nur noch ein Schatten ihrer selbst. Die erste Fassung des Flußübergangs ging bis ins 12. Jahrhundert zurück. Im Verlauf der Albigenserkriege wurde sie 1226 zerstört, jedoch 1234–1237 wieder aufgebaut. Im zweiten Brückenpfeiler sind übereinander zwei Kapellen aus der romanisch-gotischen Entstehungszeit integriert. Das merkwürdige Brückenrudiment, zugleich ein Wahrzeichen Avignons, kann gegen Entgelt betreten und besichtigt werden, ein Vorgang, der sich schon allein wegen der eindrucksvollen, auch idyllischen Ausblicke auf die päpstlichen Anlagen beziehungsweise auf die impressionistische Rhônelandschaft lohnt.

9. *Palais des Papes:* Mit 15 000 Quadratmetern überbauter Fläche ist der düstere, wuchtige Papstpalast schon allein den Dimensionen nach ein singuläres Ereignis. Der Besucher wird demgemäß auch reichlich strapaziert und sollte auf gesunden Füßen stehen. Wer nach großem Kunstgenuß verlangt, kommt in den zugigen, kühlen Hallen und Fluchten allerdings nur in Abständen auf seine Kosten, beispielsweise in Form der Fresken von Matteo Giovanetti, der als Schüler Simone Martinis sein Handwerk meisterlich beherrschte. Möglicherweise legte Martini im Schlafzimmer der Päpste selbst Hand an. Die Papstresidenz entstand im wesentlichen in zwei Bauabschnitten. Nach dem Alten Palast, den der Zisterzienser Benedikt XII. entsprechend der strengen Askese seines Ordens seit 1335 als herbe Burg errichten ließ, folgte unter dem lebenszugewandteren Benediktiner Klemens VI. seit 1342 der Bau des Neuen Palastes (Palais Neuf). Dieser Trakt wurde unter Klemens' Nachfolger, Innozenz VI., fertiggestellt. Urban V. fügte als Verbindungsteil beider Bauteile einen Ehrenhof hinzu.

10. *Cathédrale Notre-Dame-des-Doms:* Der neben dem Papstpalast erhaben plazierten

Die vielbesungene alte Steinbrücke überspannte einst mit 22 Bögen die bei Avignon zweigeteilte Rhône. Der kümmerliche vierbogige Rest vermittelt nur noch einen schwachen Hinweis auf derlei Größe.

Kirche sind seit den romanischen Anfängen manche negative Eingriffe widerfahren, wobei die 1670–1672 eingeführten barocken Emporen die gravierendste Fehltat waren. So lassen sich die einstigen hohen architektonischen Qualitäten nur noch stellenweise nachvollziehen. Ebenso bestechen einige Ausstattungsdetails, wie ein Bischofsstuhl aus weißem Marmor oder das Grabmal Johannes' XXII.

11. *Petit Palais:* Am Nordrand der Place du Palais steht das 1317 entstandene Petit Palais, das den Bischöfen von Avignon und auch noch dem zweiten Exilpapst, Johannes XXII., als Residenz diente. Zu päpstlichen Zeiten wurde das späterhin renaissanceartig veränderte Gebäude als Gästehaus für hochgestellte Besucher verwendet. Heute beherbergt es die wertvollste Gemäldesammlung Avignons, deren Schwerpunkt auf italienischen Werken von der Frührenaissance bis zum Quattrocento liegt.

12. Die päpstliche Gartenanlage auf der Höhe des *Rocher des Doms* ist von der Place du Palais aus schnell erreicht und lohnt in jeder Weise die geringfügigen Anstiegsmühen. Zum einen ist der auf enger Fläche kunstvoll variierte und raffiniert inszenierte Park schon für sich ein gartenarchitektonisches Meisterwerk, zum anderen eröffnen sich von hier aus aufschlußreiche und eindrucksvolle Ausblicke auf Avignon und die Rhônelandschaft.

13. Neben der Place du Palais ist die südwärts fast unmittelbar anschließende *Place de l'Horloge* ein weiteres gesellschaftliches und touristisches Zentrum Avignons. Neben etlichen Straßencafés steht neben dem repräsentativen Rathaus als nostalgieseliger, idyllischer Gegensatz ein lustiges Karussell, das nach dem finsteren Papstgemäuer wieder heitere provençalische Empfindungen weckt.

14. *Musée Calvet:* Gute Sammlung von Werken Pieter Bruegels d. Ä., Canalettos, Davids, Delacroix', Corots, Manets und anderer Künstler.

15. *Maison Jean Vilar:* Nach dem Schauspieler, Regisseur und Initiator des Festival d'Avignon benannt und dient heute als Dokumentationszentrum der 1947 ins Leben gerufenen Dramatischen Festspiele Avignons. Der alljährliche Theatersommer (Mitte Juli bis Mitte August) genießt längst ein europaweites Ansehen und zählt ebenso zu den Hauptattraktionen Avignons.

6 Villeneuve-lès-Avignon

Riesenkloster und Bilderbuchburg

Halbtägiger Ausflug zum kleineren Gegenstück Avignons jenseits der Rhône; kleines, aber vielteiliges und bedeutendes Besichtigungsprogramm.

Wie Avignon liegt auch Villeneuve-lès-Avignon am gegenüberliegenden Rhôneufer auf einer aussichtsvollen Erhebung, die schon in vorgeschichtlicher Zeit besiedelt war.
Der prähistorischen Urbevölkerung folgte ein gallo-römisches Zwischenspiel, dann eine frühchristliche Einsiedelei, die in eine Benediktinerabtei mündete.
Die strategisch vorteilhafte Aussichtswarte vis-à-vis vom ehrgeizigen Avignon und Herrschaftsbereich der Grafen der Provence war den französischen Königen natürlich nicht verborgen geblieben und inspirierte zuerst Philipp den Schönen zur Gründung einer »ville nouvelle«, die seit 1292 auf dem Saint-André-Berg entstand. Gleichzeitig ließ der französische König am Pont Saint-Bénézet einen Festungsturm errichten, um den Flußübergang unter Kontrolle zu halten. Eine Maßnahme, die in der Folge den Königen Johann dem Guten und Karl V. indessen nicht sicher genug schien, so daß dem »Philippe-le-Bel« mit dem mächtigen Fort Saint-André eine unübersehbare Verstärkung zugesellt wurde, die heute als mittelalterliche Bilderbuchfestung über die Rhône zum Papstpalast rüberschaut.
Die Musterburg mit ihren gewaltigen Tortürmen ist aber nur der eine von zwei Superlativen von Villeneuve-lès-Avignon. Wenigstens in gleicher Weise fasziniert den Besucher der stilleren, fast verträumten Nachbarsiedlung der Touristenhochburg das ausladende Kartäuserkloster, das nach schweren Jahren allmählichen Verfalls seit neuerer Zeit wieder in fürsorglichen Händen liegt und nicht allein wegen seiner stattlichen Dimensionen, sondern auch wegen mancher architektonischer wie künstlerischer Details eine ausführliche Visite lohnt.
Aber auch sonst ist Villeneuve, in dem sich während der mittelalterlichen Hochblüte Avignons die Kardinäle ihre angemessenen Nobelresidenzen erbauten, ein spürbarer Nachglanz jener großen Tage geblieben.
Nimmt man noch hinzu, daß sich hier auch Meisterliches aus der einst berühmten »Schule von Avignon« entdecken läßt, wär's fast unverzeihlich, wenn man nicht wenigstens ein paar Stunden dafür opfern würde.

Stadtrundgang

Um mit dem Auto von *Avignon* nach Villeneuve-lès-Avignon zu gelangen, fährt man

Der gewaltige Gebäudekomplex des Kartäuserklosters von Villeneuve-lès-Avignon war lange Zeit verwaist und wird erst seit kurzem für museale und kulturelle Zwecke restauriert und genutzt.

auf der Altstadt-Ringstraße entsprechend den Hinweistafeln bis zum *Pont Edouard Daladier* im Nordwestbereich der Kreisumgehung. Auf der Brücke wird in nordwestlicher Richtung (erneut Wegweiser Villeneuve) die *Rhône* überquert. Anschließend folgt man der Beschilderung zum *Centre Historique* von *Villeneuve* und erreicht ansteigenderweise die *Place Jean Jaurès,* die als Mittelpunkt der »Neustadt« Avignons ausreichende Parkmöglichkeiten anbietet. Von der Place Jean Jaurès wird zuerst auf der *Rue de la République* in die nördliche Richtung spaziert. Nach ca. 200 Metern geht's rechtsabzweigend durch mehrere Tore und Vorhöfe zum Eingang der *Chartreuse* (1). Die altehrwürdige Kartäuseranlage zeigt sich nach langen Jahrzehnten der Vernachlässigung und des Verfalls wieder in aufstrebender Verfassung. Ein Teil der diversen Räumlichkeiten wird inzwischen für künstlerische und andere Ausstellungszwecke genutzt, wobei man über die fromme Vergangenheit des betagten Gemäuers offensichtlich unbekümmert hinwegsieht. Eine Antiquitätenmesse im Rahmen schmissiger Opernmusik, wie wir's erlebten, versetzt dem ernsthaften Kulturmenschen zweifelsohne einen spürbaren Stich. Desgleichen halten sich die sehenswerten Architektur- und Freskenrelikte des dereinst reichen Riesenklosters vorerst noch in Grenzen. Aber wie gesagt: Seit kurzem ist im Zusammenwirken der Bürgervertreter von Villeneuve-lès-Avignon mit der »Caisse Nationale des Monuments Historiques et des Sites«, der französischen Denkmalschutzbehörde, ein Restaurierungsprogramm in Szene gesetzt worden, das für die museale Zukunft des bedeutenden Kunst- und Kulturdenkmals einiges erwarten läßt.

Wer nach geraumer Zeit den Rundgang durch das betagte Gemäuer beendet hat, macht sich auf den Weg zum *Fort Saint-André* (2), zu dem man auf zweierlei Weise gelangen kann. Entweder kehrt man wieder zur *Rue de la République* zurück und wandert, dreimal rechtshaltend, nördlich um die Klosterumfriedung herum, oder man schreitet auf einer nicht ohne weiteres zu findenden, verwinkelten Abkürzung in nördlicher Richtung zuerst mitten durch die weitgedehnte Gebäudeanlage, deren Umfang immerhin mehr als eineinhalb Kilometer mißt. Wer sich für diese Route entscheidet, folgt vor dem Eingang mit der Kasse dem nach links zeigenden Wegpfeil in Richtung Église und kommt, zwischendrin kurz links-, dann rechtshaltend, zum *Cloître Saint-Jean,* der mit seinem schmucken, von einem Springbrunnen zusätzlich aufgewerteten Innenhof und einer Cafeteria sowohl für's Auge wie für den Gaumen das Rechte bereithält. Von der nordöstlichen Ecke des quadratischen Kreuzgangs Saint-Jean geht's rechts, dann links zur Klostermauer und zur erstgenannten, längeren Wegvariante. Wie bei dieser schon erwähnt, spaziert man, stets rechtshaltend, zunächst an der Nord- und Ostseite der Kartause entlang und vertraut sich anschließend dem schräg links abzweigenden und zur »Bourg Saint-André« ausgewiesenen Sträßchen an, auf dem der aussichtsvolle Hügel mit dem ungemein ausladenden und majestätischen Kastell erklommen wird. Durch ein gotisches, von mächtigen Rundtürmen flankiertes Spitzbogentor betritt man den Innenbereich der voluminösen Festung, in dem von der einstigen *Benediktinerabtei Saint-André* außer ein paar Ruinen allerdings nicht mehr viel zu sehen ist. Um so beglückender ist dafür die Aussicht vom André-Hügel, die übers nahe Avignon hinaus die Alpilles und den Lubéron-Höhenzug erfaßt.

Nach der Burgvisite bummelt man auf der *Rue Montée du Fort,* die von der *Place Jean Jaurès* unmittelbar heraufführt, wieder zum Ausgangspunkt zurück. Ein Abschluß, der inmitten malerischer Fassaden gemütlicher, alter Bürgerhäuser im Gegensatz zur bisher erlebten Monumentalität wohltuend idyllisch ausfällt.

Wer noch Zeit hat und zusätzlichen Kunstbedarf verspürt, wird natürlich noch gerne in die *Pfarrkirche Notre-Dame* (3) hineinschauen, die schräg vis-à-vis der Place Jean Jaurès steht, und außerdem die paar Schritte auf der *Rue de l'Hôpital* zur *Place de l'Oratoire* nicht scheuen, wo das *Musée municipal de l'Hospice* (4) mit einigen Meisterwerken der »Schule von Avignon« des 14. und 15. Jahrhunderts wartet. So die berühmte »Marienkrönung« des Enguerrand Quarton und eine vorzügliche Kopie der ebenso beeindruckenden »Pietà von Villeneuve«, die demselben spätgotischen Künstler zugeschrieben wird.

Schließlich könnte man noch zu Fuß vom Museum zum *Tour Philippe le Bel* (5) hinablaufen, es sei denn, man steigt bei der Rückfahrt noch einmal kurz aus dem Auto und klettert über 76 Stufen zur Aussichtsplattform des ehemaligen Wachturms am westlichen Brückenkopf des *Saint-Bénézet*-Rhôneübergangs hinauf.

Lohnen tut sich's in jedem Fall, weil das Bauwerk aus der mittelalterlichen Ära Philipps des Schönen als Aussichtskanzel ersten Ranges geschätzt wird.

Touristische Angaben

Ausgangspunkt: Place Jean Jaurès im Zentrum von Villeneuve-lès-Avignon; kleiner Parkplatz.

Anfahrt: Von der nordwestlichen Seite des Ringboulevards Avignons gegenüber der Place Crillon in nordwestlicher Richtung auf

dem Pont Edouard Daladier über die Rhône. Dann entsprechend der Beschilderung nach Villeneuve und zum Centre Historique.
Weglänge: Mit Besuch des Tour Philippe le Bel nicht ganz 2 km.
Zeitaufwand: 2–3 Stunden.
Karte: Michelin 1:200000, Nr. 245 Provence–Cote d'Azur (für die Anfahrt); für die Besichtigung des Kartäuserklosters gibt es zur Eintrittskarte einen Detailplan der Anlage; außerdem Prospekt im Tourismusbüro, Place Jean Jaurès.
Sehenswürdigkeiten (in der Reihenfolge des Rundgangs):
1. *Chartreuse:* Das Kartäuserkloster verdankt seine Existenz hauptsächlich der Demutsgeste. Als nämlich 1352 das Konklave in Avignon dem Generalminister des Kartäuserordens die Papstkrone antrug, lehnte dieser die hohe Würde bescheiden ab. Der statt dessen gekürte Innozenz VI. bedankte sich in nobler Weise, indem er in Villeneuve an der Stelle seiner Residenz die Kartause errichten ließ. Nach der Gründung entstand in einem ersten Bauabschnitt ein Kloster für zwölf Ordensbrüder, die vom großherzigen Stifter mit mancherlei Privilegien ausgestattet wurden. Auch sonst blieb der vormalige Kardinal Etienne Aubert und jetzige Papst seinem einstigen Wohnsitz sehr verbunden und richtete sich in der Kartause eine Privatkapelle ein. Nach seinem Tod im Jahre 1362 wurde Innozenz VI. hier beigesetzt. Sein Grabmal war nach der Französischen Revolution entfernt worden und ist erst 1963 wieder an seinen ursprünglichen Platz zurückgebracht worden.
Die Intentionen Innozenz' VI. wurden insbesondere von seinem Neffen Pierre Selva de Montirac, Kardinal von Pampelune, weitergeführt, der 1372 den Kreuzgang Saint-Jean anlegen ließ. Nach jahrhundertelangem Aufblühen geriet das Kartäuserkloster, seines Zeichens die größte Anlage dieser Art in Frankreich, durch die Französische Revolution schwer unter die Räder. So verkam der riesenhafte Gebäudekomplex nach und nach zum Armenquartier, während die Bibliothek, die Kunstschätze und das gesamte Vermögen der ehedem reichen Kartause in fremde Hände übergingen. Erst zu Beginn dieses Jahrhunderts hat sich mit staatlicher Finanzhilfe und gemeindlicher Unterstützung eine Renaissance angebahnt, die dem betagten Gemäuer wieder zusehends auf die Beine half. Das Ziel des nationalen-kommunalen Konsortiums, »Centre International de Recherche de Création et d'Animation« genannt, ist nicht allein die Restauration, sondern auch die Belebung der aufgefrischten weitläufigen Räumlichkeiten mit wissenschaftlichem und künstlerischem Geist.
2. *Fort Saint-André:* Neben der Chartreuse du Val-de-Bénédiction ist das Fort Saint-André aus der zweiten Hälfte des 14. Jahrhunderts die zweite Attraktion von Villeneuve-lès-Avignon. Allerdings ist im Inneren der gewaltigen Feste außer den Ruinen eines ehemaligen Klosters nicht mehr Bedeutendes zu besichtigen, so daß man sich mit der Bewunderung der mächtigen Tortürme und mit dem

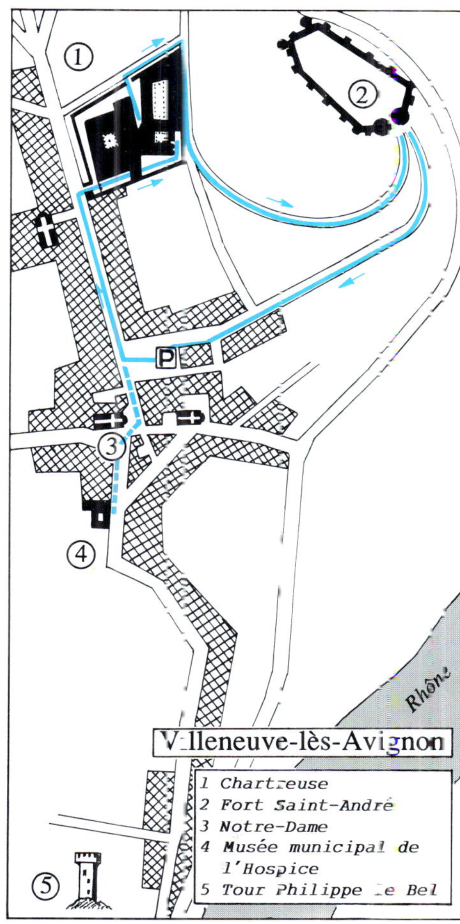

eindrucksvollen Ausblick auf das am anderen Flußufer ausgebreitete Avignon begnügen muß. Aber das ist auch schon etwas und lohnt den kleinen Bergaufabstecher.

3. Die *Pfarrkirche Notre-Dame* südwestlich gegenüber der Place Jean Jaurès wurde vom Kardinal Arnaud de Via, einem Neffen des Papstes Johannes XXII., in Auftrag gegeben. Der Bau aus dem angehenden 14. Jahrhundert ist ein frühes Beispiel der für die Provence typischen einschiffigen Halle. Das Ausstattungsprunkstück, eine Elfenbeinmadonna mit der erstaunlichen Höhe von 45 Zentimetern, findet sich in der Sakristei. Der nördlich anschließende Kreuzgang zählte einst zum Besitztum Arnauds, der aus kirchenfürstlichen Blütezeiten nicht die einzigen Spuren hinterließ. So begegnen wir auf unserem Rundgang an der Rue de la République noch dem Hôtel des Prinzen von Conti und an der Rue Montée du Fort mit der einstigen Residenz des Kardinals de Giffone einem weiteren Beispiel der »Livrées« genannten Nobelsitze.

4. *Musée municipal de l'Hospice:* Nur ein paar Schritte südlich der Pfarrkirche liegt an der Rue de l'Hôpital das Musée municipal, dessen Gemäldebestand hauptsächlich aus der Kartause stammt. Als wertvollstes Exponat gilt die »Marienkrönung« von Enguerrand Quarton, die der Künstler, einer der profiliertesten Vertreter der einst berühmten »Schule von Avignon«, 1453 für die Grabkapelle Innozenz' VI. in der Chartreuse gemalt hatte. Das Werk steht an der Schwelle zur diesseitsbezogenen Renaissance und zeigt neben der dominierenden christlichen Symbolik bereits porträthafte Landschaftsausschnitte mit der Rhône und dem Mont Ventoux.

Desgleichen findet sich die Kopie der berühmten »Pietà von Villeneuve« in der Gemäldesammlung, deren Original im Pariser Louvre hängt. Als Schöpfer wird ebenfalls Enguerrand Quarton angenommen.

5. *Tour Philippe le Bel:* Am Brückenkopf des Pont Saint-Bénézet, der seinerzeit beide Rhônearme überspannte, ließ der französische König Philipp der Schöne zur besseren Kontrolle des Flußübergangs um 1300 einen Wach- und Aussichtsturm errichten, der über eine Treppe zu besteigen ist. Eine unwesentliche Mühe, die sich wegen des beeindruckenden Rundblicks auf Villeneuve, das Fort und auf Avignon in jedem Fall auszahlt.

Neben der Kartause präsentiert Villeneuve-lès-Avignon mit dem Fort Saint-André eine weitere Riesenanlage, in der es, abgesehen vom imposanten Äußeren, jedoch kaum noch etwas zu bewundern gibt.

Arles und die Camargue

7 Zu Fuß und per Rad durch die Camargue

Bedrängte Paradiese am Mittelmeer

Halb- bis ganztägige Unternehmungen; insbesondere für die Radler ein wahres Dorado; immer noch außergewöhnlich beeindruckende Natur- und Landschaftserlebnisse.

»Ein herrlicher Tag geht über der Camargue zur Neige. Bereits fallen die Sonnenstrahlen in spitzem Winkel auf die glitzernde Fläche junger Reisfelder, auf denen, knöcheltief im Wasser stehend, spanische Reisarbeiter ihrer mühseligen Tätigkeit nachgehen. Die Schatten der Zypressenhecken, welche Weinberge und Reisfelder vor der Wucht des auch jetzt wieder kräftig blasenden Mistrals etwas zu schützen vermögen, werden länger und länger. Aus einer Pinienkrone erhebt sich mit kraftvollem Flügelschlag ein Reiher und verschwindet als weißer Punkt am Horizont.«

Das Stimmungsbild aus der Feder Margrit Hagis gilt dem Mündungsdelta der zuletzt zweigeteilten Rhône südlich von Arles, das mit seinen Steppen, schilfüberwucherten Sümpfen und flachen Strandseen den Liebhaber unverdorbener Urwüchsigkeit seit jeher in seinen Bann zog. Wenngleich die griechischen Seefahrer den steten Wandel und das unberechenbare Fahrwasser im Nahbereich der »Mündungsarme der Hölle« fürchteten, war die dramatische Formulierung des Dichters Hesiod für die Griechen von Marseille kein Hindernis, in der elegischen meeresnahen Wildnis der Artemis von Ephesus einen Tempel zu errichten.

Nach diesem ersten Vorstoß der Kultur in die Urnatur waren es dann die Römer von Arles, die in der Camargue die Viehzucht und den Getreideanbau einführten und außerdem die seinerzeit noch ausgedehnten Wälder für den Schiffsbau nutzten.

Die wirtschaftliche Auswertung setzte sich im Mittelalter fort, beschränkte sich aber auf den nach wie vor meistkultivierten nördlichen Teil zwischen Arles und Étang de Vaccarès, während die systematische Erschließung der mittleren, einhalb Meter unter dem Meeresspiegel gelegenen Camargue um den zentralen Étang und die Eindeichung des südlichen Bereichs von Saintes-Maries-de-la-Mer bis Salin-de-Giraud erst ab dem 16. Jahrhundert erfolgten. Der zivilisatorische und kommerzielle Zugriff hat der Camargue, die nach dem Verlust der indochinesischen Kolonien zur französischen »Reiskammer« aufstieg, bereits merkliche Blessuren zugefügt. Wenngleich das vom Staat bereits 1928 in Obhut genommene, 13500 Hektar große Schutzgebiet die allmähliche Kapitulation vor der Zivilisation einschränkte und verlangsamte, ist die Camargue, eine der letzten europäischen Urlandschaften, in stetem Rückzug.

Als van Gogh die Camargue auf der Suche nach »blauem Meer und blauem Himmel« Ende Mai 1888 tagtäglich von Arles aus mit der Postkutsche aufsuchte, beschrieb er das Ödland vor den Saintes-Maries in einem Brief an seinen Bruder Theo als »Grasebenen, wo es Stierherden gibt und Gruppen von kleinen weißen Pferden, halbwild und sehr schön[...] Weinreben, Heideland, eine Gegend, so flach wie Holland«.

Weniger euphorisch klingen die Visionen der Naturschützer. So sagt der Biologe Alain Tamisier, der mit staatlichem Forschungsauftrag im Schutzgebiet arbeitet: »Seit 1942 hat die Camargue regelmäßig Jahr für Jahr 1000 Hektar an natürlichem Milieu verloren. Diese 40000 Hektar sind nicht eigentlich verschwunden, sondern zugunsten von Landwirtschaft, Salinen und Industrie denaturiert worden. Es bleiben nur noch 60000 Hektar übrig, von denen bloß 20000 wirklich unter Schutz stehen. So wie die Dinge liegen, spricht nichts dafür, daß wir die untere Grenze erreicht haben. Das bedeutet, daß es in 50 Jahren keine Camargue mehr geben wird.«

Mehr als die Hälfte der insgesamt 150000

Hektar des Rhônedeltas sind mittlerweile wirtschaftlich verwertet. Dazu kommen als hauptsächliche Attacken jüngeren Datums die Riesenheere der Touristen und die einträgliche Jagd.
Bis zu 40000 Besucher zählt das mit seiner Zigeunerwallfahrt berühmt gewordene Saintes-Maries-de-la-Mer pro Urlaubssaison, fast zwanzigmal soviel Gäste, als der Mittelmeerort Einwohner hat. Und soweit es die jährliche Ausbeute der etwa 5000 Camargue-Jäger betrifft, gehen die Schätzungen der Naturhüter auf eine Million Enten.
Liest man die Reklameschilder, auf denen dem Feriengast von der Meer-Mini-Kreuzfahrt über Diskothek, Nachtclub, Sightseeing-Rundfahrten in speziellen Aussichtswagen bis hin zu allem, was mit Pferden und Stieren (wozu hier jedes Rind zählt) zu tun hat, in verlockender Weise angepriesen wird, fühlt man sich als erfahrener Tourist in seinen paradiesischen Erwartungen von vornherein etwas irritiert, ohne jedoch in seinen Befürchtungen in jeder Weise und an jeder Stelle bestätigt zu werden.
Wenn sich auch zu Ende des Zweiten Weltkriegs 4000 Stiere auf 47000 Hektar Land verteilten und heute 8000 Rinder nur noch 19000 Hektar zur Verfügung haben, wenn auch die kommerziell-touristisch orientierte extensive Tierzucht und spektakuläre, publikumswirksame Markierungszeremonien die Grenzziehung zwischen Echtem und Gestelltem zunehmend erschweren, finden sich abseits der Fremdenzentren und -attraktionen immer noch genügend Winkel, wo alles blieb, wie es war. In manchem zeigen sich sogar Trends zum Positiven. So sind die Flamingos, neben den Pferden, Stieren und den Gardians genannten Viehhirten wesentlichste Besonderheiten der Camargue, mit erheblichen Zuwachsraten auf der Lagune zu Gast. Waren es lange Jahre durchschnittlich 4000 Paare, die hier nisteten, sind es mittlerweile bis zu 20000, die meist vom unwirtlich gewordenen tunesischen Mittelmeerufer zur Camargue umzogen. Und auch sonst sind die Flora und Fauna noch weitgehend unversehrt über die Anfechtungen hinweggekommen, so daß die düsteren Untergangsprognosen des Biologen Tamisier den Ernst der Lage womöglich überzeichnen, zumal auch Saintes-Maries einigen Auswüchsen zudem einen Riegel vorschob.
Die staatlichen und kommunalen Bemühungen, zumindest einen Teil des Paradieses zu retten, sind also erheblich und auch für den Fuß- und Radwanderer in Gestalt einer sehr begrenzten Bewegungsfreiheit stellenweise deutlich spürbar. Trotzdem bleibt genügend Spielraum für eine Reihe informativer, beeindruckender Spaziergänge und Radrunden, die noch vieles vom melancholischen Zauber dieser Landschaft vermitteln. Wer dann im Tourismustrubel ums merkwürdige Gotteshaus von Saintes-Maries-de-la-Mer doch von einigen Zweifeln an deren Fortbestand beunruhigt wird, sei an die Worte des Vizedirektors des Regionalparks erinnert, der dem »Salz und den Mücken« eine lebenserhaltende Funktion zuweist. So wie der salzdurchsetzte Boden nämlich einer ergiebigeren landwirtschaftlichen Ausbeute im Wege steht, verleiden die kleinen Plagegeister jeglichen Aufenthalt abseits der wenigen allgemein zugänglichen Straßen und Pfade. Wenngleich sich also so gesehen die Natur mit eigenen Waffen noch für geraume Zeit erfolgreich zur Wehr setzen wird, drohen von anderer Seite noch gravierendere Gefahren. So stehen südlich von Lyon allein schon 13 Chemiewerke an der Rhône, die den Fluß mit Giften belasten. Übersteigen die Meßwerte die zulässigen Höchstgrenzen, wird das Wasser an den Staustufen zurückgehalten. Damit wird aber auch das Schwemmgut den Mündungsufern vorenthalten, aus dem der Boden der Camargue in 30 Millionen Jahren entstanden ist. So ist Saintes-Maries-de-la-Mer mit Millionenaufwand seit Jahren bemüht, die Landeinwärtsbewegung der Petit-Rhône-Mündung, immerhin drei Meter pro Jahr, mit Aufschüttungen am Küstenstreifen halbwegs aufzufangen. Maßnahmen, die auf lange Sicht wohl ebensowenig die Existenz der 2100-Seelen-Gemeinde sichern werden wie die künstlichen Barrieren zum Meer hin, das vor Jahrhunderten von Saintes-Maries noch mehrere Kilometer entfernt war.
Das geschichtlich gefestigte Gründungsdatum des Hauptortes der Camargue reicht bis in die Römerzeit zurück. Zunächst waren es Fischer und Hirten, die in der rauhen Einöde Fuß faßten und sich mancherlei Anfechtun-

Die fromme Marien- und Sara-Legende verhalf Saintes-Maries-de-la-Mer und seiner trutzigen Kirche zur Karriere als beliebte Christen- und Zigeunerwallfahrt. Die Jahrestage locken Tausende.

gen zu erwehren hatten. Auf der einen Seite das Meer, von der anderen Seite der kalte Mistral aus den fernen Bergen. Dann immer wieder die Sarazenen, die als Seepiraten dem armseligen Nest auch noch das Letzte wegnahmen. Unter solchen Vorzeichen entstand die merkwürdige Kirche, die Fluchtburg, Festung und Gotteshaus in einem ist. Im späten 14. Jahrhundert ließ die Königin Johanna auf dem Kirchturm sogar einen Wachposten aufstellen, der von exponierter Stelle aus alle dem Land drohenden Gefahren zu melden hatte.

Derlei Besonderheiten änderten aber nichts an der Geringschätzung, die aus der Provence dem abgeschiedenen Dorf in der Sumpföde lange Zeit entgegenkam. Die Aufwertung resultierte vielmehr aus einer anderen Richtung. So hielt sich hartnäckig die Legende, daß um 40 nach Christus am Meerufer bei Saintes-Maries ein segel- wie ruderloses Boot auf wundersame Weise angetrieben wurde, in dem sich mit Maria Jakobäa, der Schwester der Muttergottes, Maria Salome, der Mutter der Apostel Johannes und Jakobus, dem Lazarus mitsamt seinen Schwestern Martha und Maria Magdalena sowie den beiden Heiligen Maximius und Sidonius eine denkbar ehrwürdige und fromme Personengruppe befand. Zudem war auf dem von den Juden ausgesetzten Schifflein die dunkelhäutige Dienerin der beiden Marien, die Sara hieß und in jüngerer Zeit, wohl wegen ihrer abenteuerlichen Herkunft und damaligen Außenseiterrolle, zur Zigeuner-Heiligen aufstieg. Zunächst jedoch verteilten sich die durch höhere Fügung Geretteten der Legende nach über das Land. Martha ging nach Tarascon, um die christliche Glaubensbotschaft zu verkünden. Maximius und Sidonius schlugen mit gleichen Absichten in Aix ihre Zelte auf, während sich Lazarus in Marseille und Maria Magdalena in der Grotte von Saintes-Baume niederließen. In Saintes-Maries, das ehedem Notre-Dame-de-la-Mer hieß, verblieben somit nur Maria Jakobäa und Maria Salome mit ihrer Dienerin Sara. Die Vermutung, daß dem so gewesen war und die drei Frauen auch im Camarguedorf gestorben sind, erhielt durch das Ergebnis der 1448 von König René in Saintes-Maries veranlaßten Reliquiensuche bedeutende Unterstützung. So wurden bei der Ortskapelle unterm Eingang der heutigen Krypta »unbeschädigte Schalen, Kohle und Asche«, etliche Scherben mit christlichen Motiven, ein Stück von einem Sarkophag und ein Brocken blanken Marmors entdeckt, den man als Kopfunterlage von Heiligen zu identifizieren bemüht war. Mehr noch wurde das fromme Wunschdenken durch eine urkundlich bekräftigte Aussage des Bischofs von Marseille, Nicolas de Brancas, beflügelt, in der von zwei Skeletten die Rede war, die man allein den heiligen Frauen zuschrieb.

Sei es wie es sei. Ab der Mitte des 15. Jahrhunderts rissen jedenfalls die Pilgerströme zur mittlerweile vergrößerten Wallfahrtskirche des Notre-Dame- und nach 1700 Saintes-Maries-de-la-Mer geheißenen Camargueorts nicht mehr ab. Unter ihnen von Anfang an auffallend viele Zigeuner, die sich hier jahrjährlich am 25. Mai und 22. Oktober, den Festtagen der Maria Jakobäa und Maria Salome, aus ganz Europa einfinden, um ihrer Schutzpatronin Sara mit aufwendigem Gepränge und spektakulären, neuerdings auch tourismuswirksamen Prozessionen die angemessene Reverenz zu erweisen.

Im Gegensatz zu Saintes-Maries-de-la-Mer entbehrt Salin-de-Giraud im Südosten der Camargue jeglicher anrührender Begleittöne und bemerkenswerter Historie. Die Siedlung war erst Ende des 19. Jahrhunderts im Zuge der Meersalzgewinnung entstanden und von der belgischen Betreibergesellschaft Solvay nach dem Muster rechtwinklig angeordneter Arbeiterstädte aufgeführt worden. Trotz der Architekturmonotonie und trotz der unübersehbaren Salzhalden, die der Fahrt parallel zur Grand Rhône und zum Meer hin den Stempel aufdrücken, wird aber auch hier das touristische Flair zunehmend spürbar.

In der Gesamtheit gesehen wird der heutige Camargue-Besucher also zwischen tröstlicherweise Gebliebenem, erträglich Verändertem und manch verstörendem Neuen hin- und hergerissen. Aber wie sollte es auch anders sein, wenn einesteils eine zivilisationsübersättigte Gesellschaft nach einem letzten Blick auf Urwüchsiges verlangt und andererseits der gewinnorientierte Kommerz ein derartiges Mekka vielfältiger Möglichkeiten in erreichbarer Nähe wittert.

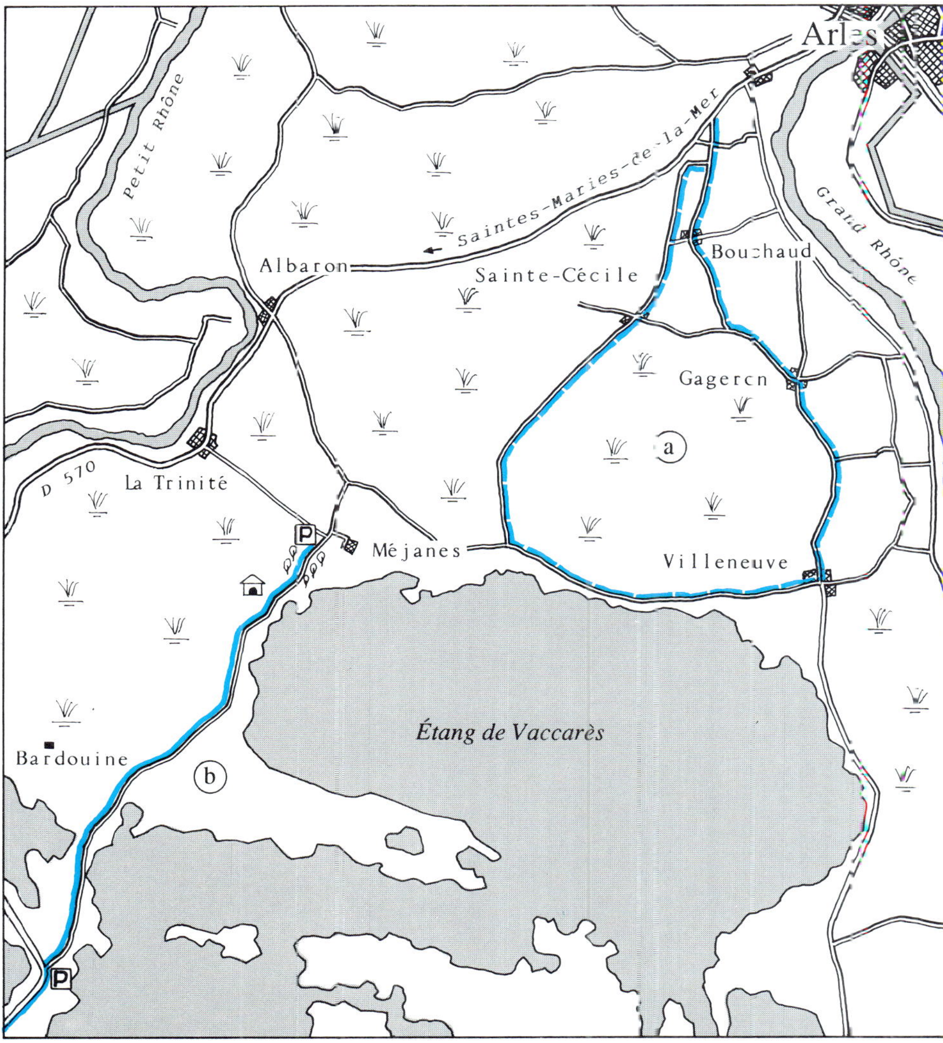

Fuß- und Radwanderungen

a) Von Arles zum Étang de Vaccarès

Radwanderung; 31 km; völlig eben, also keinerlei wesentliche Anstrengungen zu erwarten.

Wer von *Arles* aus eine Radwanderung in die Camargue unternehmen will, wird die ersten paar Kilometer in Richtung Saintes-Maries-de-la-Mer empfehlenswerterweise lieber mit dem Radl auf dem Autodachträger überbrükken, weil sich angesichts des lebhaften Verkehrs im Nahbereich der Provence-Metropole keine halbwegs probate Route austüfteln läßt. Also überquert man mit der Benzinkutsche zunächst einmal die *Grand Rhône,* folgt anschließend der Wegtafel zum Zigeunerwallfahrtsort und stellt dann, so man nicht Villeneuve als Startpunkt bevorzugt, auf der Höhe der links nach Salin-de-Giraud abzweigenden Straße irgendwo sein Fahrzeug ab. Von der Straßenabzweigung geht's anschließend noch etwa 400 Meter auf der breiten Fahrbahn in Richtung Saintes-Maries-de-la-Mer. Dann zweigt schräg links eine in Richtung Bouchaud beschilderte schmale Teerstraße ab, die bald an der Parade fünf und mehr Meter hoher Schilfrohre vorbei-

zieht und somit gleich für die richtige Einstimmung sorgt.
Bei der nächsten Wegteilung wird dem Pfeil in Richtung Gageron entsprochen und auf einem idyllischen Teerweg, bei der Abzweigung nach Tour de Mondony geradeaus weiter, die kleine Siedlung *Gageron* erreicht, wo uns eine breitere Straße aufnimmt. Rechtshaltend und der Wegtafel in Richtung Étang de Vaccarès folgend, radelt man ohne jegliche Mühewaltung zwischen elegisch hingebreiteten Schilffeldern nach *Villeneuve,* das sich als Ausgangspunkt wenigstens ebenso eignet (Anfahrt in diesem Fall auf der o. a. Straße in Richtung Salin-de-Giraud, dann in Richtung Villeneuve rechtsabzweigend). Bei der Straßenkreuzung in Villeneuve wird die Fahrt rechts in Richtung Albaron fortgesetzt und, teilweise in nächster Nähe der Lagune, ein landschaftlich ungemein beeindruckender Streckenabschnitt absolviert.
Nach einiger Zeit heißt's von derlei Naturgala aber wieder Abschied nehmen, weil rechts ein schmales, in Richtung Mas d'Agon ausgewiesenes Sträßchen abzweigt, das uns allerdings ein weiteres Mal mit dem herben, urwüchsigen Reiz der Camargue und vielen eindrucksvollen Bildern konfrontiert, so daß der Landschaftsgenießer auch weiterhin auf seine Kosten kommt. Außerdem werden hin und wieder weidende Pferde und die gedrungenen Gestalten dunkler Stiere gesichtet. Trotz der schnurgeraden und völlig ebenen Teerunterlage stellt sich also keinerlei Langeweile ein.
Nach einiger Zeit wird der Weiler *Sainte-Cécile* mit einer Stierzucht passiert. Wenig später radelt man bei einer Wegteilung geradeaus in Richtung Petit Chemin des Sainte-Cécile weiter (links ginge es in Richtung Arles und rechts nach Gageron). Im Anschluß an eine scharfe Rechtskurve ist man schließlich wieder auf dem Sträßchen des Eingangsabschnitts, auf dem man, je nach Ausgangspunkt, in die eine oder andere Richtung wieder zum jeweiligen Startplatz zurückkehrt.

b) Von Méjanes nach Saintes-Maries-de-la-Mer

Zu Fuß (evtl. mit dem Rad); 10–15 km für die einfache Distanz; wie immer ohne jegliche Höhendifferenzen; urwüchsige Landschaftseindrücke im Nahbereich des Étang de Vaccarès.

Wer von *Arles* mit dem Auto anreist, benutzt bis Albaron die nach Saintes-Maries-de-la-Mer ausgeschilderte *D 570* und folgt, in *Albaron* linksabzweigend, der Wegtafel nach Salin-de-Giraud. Nach ein paar Kilometern trennt sich rechts die Zufahrt nach Méjanes von der Giraud-Straße. Vor *Méjanes* wird dann noch mal rechtshaltend einem Hinweisschild zu einem Bar-Restaurant gefolgt. Wer vor einem ausgedehnteren Wanderprogramm nicht zurückschreckt, kann schon hier sein Fahrzeug abstellen und auf dem Schotter-, Kies-, dann Teersträßchen die Brotzeitstation am Rand des *Étang de Vaccarès* aufsuchen oder aber auch mit dem Auto bis dorthin fahren. Wie man sich's auch einrichtet, wird man zunächst einmal von einer Mini-Bockerlbahn überrascht, die als »Train Touristique« vom Restaurant aus durch die Schilf- und Sumpfwildnis ihre Kreise zieht. Ein Erlebnis, das wir uns auf Schusters Rappen in der Folge in gleicher Weise erwandern. Das ruppige Sträßchen zieht vom Touristengasthaus in die südliche Richtung und hält sich stets in Sichtweite des elegisch hingebreiteten *Étang de Vaccarès* auf. Bei einer Wegteilung geht's links weiter. Auf der Höhe von *Mas Michel* teilt sich die Staubstraße erneut, nur daß es diesmal rechts weitergeht, weil die Pfade zu den Reservaten der *Île de Mornès* versperrt sind. An den vom Weg etwas abgesetzten Häusern von *Bardouine* vorbei gelangt man schließlich wieder ans Ufer der flachen Lagune. Wenig später trifft man bei einem Wanderparkplatz neben der Teerstraße nach *Saintes-Maries* ein, das mit seiner weißleuchtenden, eigenartigen Kirche unübersehbar ins Blickfeld rückt. Die Schlußetappe wird am Rand der Autostraße zurückgelegt, was nicht gerade ein Unglück ist, weil die Nebenroute zur vielbenutzten D 570 eher von gemächlicher durch die Gegend kutschierenden Sightseeing-Touristen frequentiert wird.

c) Rund um den Étang de Vaccarès

Radwanderung; 60 km, trotzdem nicht besonders anstrengend; außerordentlich informativ und eindrucksvoll, soweit es den Naturrahmen betrifft. (Siehe Karte S. 61.)

Als eine der letzten europäischen Wildlandschaften sieht sich die Camargue allerdings zunehmend dem kommerziellen und touristischen Zugriff ausgesetzt, auch wenn noch vieles recht urwüchsig erscheint.

In die Camargue-Großrunde kann man an mehreren Stellen einsteigen. Wer sich in *Saintes-Maries* ein Rad ausleiht oder mit dem selbst mitgebrachten Radl dort startet, benutzt zunächst den ostwärts führenden Deichweg (siehe Route b) und gelangt nordwestlich von *Salin-de-Giraud* auf die *D 36c*. Auf dieser geht es, wie auch bei Route g beschrieben, nordwärts zum kleinen *Étang de Fournelet* und weiter zum Ostufer des *Étang de Vaccarès,* das uns für ein paar Kilometer mit höchst stimmungs- wie eindrucksvollen Bildern von herber Urwüchsigkeit verwöhnt.

Dann wird der Étang für kurze Zeit verlassen und *Villeneuve* erreicht, wo man der linksgerichteten Wegtafel nach Albaron folgt. Die Straße nähert sich wieder der Lagune mit ihrem bereits geschilderten speziellen Naturszenarium.

Nach etwa 10 Kilometern wird bei der Straßengabelung allerdings nicht mehr in Richtung Albaron, sondern linksgerichtet nach *Méjanes* weitergeradelt. Hier heißt es angesichts der plakativ angepriesenen Tourismusofferten zunächst einmal Nachsicht zu üben. Dann fährt man (Wegweiser zu einem Bar-Restaurant, siehe auch Route b) auf einem teilweise geschotterten, zuletzt geteerten Sträßchen zur Ausflügler- und Urlaubergaststätte und drückt beim Anblick einer Mini-Bahn, die sich korrekterweise »Train Touristique« nennt, erneut ein Auge zu, wenngleich wohl nur auf diese Weise wenigstens ein Teil der Reservate dem unbedachten menschlichen Zugriff bis auf weiteres entzogen wird. Hinterm Restaurant verliert sich dann im Handumdrehen jeder zivilisatorische Beigeschmack, so daß die Schilf- und Sumpfwildnis in vollen Zügen auszukosten ist. Wenn etwas den Naturgenuß unterbricht, dann lediglich die von Schlaglöchern und Bodenwellen reichlich durchsetzte Kies- und Schotterstraße, die zwischendurch an den zwei Häusern von *Bardouine* vorbeiführt.

Nach einiger Zeit trifft man beim Parkplatz an der *D 85* ein (siehe ebenfalls Route b), die als Nebentrasse zur Hauptstraße von Arles nach Saintes-Maries-de-la-Mer weniger belebt als diese ist. So nähert man sich ohne allzu große Autobelästigung der längst sichtbaren Kirchenburg mit ihrem Häuserkranz und kommt zuletzt wieder zum Ausgangspunkt im Zentrum von *Saintes-Maries* zurück.

d) Nördlich von Saintes-Maries-de-la-Mer

Kleine Radrunde; 24 km; keinerlei merklichere Mühen.

Die 24-km-Runde links und rechts der Verbindungsachse zwischen Arles und Saintes-Maries ist, wie alle zu Fuß oder per Rad durchgeführten Unternehmungen, mit keinen nennenswerten Anstrengungen verbunden, so daß man sich ganz den Landschaftseindrücken widmen kann. Start und Ziel ist das Zentrum von *Saintes-Maries-de-la-Mer,* wo man sein Auto abstellt und das Radl vom Dach holt. Wer kein Rad mitgenommen hat, muß auf sein Vergnügen allerdings ebensowenig verzichten, weil in Saintes-Maries gleich mehrere Radlverleiher zu Diensten stehen. Im diesem Fall wird man sich also vorher im Tourismusbüro die entsprechenden Adressen und Hinweise verschaffen.

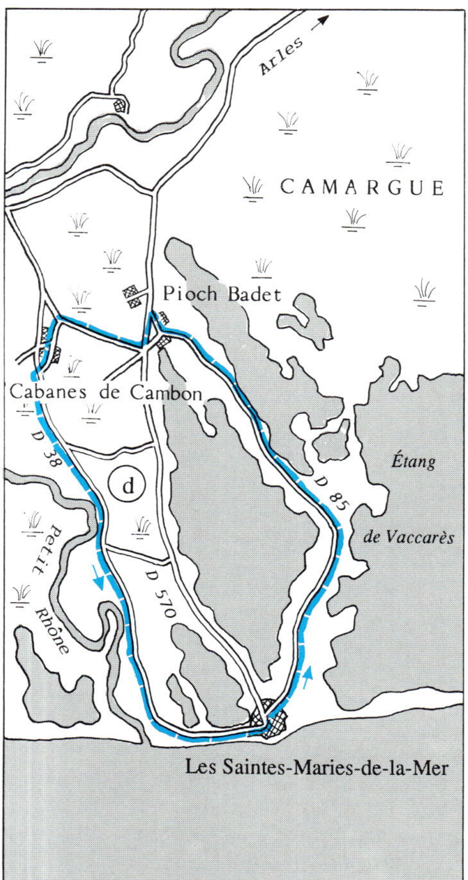

So oder so folgt man in der Ortsmitte von Saintes-Maries zunächst einmal der Wegtafel in Richtung Arles. Nach ein paar Metern wird jedoch die Hauptverbindungsstraße rechtsgerichtet verlassen (Wegweiser *Arles par Cacharel*). Jetzt geht's auf einer komfortablen Fahrtstraße zwischen malerisch umrandeten Binnenteichen in die nördliche Richtung und nach etwa 4 Kilometern an einem Parkplatz vorbei, der uns bereits von den vorgenannten Fuß- und Radunternehmungen bekannt ist.

Die *D 85* bringt uns nach *Pioch Badet* an der *D 570.* Auf der Hauptverkehrsstraße radeln wir kurz links vor und folgen anschließend dem Wegweiser nach *Cabanes de Cambon,* dann in Richtung Aigues-Mortes. Schließlich geht's auf der *D 38* wieder südwärts und in Nähe der windungsreichen *Petit Rhône* nach *Saintes-Maries* zurück. Die letzte, ostwärts führende Etappe hält sich dicht am Mittelmeer auf.

e) Deichwanderung von Saintes-Maries bis zum Phare de la Gacholle

Hin und zurück 22 km, dementsprechend ein fast tagfüllendes Unternehmen; wer mit dem Rad unterwegs ist, kann natürlich mehrere Zusatzvarianten einbeziehen.

Der Ausgangspunkt der Wanderung ist leicht auszumachen. Man fährt von *Saintes-Maries* ostwärts zum ausgedehnten Badestrand und hinterläßt sein Auto im Nahbereich der Verbotstafel (ca. 2,5 km ab Saintes-Maries-Ortszentrum), wo es nur noch zu Fuß oder per Fahrrad weitergeht. Beim Leuchtturm *Phare de la Gacholle* ist die Wendemarke. Wer auf einem Radl sitzt, kann selbstverständlich sein Programm noch in jeder Weise erweitern. So könnte man einen Kilometer hinterm Leuchtturm rechtshaltend und südwärts einen Abstecher zum Mittelmeerstrand dranhängen. Oder man fährt in Richtung Salin-de-Giraud weiter und schließt sich hier einer der vorbzw. nachgenannten Runden an.

f) Von Salin-de-Giraud zur Plage d'Arles

Hin und zurück insgesamt 24 km, also eher etwas für Radler, zumal die Straße auch von motorisierten Strandbesuchern benutzt wird. Völlig unbeschwerlich und durch die Salzhalden von eigentümlichem Reiz.

Wie der Ortsname schon sagt, wurde *Salin-*

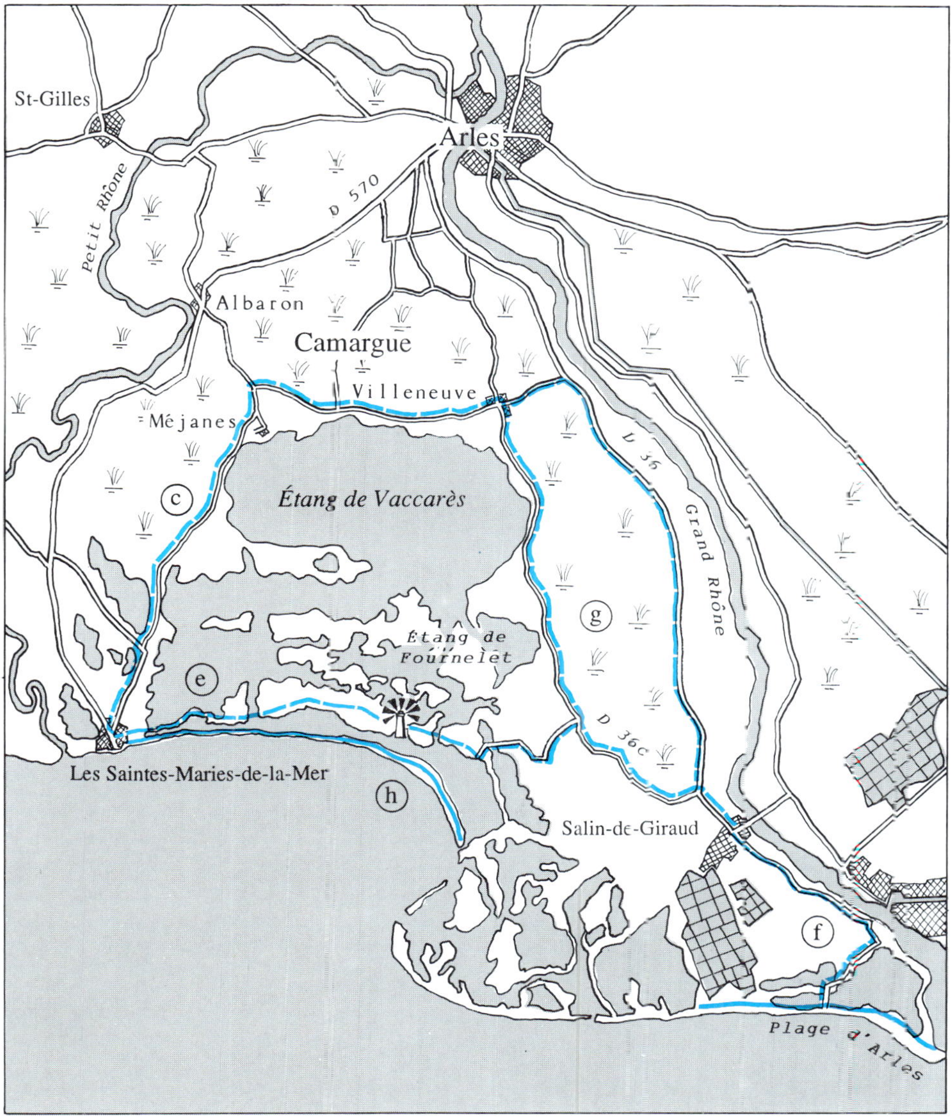

de-Giraud für die Bediensteten der ausgedehnten Salzgewinnungsanlagen errichtet. Die Salzhalden und -berge mit ihrem Weiß gegen den blauen Himmel bestimmen hauptsächlich den Landschaftscharakter des kleinen Radausflugs zur *Plage d'Arles,* die als Sandstreifen ans Mittelmeer grenzt. Die einzige Straße zum Badestrand führt nordöstlich an den *Salinen* vorbei und nahe am Ufer der *Grand Rhône* dahin. Dann geht's mit ein paar Rechts- und Linkskrümmungen in die südwestliche Richtung und zum Badegelände. Nachdem man sich ein bißchen umgesehen und naheliegenderweise mit dem Wasser Kontakt aufgenommen hat, wird wieder auf der gleichen Route zum Ausgangspunkt zurückgeradelt.

g) Nördlich von Salin-de-Giraud

Radrunde; 47 km; trotz der respektablen Streckenlänge in der Ebene völlig problemlos.

Der Start erfolgt in *Salin-de-Giraud.* Zuerst wird auf der nach Arles ausgewiesenen Straße in die nordwestliche Richtung geradelt. Dann geht's linksabzweigend in Richtung Étang de Vaccarès. Bei der nächsten Wegteilung wird dann dem Hinweisschild in Richtung Arles/Saintes-Maries-de-la-Mer gefolgt. Kurz darauf hilft uns wieder das Hinweisschild zum Étang de Vaccarès weiter. Nachdem der *Étang de Fournelet* passiert ist, trifft man am stimmungsvollen Ostufer des großen *Étang de Vaccarès* ein. Nach der landschaftlichen Galaeinlage wird *Villeneuve* erreicht, wo man rechtsgerichtet zur *D 36,* der gut ausgebauten Straße von Arles nach Salin-de-Giraud hinüberradelt. Parallel zur *Grand Rhône,* aber vom Fluß abgesetzt, geht's schließlich auf der *D 36* (so man nicht aus der Karte einen stilleren Nebenweg auskundschaftet) in die südliche Richtung und wieder zum Ausgangspunkt zurück.

h) Strandwanderungen

Unbegrenzte Möglichkeiten zwischen ein- bis zweistündigen und ganztägigen Spaziergängen.

Die Sandstrände und Uferstreifen zwischen *Saintes-Maries-de-la-Mer* und der Mündung der *Grand Rhône* sind ein geradezu unerschöpfliches Barfußläufer- und Spaziererdorado. So kann man allein schon auf der *Plage d'Arles* bei *Salin-de-Giraud* an die 12 Kilometer hin- und herbummeln, während von *Saintes-Maries* aus regelrechte Marathonstrecken zusammenkämen, so man auf derlei Gewaltvorhaben erpicht wäre.

Unter diesen Vorzeichen scheint es den Verfassern durchaus geboten, einmal auch ganz unkonventionelle Wege – eben auf Sandbänken – zu gehen. Wir haben es jedenfalls mit größtem Vergnügen getan!

i) Im Camargue-Museum

Höchstens ein halber Tag; 3,5 km langer botanischer Lehrpfad.

Das *Camargue-Museum* liegt 12 Kilometer außerhalb von Arles an der Hauptverbindungsstraße nach Saintes-Maries-de-la-Mer. Neben den chronologisch aufgeteilten Exponaten und Anschauungsbeispielen im ehemaligen Schafstall des Gehöfts von *Pont de Rousty* ist auch ein botanischer Lehrpfad eingerichtet, der die aufschlußreiche Rundum-information über die Camargue sinnvoll ergänzt. Für gründliche Camargue-Besucher, die sich nicht allein mit ein paar Fotos von Pferden, Stieren und Naturwildnis begnügen, ist der Besuch des Museums also ein absolutes Muß.

Touristische Angaben

Ausganspunkte: Mehrere Ausgangspunkte zwischen Arles, Les Saintes-Maries-de-la-Mer und Salin-de-Giraud.
Anfahrt: Von Arles auf der D 570 in Richtung Saintes-Maries-de-la-Mer, dann entweder über Albaron weiter nach Saintes-Maries oder linksabzweigend nach Salin-de-Giraud.
Weg- und Streckenlängen: Bis zu 60 km.
Zeitaufwand: Zweistündige bis tagfüllende Unternehmungen.
Karten: Michelin 1:200000, Nr. 245 Provence – Côte d'Azur (für die Anfahrt); Cartes

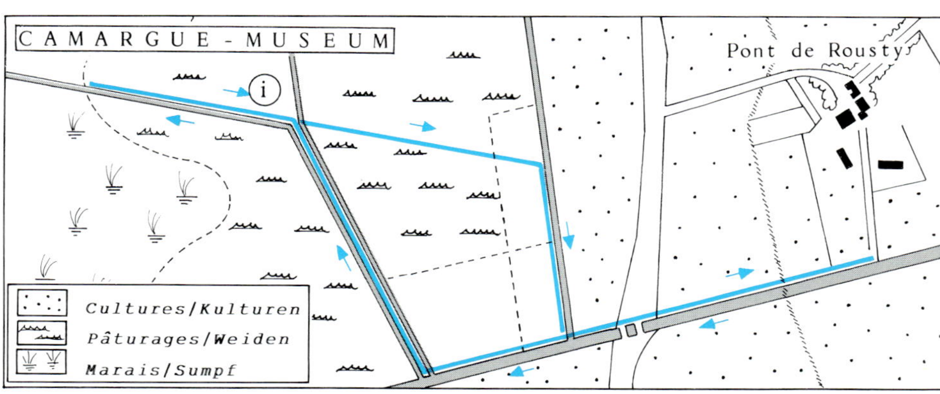

Halbwilde Pferde und Stiere sind das besondere Kennzeichen des »Camargue« genannten Mündungsdeltas der Rhône. Wie lange das Paradies noch Bestand hat, wird von Experten skeptisch beurteilt.

IGN 1:100 000, Nr. 66 Avignon – Montpellier.
Besonderer Hinweis: Da die Camargue in erster Linie ein Radlerdorado ist, hat man entsprechende Vorkehrungen getroffen. So werden in Saintes-Maries von mehreren Verleihern Räder zur Verfügung gestellt. Am besten besorgt man sich beim zentral gelegenen Tourismusbüro eine aktuelle Adressenliste. Wer sein eigenes Rad mitnimmt, sollte den teilweise ruppigen Wegstellen Rechnung tragen und ein stabileres Tourenrad oder Mountainbike auf den Autodachträger stellen.
Wissens- und Sehenswertes:
1. Die *Camargue* ist das Mündungsdelta zwischen den beiden Armen der ab Arles zweigeteilten Rhône. Außerdem wird noch die sogenannte Petite Camargue westlich der Petit Rhône dazugerechnet. Bei großzügiger Auslegung werden die Grenzen gelegentlich sogar noch weiter gesteckt, so daß die Größenangaben in den verschiedenen Publikationen erheblich voneinander abweichen. Die Informationsbroschüre des Camargue-Museums nennt 85 000 Hektar Gesamtfläche. Ca. 13 500 Hektar im Bereich des Étang de Vaccarès stehen unter Naturschutz. Ein Vorgang, der angesichts der zunehmenden landwirtschaftlichen und touristischen Ausbeutung dieser einstigen Schilf- und Sumpfwildnis mehr als berechtigt erscheint. Trotz aller zivilisatorischen Anfechtungen ist der landwirtschaftlich ungenutzte südliche Teil der Camargue mit seinem Salzboden, seinen Sümpfen, Sanddünen und Lagunen nach wie vor ein Vogelparadies mit einer ebenso seltenen Vegetation. Die halbwilden Pferde- und Stierherden, eine besondere Erscheinung der Deltaebene, gelten heute als hauptsächliche Touristenattraktion und sind schon allein deshalb in ihrem Bestand nicht gefährdet. Als Viehhirten fungieren die sogenannten Gardians, die mit ihren Schlichtbehausungen neben den schwarzen Stieren und kleinwüchsigen weißen Pferden ebenso zum malerischen Bild der stellenweise immer noch urwüchsigen Landschaft beitragen. Wie lange das Paradies noch bestehen wird, ist in Expertenkreisen allerdings umstritten. So wie die Camargue-Cowboys mit organisierten Reitausflügen zunehmend auf andere, ergiebigere Weise am Fremdenverkehr teilhaben, streckt der Kommerz auch in anderer Weise deutlich seine Fühler aus. Das Gewesene und Echte wird sich also auch hier mehr und

Im Abseits am Rand des Mittelmeers und der Camargue-Sümpfe war Saintes-Maries-de-la-Mer über Jahrhunderte nahezu unbeachtet. Heute trifft sich hier der internationale Tourismus.

mehr in die wenigen Naturreservate und Museen zurückziehen, die bereits mehrfach vertreten sind. So wurde ein paar Kilometer nördlich von Saintes-Maries-de-la-Mer der zwölf Hektar große *Parc Ornithologique du Pont de Gau* eingerichtet, in dem die wichtigsten Vogelarten der Camargue und auch eine Stierherde aus der Nähe zu betrachten sind. Daneben steht das *Informationszentrum von Ginès* mit einprägsamen Erläuterungen über den Regionalen Naturpark um den Étang de Vaccarès. Schließlich wurde 1979 das im gleichen Jahr mit dem europäischen Museumspreis ausgezeichnete *Musée Camarguais* eingeweiht, das im ehemaligen Schafstall eines Gutshofs Platz fand. In Verbindung mit einem botanischen Lehrpfad läßt sich hier von den geologischen Daten bis zur besonderen Fauna und Flora und Nutzung der Camargue das gesamte Einst und Heute dieser einzigartigen Gegend in Erfahrung bringen. Das Museum im Mas du Pont de Rousty ist von Anfang April bis Ende September täglich von 9 bis 18 Uhr, im Juli und August sogar bis 19 Uhr geöffnet (in den übrigen Monaten von 10 bis 17 Uhr; Dienstag Ruhetag). Der Vogelpark öffnet seine Pforten hingegen von Februar bis November täglich von 8 Uhr bis zum Sonnenuntergang.

2. *Méjanes:* Um den alten Gutshof von Méjanes hat sich mit Stierkampfarena, elektrischer Minibahn, Pferdeausleihe und sonstigen touristischen Attributen das bunte Urlauber- und Ausflüglertreiben besonders auffällig in Szene gesetzt. In der Domäne gehen auch die jährlichen Viehbrandmarkungen über die Bühne, die sich wachsenden Publikumsinteresses erfreuen.

3. *Les Saintes-Maries-de-la-Mer:* Der Hauptort der Camargue an der Mündung der Kleinen Rhône war einst ein armseliges, abgelegenes Fischerdorf, dem allerdings eine fromme Legende auf die Beine half. Ein paar Jahrzehnte nach Christus soll hier ein von jüdi-

scher Seite ausgesetztes Boot gestrandet sein, in dem sich Maria Jakobäa, Maria Salome, Lazarus und seine beiden Schwestern Martha und Maria Magdalena, die Heiligen Maximius und Sidonius sowie eine dunkelhäutige Dienerin namens Sara aufhielten. Die von König René dem Guten 1448 veranlaßte Reliquiensuche führte zu einigen handfesten Ergebnissen, die der wundersamen Begebenheit einige Bestätigung verschafften und eine lebhafte Wallfahrtsbewegung in Gang setzten. Späterhin kürten die Zigeuner die Dienerin Sara zu ihrer Schutzpatronin, wodurch Saintes-Maries zum Austragungsort jährlicher Zigeunerwallfahrten aufstieg. Wie so vieles in der Camargue, sind die zweimal im Jahr stattfindenden Umzüge zu Ehren der beiden Marien und der schwarzen Schutzheiligen in zunehmender Gefahr, zum oberflächlichen Touristenspektakel zu entarten, wie überhaupt Saintes-Maries in der Sommersaison im Fremdenverkehrstrubel fast gänzlich im Kommerz auf- und untergeht.

Die merkwürdige *Dorfkirche* verdankt ihr zinnengekröntes, wehrhaftes Äußeres dem Umstand, daß die entlegene Siedlung am Rand der Camarguesümpfe und des Meeres insbesondere im 14. Jahrhundert von plündernden und marodierenden Banden und Piraten heimgesucht wurde und deshalb eine Fluchtburg notwendig war. In der Krypta steht der Sarkophag der Sara, der bei den Zigeunern europaweit als Heiligtum angesehen wird. In der Kapelle überm Chor finden sich hingegen die Reliquien der beiden Marien, denen das Mittelmeerdorf seinen Namen verdankt.

Östlich von Saintes-Maries erstreckt sich ein endloser Sanduferstreifen, der den Ruf als privilegierter Badeort begründete und zum touristischen Boom entscheidend beitrug. Eine Reihe von Reiterhöfen im Hinterland und die imitierten Cabanes als urig wirkende Unterkünfte sind ein weiterer Schritt der Entfernung vom Ursprünglichen und Echten.

Wer einen Blick auf Camargue-Typisches werfen möchte, wird das kleine heimatkundliche *Museum Baroncelli* besuchen, das mit seiner Sammlung ausgestopfter Vögel, heimischer Geräte und Möbel im alten Rathaus zwischen Kirche und Strand untergebracht ist.

In gleicher Weise widmet sich das Wachsfigurenkabinett im *Musée du Boumian* zwei Kilometer nördlich von Saintes-Maries diversen Szenen aus dem Leben der Camargue, während der noch mal zweieinhalb Kilometer nördlich davon ausgebreitete *Ornithologische Park* mit benachbartem Informationszentrum die Vogelwelt dieser Gegend und naturwissenschaftliche Aspekte vorstellt und anspricht.

4. *Salin-de-Giraud:* Die Ortschaft nahe der Mittelmeermündung der Großen Rhône ist gegen Ende des vergangenen Jahrhunderts im Zusammenhang mit der industriemäßigen Meersalzgewinnung entstanden. Nach dem Muster nördlicher Arbeitersiedlungen wurde eine schachbrettartige Einteilung mit völlig identischen Häuserreihen vorgenommen, in deren Mitte mit Rathaus, Post, Schule, Polizeistation und Kirche alle wesentlichen Institutionen im Block beieinander sind. Die Salinen stehen mit einer jährlichen Ausbeute von 800 000 Tonnen Seesalz in Europa an vorderster Stelle.

8 Stadt- und Museumsbummel durch Arles

In der Wahlheimat Vincent van Goghs

Wer neben der Besichtigung der antiken Denkmäler auch noch Museumsbesuche vorhat, wird sich wenigstens zwei Tage in Arles aufhalten; bedeutendes Kunst- und Kulturprogramm und nach wie vor ein unvergleichliches Flair zwischen intimer Boheme und touristischer Internationalität.

Wenngleich der Niederländer Vincent van Gogh auf seiner Suche nach Licht und Sonne schließlich in Arles Quartier bezog, hat die Provencestadt auch nicht eines der zweihundert Bilder, die während der fruchtbarsten Schaffensphase des Künstlers hier entstanden, in ihren Besitz gebracht. Ebenso ist das von van Gogh zu nächtlicher Stunde gemalte Straßencafé auf der Place du Forum längst von der Bildfläche verschwunden. Daß die einstige Maison de Santé, das frühere Hospital, in dem der Holländer behandelt wurde, heute zu einem Espace van Gogh und rührigen Kulturzentrum aufpoliert wurde, ist wenigstens ein bescheidener Versuch, Versäumtes wieder zu korrigieren. Auch wurde anläßlich der 100-Jahr-Feier eine Fondation van Gogh ins Leben gerufen, die das Bemühen um Wiedergutmachung permanenter Verleugnung des berühmtesten Wahlbürgers der Stadt bestätigt. Eine längst überfällige Verbeugung. Mehr als alle anderen hat nämlich van Gogh den Namen Arles, der seit dem 15. Jahrhundert viel an Glanz verlor, wieder berühmt gemacht.

Die besten Tage der Stadt liegen allerdings weit zurück. Bereits im 6. Jahrhundert vor Christus war die Felsplatte in der Camargue, dem Sumpfdelta der Rhône, der Standort einer kelto-ligurischen Siedlung, die mit den Phokäern Handel trieb. Der ursprüngliche griechische Name Theline, was soviel wie Ernährerin heißt, verweist schon in dieser frühen Epoche auf eine gesunde wirtschaftliche Basis. So richtig setzte der Aufschwung jedoch in der nachfolgenden Ära der Römer ein, die Theline in Arelate, die Stadt in den Sümpfen, umtauften.

Die Steilkarriere zum provençalischen Dreh- und Angelpunkt wurde nicht zuletzt durch ein paar wichtige Handelsstraßen begünstigt, die sich in Arles kreuzten. Außerdem wurde 104 v. Chr. parallel zur Rhône und quer durch die Camargue zur Mittelmeerküste bei Fos eine Kanalverbindung eingerichtet, so daß Arles wie das konkurrierende Massilia, das heutige Marseille, an den Seehandel angeschlossen war.

Nach den »Fosses Mariennes« landete Arles dann einen weiteren Haupttreffer, als es sich im Verlauf der Fehde zwischen Cäsar und Pompejus auf die Seite des nachmaligen Imperators schlug, während Marseille seine Sympathie für Pompejus mit der Schleifung seiner Mauern büßte. Arles erfuhr hingegen die Aufwertung zur römischen Kolonie und Veteranenstadt der Colonia Julia Arelate Sextanorum.

Die ausgemusterten Haudegen der 6. Legion verschönten sich ihr Altenteil mit dem obligaten römischen Luxus und Freizeitangebot. So entstanden im Verlauf des ersten und zweiten nachchristlichen Jahrhunderts innerhalb eines Mauerrings vom Castrum, Forum und Tempel über Thermen, Theater, Amphitheater und Zirkus bis hin zum Triumphbogen alle jene Bauten und Einrichtungen, die für Rom typisch waren und Arles die ehrenvolle Bezeichnung des »kleinen gallischen Roms« einbrachten. So war es nicht weiter verwunderlich, daß Kaiser Konstantin auf der Suche nach einer neuen Metropole des römischen Imperiums an Stelle des später nach ihm benannten Konstantinopel um ein Haar auch »Gallula Roma« gewählt hätte. Als Trostpflaster erhielt Arles die Rolle einer Verwaltungszentrale für Britannien, Spanien, Süd- und Nordgallien.

Nach der Römerblüte waren zuerst einmal mit den Goten-, Franken-, Sarazenen- und

Die Kirchen- und Klosteranlage Saint-Trophime am Stadtplatz des nachrömischen Arles ist für den Kunstliebhaber eine wahre Fundgrube. Höchste Wertschätzung genießt dabei der romanisch-gotische Kreuzgang.

Normanneneinfällen einige Prüfungen zu bestehen, bevor die Provencestadt mit der Berufung zur Metropole des Königreichs Provence im Jahre 879 wieder in den Blickpunkt rückte.
Von derlei geschichtsträchtiger Würde und frischem Ruhm ließ sich auch dann noch zehren, als der Haussegen durch politische Querelen im 12. Jahrhundert längst schief hing. So trat die Stadt noch einmal ins weltgeschichtliche Rampenlicht, als sich 1178 Kaiser Friedrich Barbarossa und 1365 Karl IV. in Arles zu Königen der Provence küren ließen.
1481 kam Arles mit der Provence zu Frankreich und versank für Jahrhunderte und bis zu seiner Wiederentdeckung als Künstler- und Malerdorado in Bedeutungslosigkeit.
Ein Rundgang durch Arles beinhaltet Beeindruckendes und Enttäuschendes. Die Relikte aus der Hochblüte zu Zeiten der Römer sind bis auf die noch halbwegs intakte Arena auf stellenweise kümmerliche Reste geschrumpft, die nur dem Geschichtskundigen und Phantasiebegabten eine Rekonstruktion des ursprünglichen Zustands gewähren. Wer dem antiken Arles mehr auf den Grund gehen möchte, wird sich also im Musée lapidaire d'Art païen umsehen müssen.
Gegenüber den weitgehend zerstörten Römeranlagen war der später entstandenen Sakral- und Profanarchitektur ein glücklicheres Los beschieden, so daß die betagte einstige Kathedrale und Bischofskirche Saint-Trophime nach wie vor einen hohen kunstgeschichtlichen Rang erreicht. Desgleichen verdient das Rathaus unsere besondere Aufmerksamkeit, das die von klassischer Ausgewogenheit geprägte Ausformung des französischen Barocks in exemplarischer Reife vorführt.
Aber wie schon gesagt: Das Star-Ensemble der vier Museen hält den Freilicht-Sehenswürdigkeiten durchaus die Waage, weshalb eine gründliche Arles-Visite schwerlich an einem Tag abzuwickeln ist. Wer außerdem das singuläre Flair zwischen Straßencafé-Nonchalance, südländischer Heiterkeit und quirliger Internationalität in den verschiedenen Facetten auskosten möchte, kann gut und gerne auch eine Woche in der Provencestadt verweilen.

Stadtrundgang

Der Rundgang durch die Altstadt von Arles kann beispielsweise beim *Boulevard des Lices* eingeleitet werden, der als eine der Hauptverkehrsachsen südlich an der Corona der Sehenswürdigkeiten vorbeiführt. Am Boulevard des Lices steht auch (gegenüber vom *Jardin d'Été*) ein Parkhaus, wo man selbst in den touristischen Stoßzeiten mit einem freien Abstellplatz rechnen kann. Wer hier startet, überquert zuerst den *Boulevard des Lices* und spaziert anschließend durch den *Jardin d'Été,* der als kleine, aber feine und mit Edelhölzern reichlich ausgestattete Parkanlage gleich für die richtige Einstimmung auf erlesene Kultur- und Augengenüsse sorgt.
Vom nordwestlichen Parkrand marschiert man als nächstes an der westlichen Umfassung des antiken Theaterterrains entlang und gelangt dann rechtshaltend zum Eingang des *Théâtre antique* (1), wo man sich als sparsamer Mensch am besten gleich eine Sammelkarte besorgt, die außer der antiken Freilichtbühne noch den Besuch der Thermes de Constantin, der Arènes und der Alyscamps ermöglicht.
Wer vorher in Orange war, ist von den Theaterrelikten in Arles zwangsläufig etwas enttäuscht, weil neben dem zwar noch weitgehend intakten Hufeisen der Zuschauerränge die einst ausladende, um die 70 Meter breite Bühnenwand mit Ausnahme zweier Säulen vom Erdboden verschwunden ist.
Zum Ausgleich für derlei entschwundene Größe ist allerdings die nordöstlich benachbarte und mit wenigen Schritten erreichte *Arena* (2), die in ihren Abmessungen sogar dem gewaltigen Oval von Nîmes noch etwas voraus ist, bis auf das im Mittelalter abgetragene Obergeschoß noch erstaunlich gut erhalten, wenngleich das schmucklose Gestänge beziehungslos eingefügter Stahlrohrtribünen den Gesamteindruck des Zuschauerrunds der heutigen Stierkampfarena doch empfindlich stört. Nach der ausführlichen Besichtigung der Arènes bummelt man auf der engen und malerischen Rue des Arènes in westlicher Richtung zur *Place du Forum* (3), die mit ihrer nonchalanten Atmosphäre und den gemütlichen Straßencafés noch so

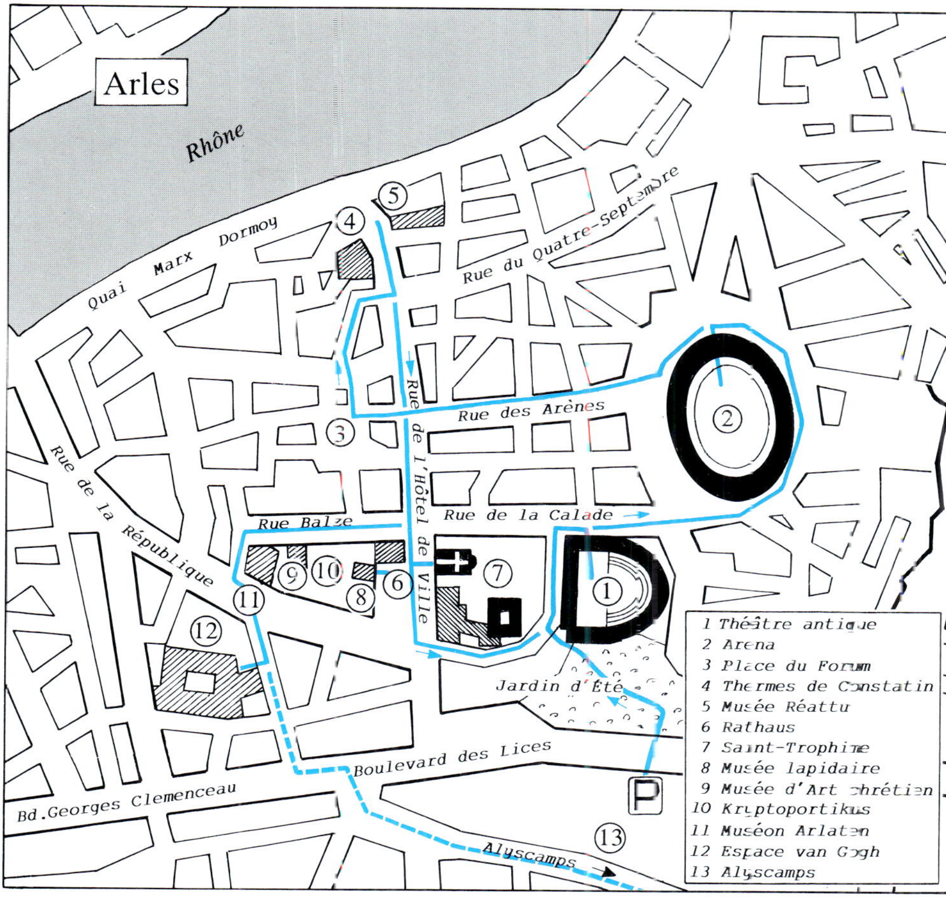

manches aus der van-Goghschen Ära in unsere Zeit herübergerettet hat. Das von van Gogh gemalte und berühmt gewordene Nachtcafé ist jedoch, wie fast alle sichtbaren Spuren des Malers, aus diesem Altstadtwinkel längst verschwunden.

Beim Forumsplatz folgen wir nach der unumgänglichen Kaffeepause dem nördlich und zu den Thermen wie zum Musée Réattu gerichteten Wegpfeil. Die *Thermes de Constantin* (4) (links der Straße) werden zuerst erreicht und inspiziert, obzwar der Zahn der Zeit von der ehedem opulenten, mehrräumigen Badeanlage nur noch soviel übrigließ, daß es schon einiger Phantasie bedarf, um die höchst kultivierten Bade- und Wasserfreuden der Römer wenigstens noch halbwegs zu erahnen. In Nachbarschaft des antiken Kneipptempels liegt als nächstes Besichtigungs- und Besuchsobjekt das *Musée Réattu* (5).

Anschließend geht's, entweder auf bereits bekanntem Weg über die Place du Forum oder noch etwas kürzer und schneller auf der *Rue de l'Hôtel de Ville,* in südlicher Richtung zur *Place de la République* und ins mittelalterliche Arles. Der Platz mit dem zentral plazierten Obelisken wird hauptsächlich durch die eindrucksvolle Fassade des *Rathauses* (6) beherrscht.

In der nächsten Umgebung des Platzes drängen sich dann geradezu die Museen und Sehenswürdigkeiten, so daß die rechte Wahl nicht eben leichtfällt. Wer genügend Zeit mitbringt, wird sich zunächst den kunstgeschichtlichen Pretiosen von *Saint-Trophime* (7) an der Ostseite des Platzes zuwenden und anschließend wenigstens einem

der Museen westlich des Platzes einen Besuch abstatten.
Auf dem Weg vom *Musée lapidaire d'Art païen* (8) (an der Westseite der *Place de la République*) übers *Musée d'Art chrétien* (9) *(Rue Balze)* zum vorzüglich bestückten *Muséon Arlaten* (11) (dem nicht wenige Kenner im Fall des Falles den Vorzug geben) kann man außerdem noch durch einen Zugang vom Musée d'Art chrétien zu den *Kryptoportiken* (10) des Forums hinabsteigen.
Wenn man schon beim Muséon Arlaten ist, wird man als wahrhafter Van-Gogh-Verehrer natürlich den Abstecher zum *Espace van Gogh* (12) nicht versäumen, in dem von 1572 bis 1974 das Hospital von Arles eingerichtet war und der holländische Maler behandelt wurde (Eingang von der *Rue du Président Wilson*). Das Geviert des Arkadeninnenhofs zeigt sich wieder bestens restauriert und in jener warm leuchtenden Heiterkeit, die van Gogh seinerzeit während seines Hospitalaufenthalts zu einer seiner glühendsten Farbsymphonien inspirierte.
Nach weiteren künstlerischen Hinterlassenschaften des niederländischen Farbvirtuosen sucht man allerdings vergeblich, weil Arles schon derzeit das Genie verkannte und offensichtlich auch späterhin kein merklicheres Wiedergutmachungsinteresse zeigte. Ein erstaunliches Phänomen bei immerhin 200 Bildern, die in van Goghs letzter und fruchtbarster Schaffenszeit hier entstanden.
Derlei Undank ist indessen schnell vergessen und verziehen, wenn man vom Espace südwärts weiterbummelt und wieder auf die bereits bekannte Nobelavenue des *Boulevard des Lices* trifft, auf dem man, an den Verlokkungen gemütlicher und eleganter Straßencafés vorbei, bis zum *Carrefour de la Croisière* spaziert (zwischendrin ließe sich auch der *Jardin d'Été* mit einbeziehen, den wir vom Beginn des Rundgangs ebenfalls schon kennen).
Von der großen Straßenkreuzung geht's schließlich rechts zum *Canal de Craponne* und auf die *Avenue des Alyscamps* (13) bzw. *Allée des Tombeaux,* die sich bis *Saint-Honorat* verfolgen läßt.
Der Rückweg bis zum hier als Ausgangspunkt gewählten Parkhaus am Boulevard des Lices vollzieht sich auf gleicher Route.

Touristische Angaben

Ausgangspunkt: Bei der hier beschriebenen Abfolge das Parkhaus am Boulevard des Lices gegenüber vom Jardin d'Été.
Anfahrt: Zufahrtsstraßen aus allen Richtungen, Autobahn von Nîmes und entsprechend der Beschilderung zum Boulevard des Lices südlich der Altstadt.
Weglänge: Ca. 7,5 km.
Zeitaufwand: Mehr noch als die antiken Ruinen und Bauwerke jüngeren Datums beanspruchen die gut ausstaffierten Museen ihre Zeit. Wer noch dazu den besonderen südfranzösischen Charme von Arles erfahren will, wird selbst nach einer Woche noch Neues entdecken.
Karten: Michelin 1:200000, Nr. 245 Provence–Côte d'Azur (für die Anfahrt); für den Stadtrundgang ein kleiner Stadtplan, der beispielsweise im Tourismusbüro am Boulevard des Lices, unserem Ausgangspunkt, zu haben ist.
Sehenswürdigkeiten (in der Abfolge des Rundgangs):
1. *Théâtre antique:* Das wohl zur Zeit Kaiser Augustus' im 1. Jahrhundert vor Christus entstandene Theater war mit einem Durchmesser von 102 Metern einst ein gewaltiger Baukörper. Anders als in Orange waren die Zuschauerränge nicht an einen Hang angelehnt, so daß eine aufwendige Konstruktion in Form dreier konzentrischer Ringmauern für die Abstützung des Zuschauerhalbrunds notwendig war. Die radial angelegten Quermauern dienten gleichzeitig als Treppenaufgang zu den drei Rängen mit ihren insgesamt über 30 Sitzstufen. Das Theater faßte an die 12000 Besucher und war ehedem mit einer 70 Meter breiten Bühnenwand ausgestattet, die, wie die Bühne überhaupt, reich geschmückt und aufwendig gegliedert war.
Derlei Qualitäten konnten die von musealen Erhaltungsgedanken noch völlig unberührte Nachwelt allerdings nicht daran hindern, die römische Hinterlassenschaft als Steinbruch für Neubauten zu verwenden und das Theater in eine Ruinenlandschaft zu verwandeln. Immerhin finden sich noch zwei schöne korinthische Säulen vom Untergeschoß der Bühnenwand. Desgleichen präsentiert sich

Die Theaterrelikte und andere Zeugnisse aus der Römerepoche verdeutlichen den ersten Höhenflug von Arles. Später brachten van Gogh und andere Künstler neuen Glanz in die Provencestadt.

das stufenweise ansteigende Zuschauerhalbrund wieder in einem aufschlußreichen Zustand.

2. *Les Arènes:* Das Amphitheater von Arles ist mit 136 Metern Länge und einer Breite von 107 Metern die größte noch erhaltene derartige Anlage aus der einstigen römischen Provinz Gallia. Das monumentale Oval war ursprünglich noch um einiges gewaltiger, weil auf die beiden Arkadengeschosse zur Römerzeit noch eine Attika, ein Halbgeschoß, aufgesetzt war. Der typischen Außengliederung mit gleichmäßig aneinandergereihten Arkaden, dorischen Pilastern im Untergeschoß und konrinthischen Halbsäulen im Obergeschoß steht untypischerweise die Abdeckung der Galerien mit riesigen Steinplatten gegenüber. In Nîmes hatte man nach römischer Gepflogenheit hingegen auf Tonnengewölbe zurückgegriffen.

Die eigentliche Arena des Theaters von Arles ist 69 auf 39 Meter groß. Sie war einstens in den felsigen Untergrund geschlagen und mit einem Holzboden bedeckt worden, unter dem sich diverse Gerätschaften für die Aufführungen befanden. Als Entstehungsdatum des opulenten Bauwerks wird die Wende vom ersten zum zweiten nachchristlichen Jahrhundert angenommen.

Während der Sarazenenattacken nach der Römerära verwandelte sich die Arena zur Festung mit zugemauerten Erdgeschoßarkaden, eine Rolle, die ihr in der Folge noch des öfteren zukam. Bis ins 19. Jahrhundert diente sie, parallel zum Theater in Nîmes, als Quartier der Armen, die sich hier mit zweihundert aus dem Attikagestein errichteten Häusern einnisteten. Derlei Zweckentfremdungen hat das Amphitheater indessen längst hinter sich. Heute werden dort überwiegend unblutige Stierkämpfe ausgetragen, deren Spielregeln von der spanischen Version wohltuend abweichen.

3. *Place du Forum:* Das einstige Forum der Veteranenkolonie, Dreh- und Angelpunkt jeglichen römischen Stadtlebens, hat mit Ausnahme von zwei korinthischen Säulenre-

Die Säulenkapitelle im Kreuzgang von Saint-Trophime sind nicht allein von ungewöhnlicher künstlerischer Qualität, sondern auch mit ihren biblischen Motiven von überraschender Originalität.

likten keinerlei Spuren hinterlassen. Ebenso ist das von van Gogh zu nächtlicher Stunde festgehaltene »Café de Nuit« vom Erdboden verschwunden. Abgesehen von derlei Feststellungen, die dem Kulturmenschen und Van-Gogh-Fan einen leisen Stich versetzen, ist der Platz mit seiner heiteren, wohnlichen Atmosphäre und der Corona der Straßencafés die Seele von Arles, wo sich der spezielle Charakter der Provencestadt faszinierend verdeutlicht.

4. *Thermes de Constantin:* Vom 200 Meter langen römischen Badepalast sind bis auf eine halbrunde Apsis, dem sogenannten Palais de la Trouille, nur noch unwesentliche Reste übriggeblieben. Die Mischbauweise mit Natur- und Ziegelstein läßt die Entstehung in der spätrömischen Phase vermuten. Dem gängigen Schema nach enthielt der Riesenbau ein Kalt-, Lauwarm-, Warm- und Schwitzbad sowie Gymnastik-, Umkleide-, Ruhe- und Erfrischungsräume, desgleichen eine Bibliothek und möglicherweise einen Garten. Später errichteten die Grafen der Provence im Schatten der Thermenmauern eine Burg, die jedoch ebensowenig die Jahrhunderte überdauerte.

5. *Musée Réattu* (Quai Marx Dormoy): Das ansehnliche Gebäude war zu Beginn des 16. Jahrhunderts für die Komturei des Malteserordens errichtet worden und anschließend der Sitz des Großpriors der Ordensprovinz. Nach der Französischen Revolution kam es in den Besitz des Malers Réattu, nach dessen Tod ein Museum eingerichtet wurde. Die Sammlung enthält Gemälde von Künstlern, die im 17. und 18. Jahrhundert in Arles lebten und arbeiteten. Außerdem werden Werke der Malerfamilie Réattu gezeigt, deren Name seinerzeit einiges zählte. Von weit größerem Interesse sind die Exponate moderner Künstler, die in Arles gastweise tätig waren, darunter Vlaminck, Léger, Picasso, Zadkine.

6. *Rathaus* (Place de la République): Das stattliche Rathaus von Arles entstand seit 1666 nach Plänen mehrerer Baumeister, zu denen auch der berühmte Hardouin-Mansart gehörte. Trotz aller Zugeständnisse an den zeitgemäßen Barockstil wird in der Fassade das französische Bedürfnis nach klassischer Harmonie von Senkrecht und Waagrecht deutlich. Als bautechnisches Meisterwerk gilt das Flachgewölbe der Erdgeschoßhalle. Der Rathausturm war bereits 1553 entstanden und zuoberst im 17. Jahrhundert mit einer Marsstatue bekrönt worden. Als antikes Gegenstück steht in der Mitte der Place de la République ein Obelisk aus dem einstigen römischen Zirkus von Arles.

7. *Saint-Trophime* (Place de la République): Die Kirche war aus einem karolingischen Bau hervorgegangen und im romanischen 11. bzw. 12. Jahrhundert zu ihrer heutigen Gestalt gelangt. Von kunstgeschichtlichem Gewicht ist das vom römischen Triumphbogen inspirierte Westportal aus der späten Romanik. Für diese Datierung spricht auch der reiche Figurenschmuck mit dem introvertierten, elegischen Gesichtsausdruck und müde anmutenden Gehabe der biblischen Gestalten, der sich von der Kraft und überlegenen Würde romanischer Gesinnung schon etwas entfernt.

Von unbekümmerter Frische sind hingegen die Sarkophagskulpturen und -reliefs aus frühchristlicher Zeit, die im Inneren der Kirche da und dort zu entdecken sind.

Ansonsten ist der Innenraum nahezu völlig schmucklos, wenngleich das schlanke, tonnengewölbte Mittelschiff dank seiner im 17. Jahrhundert vergrößerten Fenster für provençalische Verhältnisse ungewöhnlich licht und freundlich wirkt.

Natürlich wird man die fromme Stätte nicht ohne eine ausführliche Besichtigung des zu Recht hochgerühmten Kreuzgangs verlassen. Der teils romanisch, teils gotisch geprägte Wandelgang ist nahezu im Urzustand erhalten geblieben und überrascht mit unerhört üppigem wie kostbarem plastischen Dekor. Neben einer Reihe von Großskulpturen besticht dabei vor allem der originelle Einfall, auf den Säulenkapitellen der Arkaden um den freundlichen Innenhof mit biblischen Szenen die Heilsgeschichte einprägsam vorzuführen.

8. *Musée lapidaire d'Art païen* (Eingang Place de la République): Das Museum ist in der 1619–1629 erbauten Kirche Saint-Anne untergebracht und umfaßt die bedeutendste Sammlung römischer Kunst in der Provence. Auf der Basis der 1793 von Père Dumont zusammengetragenen Sarkophage und Plastiken von den Alyscamps wurde der Bestand durch die Ausgrabungsfunde fortlaufend erweitert. Besondere Wertschätzung genießen dabei die Relikte aus dem antiken Theater, wie eine monumentale Augustus-Statue, zwei Tänzerinnen in Marmor, der Apollo-Altar und die »Venus von Arles«, deren Original im Pariser Louvre steht. Außerdem finden sich schöne Beispiele römischer Mosaikfußböden.

9. *Musée d'Art chrétien* (in der ehemaligen Kapelle des Jesuitenkollegs, Rue Balze): Der zweigeschossige Barockraum aus dem 17. Jahrhundert mit seinem ebenfalls über zwei Geschosse reichenden Altar ist der rechte repräsentative Rahmen für die bedeutende Sammlung christlicher Kunst. Im Mittelpunkt steht eine große Zahl frühchristlicher Sarkophage mit teilweise hochrangigen Reliefdarstellungen. Der überwiegende Teil dieser Exponate stammt von den arlesischen Friedhöfen Alyscamps und Saint-Genès à Trinquetaille.

10. *Kryptoportikus* (Zugang vom Musée d'Art chrétien): Unter dem Kranz der Säulenhallen, die einst das Forum umfaßten, war zu Römerzeiten ein U-förmiges Untergeschoß, das vermutlich als Kornspeicher diente. Die Riesenanlage erreichte eine Länge von 106 Metern und eine Breite von 72 Metern

11. *Muséon Arlaten* (Rue de la République): Das ungewöhnlich vielfältig und interessant bestückte provençalische Heimatmuseum ist in einem vierflügeligen Adelspalais aus dem

16. Jahrhundert untergebracht. Initiator war der 1904 mit dem Nobelpreis geehrte Dichter Frédéric Mistral, der nicht nur die ideelle, sondern auch finanzielle Basis des ehrgeizigen Sammlungsprojekts schuf.

12. *Espace van Gogh* (Eingang Rue du Président Wilson): Das Hôtel Dieu war von 1572 bis 1974 das Hospital von Arles. Hier wurde der niederländische Maler während seines Provenceaufenthalts behandelt. Das zwischendrin heruntergekommene Gebäude ist inzwischen wieder ansehnlich restauriert und in einem Akt später Wiedergutmachung in den Zustand zurückversetzt worden, in dem es van Gogh in glühendem Kolorit auf der Leinwand festhielt. Wenigstens ein erstes Zugeständnis an den Künstler, der in Arles als »grobschlächtig und unangenehm« galt.

13. *Les Alyscamps:* Das bereits zu gallorömischer Zeit außerhalb von Arles längs der Via Aurelia angelegte Gräberfeld wurde auch in der nachfolgenden christlichen Zeit weiterhin benutzt. Die Sarkophagallee wird von der Kirche Saint-Honorat, der ältesten noch erhaltenen Friedhofskirche, abgeschlossen. Alyscamps bedeutet dasselbe wie Champs-Élysées, nämlich »elysäische« Gefilde. Die makabre Popularität des einst von 19 Kirchen und Kapellen durchsetzten Friedhofsbezirks gipfelte in der Legende, daß man vermögende Verstorbene im Sarg die Rhône hinabtreiben ließ, um ihnen die standesgemäße letzte Ruhe auf den arlesischen Alyscamps zu ermöglichen. Heute ist die Gräber- und Sarkophaganlage weitgehend von Wohn- und Industriegebäuden und der kreuzenden Eisenbahntrasse verdrängt worden, so daß ein Besuch nur noch einen Schatten einstiger Ausdehnung und künstlerischer Qualitäten vermittelt.

Am Südausgang des heutigen Saint-Rémy lag einst die römische Vorgängersiedlung Glanum. Das monumentale Tor der antiken Stadt hat annähernd zwei Jahrtausende erstaunlich gut überstanden.

Das Juliermonument, ein so merkwürdig wie aufwendig arrangiertes Mausoleum, zählt neben dem Stadttor des ehemaligen Glanum zu den attraktiven Überbleibseln des römisch-antiken Saint-Rémy.

9 Von Saint-Rémy-de-Provence in die Alpilles

Antikenschau und Kraxelgaudi

Kleiner Rundspaziergang mit amüsantem Höhlenintermezzo; beeindruckender Landschaftsrahmen; bemerkenswertes kulturhistorisches Rahmenprogramm um die antike Saint-Rémy-Vorgängersiedlung Glanum.

Wie ein versteinerter Hahnenkamm wachsen stellenweise die Kalkzacken der Alpilles aus dem Talboden. Derlei ungewöhnliches und kühnes Naturszenarium ist allerdings nicht die einzige Attraktion des Städtchens Saint-Rémy-de-Provence am Nordrand des vielgestaltigen Gebirgszugs, weil hier die große Vergangenheit mehr als anderswo reichliche Zeugnisse hinterlassen hat. So steht der bildungshungrige Kultur- und bewegungsfrohe

Naturmensch zwischen zwei Verlockungen und vor der Qual der Wahl, ob er der ausführlichen Besichtigung der antiken Monumente und umfänglichen Dorfrelikte von Glanum nähertritt oder aber lieber in Form einer Fußwanderung die Alpilles-Schönheit in Augenschein nehmen möchte. Eine Entscheidung, die allerdings von vornherein ausscheidet, wenn man mit der Zeit nicht zu arg knausern muß. Dann nämlich lassen sich Kultur und Natur ohne weiteres unter einen Hut bringen, weil die so kleine wie reizvolle Rundwanderung zu einem prachtvoll gelegenen Stausee südlich von Saint-Rémy allenfalls zwei Stunden beansprucht und vor oder nach der Antikenschau ohne weiteres einzubauen ist. Die Vier-Kilometer-Runde hat lediglich den einen Haken, daß zwischendrin ein steiler, düsterer Felsstollen zu durchqueren ist und auch anschließend noch etwas Vertrautheit mit unruhigerem Felsgelände erforderlich ist. Wer sich auf altgedienten und sichtlich mitgenommenen Eisenklammern trotzdem sicher fühlt und als Alpenrout nier auch mit ein paar Kraxelpassagen nicht in Verlegenheit zu bringen ist, darf sich jedoch auf ein kurzweiliges, ungetrübtes Vergnügen freuen. Daß der Stausee nicht zum Baden da ist, sei in Anbetracht derartiger Vorzüge verziehen, zumal sich die Ufer des kristallklaren und türkisblauen Gewässers als viel besuchte Picknickreviere erweisen.
Wie sich die zweite Hälfte nach der Verpflegungs- und Verschnaufpause gestaltet, sei jedem Wanderer selbst überlassen. Wenn der Sinn nach einer Wiederholung der lustigen Höhleneinlage steht, wird man ohne Zögern auf dem Herweg wieder zum Ausgangspunkt bei den Römerdenkmälern zurückkehren. Andernfalls besteht die Möglichkeit, auf dem Stausee-Zufahrtssträßchen talwärts zu spazieren, wenngleich die Autoausflügler und die Teerunterlage nicht jedem zusagen.

Der Wegverlauf

Die kleine Wanderung beginnt beim Großparkplatz südlich außerhalb von *Saint-Rémy*.

Man folgt also in Saint-Rémy dem Wegschild nach Les Baux/Maussane und hinterläßt sein Fahrzeug auf der geräumigen Parkfläche in Nachbarschaft des fotogenen und berühmten Mausoleum-Stadttor-Zweigespanns aus der Römerära. Natürlich studiert man die mehrsprachig verfaßte Hinweistafel auf die Allgegenwärtigkeit versierter Autoknacker und trifft die entsprechenden Vorkehrungen, bevor man sich auf die Socken macht. Zuerst wird auf der nach Les Baux führenden Fahrstraße ortsauswärts und in die südliche Richtung gestiefelt. Nach kurzer Zeit wird jedoch im Linksbogen der Autotrasse die Teerunterlage wieder verlassen und rechtsabbiegend ein weiß-rot markierter Weg aufgesucht, der ungemein idyllisch und im Waldschatten schnell an Höhe gewinnt.

Nach der stimmungsvollen Eingangsetappe erreicht der weiterhin zuverlässig gekennzeichnete Pfad ein sonnigeres Gebüsch- und Felsgelände und mündet in einen Schotterweg. Nach einer nahezu ebenen Passage und kurzen Verschnaufetappe nimmt der Anstieg wieder rasantere Formen an. Schließlich steht man am oberen Eingang des bereits beschriebenen Stollens, der auf Felsstufen und unregelmäßig plazierten, teilweise verbogenen Eisenklammern durchstiegen wird, ohne daß für den einigermaßen Trittsicheren Gefahr aufkommt.

Am unteren Ausgang des Steintunnels geht's auf einem stellenweise seilgesicherten Bergsteig weiter bergab. Mit grandiosen Tiefblikken auf den *Stausee* werden noch ein paar unruhigere Felspassagen überwunden und einige Serpentinen absolviert. Dann aber steht man am Ufer des künstlichen Gewässers (130 m), das 1891 angelegt wurde und heute als Trinkwasserspeicher dient. Die Landschaftspracht des *Barrage-des-Peiroou*-Winkels läßt sich nicht im Handumdrehen abtun, so daß man sich gut und gerne auch für eine Stunde zur Schau- und Verpflegungsrast am Waldufer niederlassen wird.

Die Talrückkehr läßt sich, wie in der Einleitung schon gesagt, auf zweierlei Weise arrangieren. Entweder genehmigt man sich den vergnüglichen, aufregenden Herweg ein weiteres Mal. Oder man benutzt das Teersträßchen, das am Südwestrand des Stausees einsetzt und westlich des Gewässers durch lichten Wald nach *Saint-Rémy* hinabzieht. In diesem Fall muß man zuletzt auf der Les-Baux-Straße noch ein paar Meter südwärts zum Ausgangspunkt zurücklaufen.

Touristische Angaben

Ausgangspunkt: Saint-Rémy-de-Provence (60 m), Großparkplatz bei den Antiken am Südausgang der Stadt.

Anfahrt: Von Tarascon oder Cavaillon auf der D 99 nach Saint-Rémy und hier entsprechend der Beschilderung in Richtung Maussane/Les Baux.

Höhendifferenz: Bis zum höchsten Punkt der Wanderung am oberen Eingang des Felsstollens etwa 140 m. Mit Rückweg auf gleicher Route sind also etwas über 200 Höhenmeter als Anstiegsleistung zu veranschlagen.

Weglänge: 3 bzw. 4 km, je nachdem, welche Route für den Rückweg gewählt wird.

Gehzeiten: So oder so für den Hin- und Rückweg ca. 1½ Stunden, weil die längere Gesamtwegstrecke im Fall der Talrückkehr auf dem Barrage-Zufahrtssträßchen bei der anderen Variante (hin und zurück durch den Felstunnel) durch den zusätzlichen Anstieg beim Rückweg ausgeglichen wird.

Karten: Michelin 1:200000, Nr. 245 Provence – Côte d'Azur (für die Anfahrt); Cartes IGN 1:25000, Nr. 3042/ouest Châteaurenard – St-Rémy-de-Provence.

Sehens- und Wissenswertes: Einen Kilometer nördlich der antiken Vorgängersiedlung Glanum entwickelte sich im 3. und 4. nachchristlichen Jahrhundert eine neue Stadt, in der einer frommen Legende nach der 535 gestorbene hl. Remigius ein todkrankes Mädchen geheilt haben soll. Aus der demzufolge Villa Sancti Remigii genannten Stadt entwikkelte sich dann das heutige Saint-Rémy. Wenngleich die heitere Atmosphäre und das stellenweise malerische Ortsbild durchaus eine ausführliche Betrachtung verdienten, wird man sich als bildungsbewußter Saint-Rémy-Besucher natürlich zuerst zu den *antiken Denkmälern* an der südlichen Stadtperipherie begeben. Neben dem Juliermonument, einem mehrgeschossigen Mausoleum von erstaunlicher Vollständigkeit, steht das ebenfalls bemerkenswert gut erhaltene einstige monumentale Stadttor von Glanum.

Die Grande-Randonnée-Route von Saint-Rémy nach Les Baux führt zunächst zu einem reizvoll gelegenen kleinen Speichersee. Zuvor ist allerdings eine Felspassage zu überwinden, die für Abwechslung sorgt.

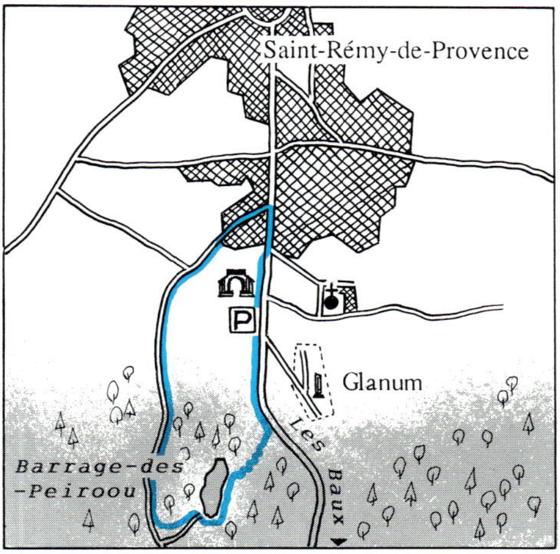

Schräg gegenüber dem berühmten, vielfotografierten Denkmäler-Gespann liegt dann auf der anderen Straßenseite das Ausgrabungsfeld der antiken, *Glanum* geheißenen Stadt, die vermutlich in drei Epochen entstanden ist. Als erstes wird eine kelto-griechische Siedlung angenommen, die ins dritte vorchristliche Jahrhundert zurückgeht. Anschließend nahmen sich die Römer der Siedlung an und prägten seit 70 v. Chr. ihr Gesicht. Die dritte augusteische Phase setzte nach dem Fall Marseilles 49 v. Chr. ein. Wie überall in ihrer gallischen Provinz versorgten sich die Römer auch in Glanum mit allem gängigen Komfort, zu dem natürlich neben Tempel- und Theateranlagen ebenso die obligaten Thermen gehörten.
Nach dem Rückblick auf die Frühgeschichte Saint-Rémys wird man noch auf einen Sprung zum benachbarten *Saint-Paul-de-Mausole* hinüberschauen, das bis zur Aufhebung durch die Französische Revolution ein Kloster war und seit 1807 als Nervenheilanstalt genutzt wird. Vincent van Gogh verbrachte vom 8. Mai 1889 bis zum 16. Mai 1890 ein ganzes Jahr hinter diesen Mauern. Eine qualvolle, aber künstlerisch fruchtbare Zeit, in der nicht weniger als 150 Gemälde entstanden. Neben diesem tragischen Ereignis jüngeren Datums blickt das Kloster auf eine mittelalterliche Hochblüte zurück, von der die romanischen Gebäuderelikte und ein schöner Kreuzgang beredtes Zeugnis ablegen.

10 Auf luftiger Höhe nach Les Baux

Geisterstadt im Urlauberaufwind

Halb- bis dreivierteltägiges Unternehmen; großenteils solide Wege; ohne wesentlichere Anstrengungen; eindrucksvolle Landschaftskulisse und immer noch bewegende Momente inmitten der Ruinen der einstigen Provencehochburg.

Das geflügelte Wort von der Geisterstadt ist auf das mittlerweile vom Tourismus und Kommerz weitgehend vereinnahmte Les Baux in den provençalischen Alpilles nur noch höchst bedingt anzuwenden. Wer jedenfalls in der Feriensaison von Saint-Rémy-de-Provence auf der landschaftsprächtigen, kurvenreichen Straße zur legendären Ausflüglerattraktion hinaufkutschiert, wird bei der Nahbegegnung mit den von fernher gespenstisch und verlassen wirkenden Mauerrelikten schnell aller Illusionen entledigt. Trotzdem kann der nostalgieselige Romantiker, wenn er sich im rastlosen Besuchergedränge durch das Gassengewinkel nicht ganz aus der Fassung bringen läßt, noch manch malerische Winkel und ansehnliche Architekturdetails aufspüren, die vom einstigen Glanz Les Baux' künden.
Die erste Blüte setzte mit den Grafen von Les Baux ein, die sich bereits vor der ersten Jahrtausendwende den strategisch günstigen Gebirgsvorsprung im Zentrum der Alpilles als Burg- und Siedlungsstandort aussuchten. Wenngleich die stolzen und mächtigen Les-Baux-Herren schon zu Beginn des 12. Jahrhunderts mit den Grafen von Barcelona in kriegerische Händel um die provençalische Vorrangstellung verwickelt waren, konnte der damit verbundene finanzielle Aderlaß die unaufhaltsame Karriere Les Baux' zu einer wirtschaftlichen und kulturellen Metropole nicht tangieren. So erreichte der heutige 400-Seelen-Ort um die Wende vom 13. zum 14. Jahrhundert die beachtliche Zahl von 4000 Einwohnern. Dem Höhepunkt folgte allerdings Ende des 14. Jahrhunderts, als Les Baux und 80 Schlösser der Grafschaft end-

Die Herren von Les Baux erreichten in ihrer besten Zeit eine Machtfülle und Wohlhabenheit, die selbst nach dem Niedergang und der weitgehenden Zerstörung von Schloß und Ort Les Baux noch spürbar wird.

gültig der Provence zugeschlagen wurden, wobei der letzte der Les-Baux-Dynastie als grobschlächtiges Rauhbein für einen besonders unrühmlichen Abgang sorgte
Als dann 1481 Les Baux mitsamt der Provence an Frankreich kam und in Rückbesinnung auf einstige Größe noch einmal trotzig aufbegehrte, schien mit der Schleifung des Schlosses und der Abwertung zur nachgeordneten Baronie der Niedergang endgültig besiegelt. Der rigorose Vergeltungsakt konnte jedoch nicht verhindern, daß nur ein halbes Jahrhundert später mit dem Konnetabel de Montmorency neuer Glanz in die Mauern der Bergstadt einzog. Dem wiedererrichteten Schloß über der Korona honoriger Profan- und stattlicher Sakralbauten war allerdings wiederum nur ein kurzes Dasein bestimmt, weil die Parteinahme gegen Richelieu im Jahre 1631 der Renaissanceära ein gründliches Ende bereitete. So wurde das Schloß gesprengt und der Bürgerschaft der weitere Verbleib in Les Baux verleidet. so daß der größte Teil die Stadt verließ. Erst das touristische Interesse jungen Datums bedingte einen neuerlichen Aufschwung, der sich aber vornehmlich im eingangs erwähnten musealen und kommerziellen Rahmen bewegt.
Neben dem Fremdengeschäft, das die örtlichen Gastronomen, Kunsthandwerker und Souvenirbudenbesitzer in gleicher Weise gut ernährt, profitiert Les Baux ebenso von den nahen Bauxitvorkommen, die an Stelle der vordem genutzten Kalksteinbrüche als ergiebigere Einnahmequelle geschätzt werden.
Wer Les Baux aufsuchen will, kann dies, wie schon erwähnt, beispielsweise von Saint-Rémy aus per Auto auf sehr kommode Art und Weise arrangieren. Gesünder und erlebnisvoller ist's aber zweifelsohne, wenn man die Visite zu Fuß vorbereitet, auf aussichtsvollen Höhenwegen durch die Alpilles streift, urplötzlich vom Bilderbuchausblick auf die geheimnisvolle Bergsiedlung überrascht wird und schließlich auf dem idyllischen Grande-Randonnée-Steig die geschichtsträchtige und schicksalsgebeutelte Ortschaft erreicht. Es gibt nicht viele Wege in unserem Provence-Programm, die diesem Route von Saint-Rémy nach Les Baux das Wasser reichen können!

Der Wegverlauf

Man fährt zunächst von *Saint-Rémy* auf der nach Les Baux ausgewiesenen Fahrstraße zum südlichen Ortsausgang und zweigt kurz vor den antiken Denkmälern in Richtung Barrage rechts ab. Das Teersträßchen trifft nach etwa zweieinhalb Kilometern und im Anschluß an einen Linksbogen beim 130 Meter hoch gelegenen *Stausee* ein, der als beliebtes Ausflugsziel über mangelnden Besuch nicht zu klagen hat.

Irgendwo läßt sich aber immer ein Parkfleck auftreiben. Wenn das Auto verstaut ist, geht man vom Südrand des ausnehmend idyllisch plazierten Gewässers auf dem Fahrsträßchen wieder bis zur eben erwähnten Kurve zurück und folgt dann einem links abbiegenden, weiß-rot gekennzeichneten Waldweg, der mäßig ansteigt und durch lichtes Gehölz in die südliche Richtung führt. Nach einiger Zeit kann man entsprechend der gelben Markierung über einen steileren Fußsteig die lange Schleife des breiten Forstwegs abkürzen. Anschließend geht's wieder links weiter. Der schüttere Waldschatten bleibt uns nicht mehr allzu lange erhalten. Auf dem späterhin sonnigen und zu Sommerszeiten bacherlwarmen Weg wird man allerdings schon frühzeitig mit erhebenden Ausblicken auf das provençalische Umland verwöhnt. Außerdem gewinnt das Schotter- und Kiessträßchen weiterhin an Höhe, so daß gelegentlich ein erfrischendes Lüfterl zu erwarten ist.

Auf der Höhe, die mit etwa 270 Metern natürlich vergleichsweise bescheiden ausfällt, läßt sich die weit ausholende Hauptroute ein weiteres Mal durch einen rechts abzweigenden Pfad abkürzen, der jedoch nur dürftigst mit roten Punkten gekennzeichnet ist und einen kleinen, gebüschbedeckten Buckel überwindet.

Hinterher wird wieder der steinige Karrenweg aufgesucht, auf dem man rechts vor weiterwandert. Mit unvermindert beeindruckenden Nah- und Fernblicken auf die abwechslungsvolle Alpilles-Formation, auf Saint-Rémy und auf die angrenzende, ruhig dahinfließende Landschaftsszenerie wird ohne zusätzliche Bergaufmühen in die westliche Richtung marschiert.

Vor einer Aussichtskanzel teilen sich die Wege. Unsere Route führt links weiter und umgeht südseitig den Hochsitz. Plötzlich steht das Ziel der Wanderung gänzlich unverstellt vor uns und scheint bereits recht nahe gerückt. Bis dahin ist aber noch einiger Muskelaufwand vonnöten, weil der zweite Wegabschnitt nicht ohne Verrenkungen auf Les Baux lossteuert. Nachdem man auf dem kommoden und zwischendrin sogar leicht

Während das zerstörte Les Baux als Geisterstadt lange Jahre ein Dornröschendasein fristete, hat sich auf der Grundlage der lokalen Bauxitgewinnung neben den Ruinen neues Leben entfaltet.

abfallenden Karrenweg noch für einige Zeit westwärts gewandert ist, zweigt nämlich, links zurück (aufpassen!, gelben Wegpfeil beachten!) ein Weg ab, der zuerst in die südöstliche, also fast entgegengesetzte Richtung talabwärts zieht. Bei der folgenden Wegteilung im Verlauf eines Rechtsbogens heißt's dann abermals aufpassen, damit die scharf rechts gerichtete und noch mal mit einem gelben Pfeil markierte Fortsetzung unserer Route nicht übersehen wird. Der weiterhin schattenlose Pfad schwenkt inmitten dichtbesetzter Gebüschhänge in die südliche Richtung und verliert noch einmal an Höhe.

In der Talsohle trifft man nach an einer Wegschranke auf ein querendes Kiessträßchen, wo die Markierungen (Stand Herbst 1990) einige Irritationen verursachen können. Wer genau hinschaut, wird bei der Wegteilung (hoffentlich auch weiterhin) eine Holztafel entdecken, die mit der Aufschrift Les Baux und GR 6 nach rechts weist (der linksgerichtete gelbe Pfeil brächte uns über zunächst durchaus probate, schmale Teersträßchen unterhalb der vorgelagerten Les-Baux-Parkplätze zu der breiten Zufahrtsstraße, neben der offensichtlich keine empfehlenswerten Fußwegalternativen bestehen).

Die aussichtsvolle wie strategisch günstige Lage auf einer Felskanzel im Herzen der Alpilles schien den Herren von Les Baux einige Sicherheit zu gewähren. Dennoch war dem Glanz kein langes Dasein beschieden.

Wer dem soeben erwähnten Holzschild folgt, gelangt zunächst zu einem stattlichen Landsitz, an dem man im Links- und Rechtsbogen vorbeispaziert. Dann geht's noch für kurze Zeit leicht ansteigenderweise auf einem Feld- und Schotterweg und schließlich auf einem engen, stellenweise fast zugewachsenen Felssteig an südöstlichen Hängen dahin. Zuletzt wird, nach ein paar Bergabmetern und unmittelbar vor den Toren der trutzigen Felssiedlung, die Fahrstraße erreicht. Von da aus ist's dann nur noch ein Katzensprung bis ins Zentrum des Tourismushits, der dem ruhe- und erholungsbedürftigen Wanderer für die wohlverdiente Verschnaufpause freilich wenig Stille gönnt. Also wird man sich für die Rast vor oder nach der obligaten Besichtigung der Relikte gewesener Blüte tunlichst ein friedlicheres Fleckchen aussuchen.

Die Rückkehr zum Ausgangspunkt könnte, wenn man in Saint-Rémy aufgebrochen ist, auch mit dem Bus erfolgen. Wer jedoch, wie hier beschrieben, erst beim Stausee gestartet

ist, wird auf dem gleichen Weg wieder zurückwandern, und dies angesichts der landschaftlichen Vorzüge dieser Route kaum bereuen.

Touristische Angaben

Ausgangsort bzw. -punkt: Entweder Saint-Rémy-de-Provence (60 m) oder Barrage des Peiroou (130 m).
Anfahrt: Von Tarascon oder von Cavaillon auf der D 99 nach Saint-Rémy-de-Provence und hier entsprechend der Beschilderung südwärts in Richtung Les Baux. Am südlichen Ortsausgang von Saint-Rémy rechtsabzweigend in Richtung Barrage und auf einem schmalen Teersträßchen zum Stausee hinauf, wo mehrere Parkmöglichkeiten bestehen. Wer auf dem Eingangsabschnitt des vorhergehenden Wandervorschlags (siehe Route 9) bereits in Saint-Rémy aufbricht, parkt, wie unter Tour 9 bereits empfohlen, auf dem Parkplatz neben den Antiken-Schauplätzen an der Les-Baux-Straße südlich außerhalb von Saint-Rémy.
Höhendifferenzen: Ab Barrage bis zum höchsten Punkt 140 m, ab Les Baux (202 m) lediglich 70 m. Unter Einbeziehung der Gegenanstiege summiert sich die Anstiegsleistung auf dem Hinweg (ab Barrage) allerdings auf über 200 Höhenmeter und auf dem Rückweg (Les Baux – Barrage) auf etwas mehr als 100 Höhenmeter. Insgesamt sind also etwa 330 Höhenmeter zu verkraften. Annähernd die gleiche Anstiegsleistung ist für den Hinweg ab Saint-Rémy zu veranschlagen.
Weglänge: Barrage – Les Baux 7,5 km (einfache Wegstrecke). Ab Saint-Rémy annähernd 2 km zusätzlich.
Gehzeit: Barrage – Les Baux etwa 2½ Stunden; in der umgekehrten Richtung bei etwas geringerer Anstiegsleistung eine Viertelstunde weniger. Wer in Saint-Rémy startet, muß für den Hinweg etwa eine Dreiviertelstunde zuschlagen, so daß äußerstenfalls 3¼ Stunden zusammenkommen. Von Les Baux kann man in diesem Fall wieder per Bus nach Saint-Rémy zurückkehren, wenn man als unermüdlicher Wanderer nicht ein zweites Mal auf seine Füße vertraut.
Karten: Michelin 1:200000, Nr. 245 Provence – Côte d'Azur (für die Anfahrt); Cartes IGN 1:25000, Nr. 3042/ouest Châteaurenard – St-Rémy-de-Provence.
Sehens- und Wissenswertes:
1. *Chaine des Alpilles:* Der 25 Kilometer lange und bis zu 8 Kilometer breite Gebirgszug ist mit seinen Schluchten und Kalkzackenreihen von eindrucksvoller Formenvielfalt. Demgemäß wurden die Alpilles von provençalischen Poeten viel besungen.
2. *Les Baux-de-Provence:* Der über 200 Meter hochgelegene Ort im Herzen der Alpilles breitet sich auf einer Felskanzel aus. Die Siedlungsanfänge auf dem fast allseits steil abbrechenden Schrägplateau gehen bis ins

Neolithikum zurück. Dann folgten die Kelten. Im 10. Jahrhundert ließen sich hier die mächtigen Grafen von Les Baux nieder, die in der Provence eine Führungsrolle beanspruchten. Der ersten Hochblüte der Bergstadt Les Baux im 12. und 13. Jahrhundert, in der die Einwohnerzahl auf 4000 stieg, folgte 1399 mit dem gravierenden Macht- und Besitzverlust an die Provence ein erster Tiefschlag. 1481 kamen Les Baux und die Provence an Frankreich. Als Les Baux dagegen aufbegehrte, wurde das Schloß geschleift. Ein halbes Jahrhundert nach diesem schicksalsschweren Datum stellte sich unterm Konnetabel de Montmorency jedoch eine neue Blüte ein, die in einer Reihe honoriger Renaissancepaläste und ansehnlicher Bürgerhäuser sowie in neuerrichteten stattlichen Kirchen unterm ebenfalls restaurierten Schloß den

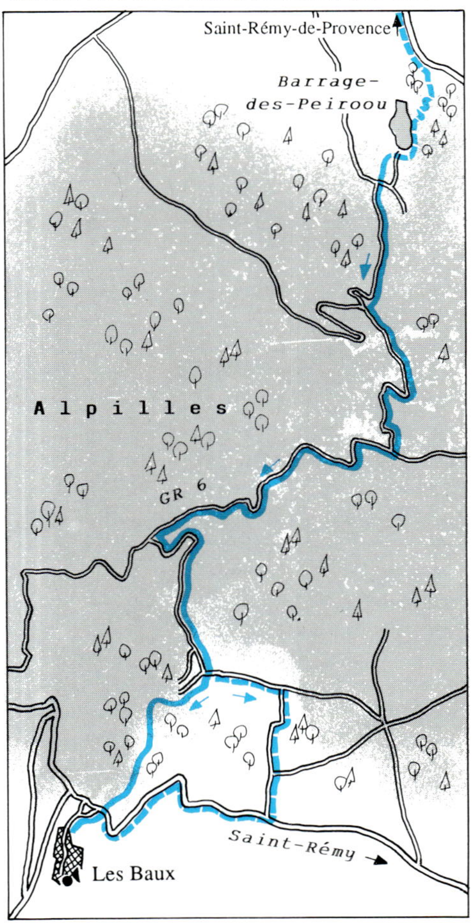

adäquaten Ausdruck fand. Das endgültige Aus brachte allerdings das Jahr 1631, in dem Les Baux in politische Händel verstrickt war und gegen Richelieu Stellung bezog. Der mächtige Staatsmann ließ keine Gnade walten und das Schloß von Les Baux in die Luft sprengen. Danach leerte sich der Ort auf weniger als ein Zehntel seines einstigen Einwohnerhöchststands. Ein wachsendes touristisches Interesse hat die Geisterstadt jedoch wieder in den Mittelpunkt gerückt, so daß ihr Besuch mittlerweile zum absoluten Muß für jeden gründlichen Provenceurlauber gehört. Neben dem Gewinn aus den nahen Bauxitvorkommen eine weitere wirtschaftliche Säule, die in erster Linie den neuerlichen Aufschwung Les Baux' trägt, wenngleich der Ausflüglertrubel und die kommerziellen Begleittöne dem geheimnisvollen Zauber des geschichtsträchtigen Dorfmuseums spürbar abträglich sind. Wer nach Resten glanzvoller Tage sucht, tut sich schwer. Vom dereinst gewaltigen Schloß sind mit Ausnahme des noch halbwegs intakten Donjon nur noch einige Architekturdetails übriggeblieben. Fast unversehrt hat hingegen die Saint-Vincent-Pfarrkirche die Jahrhunderte überdauert. Der älteste Teil stammt aus dem 12. Jahrhundert. Im 16. Jahrhundert wurden gotische Kapellen angefügt. Im 17. Jahrhundert kam noch ein weiteres Joch hinzu. Unter den Ausstattungspretiosen findet insbesondere ein Glasfenster Beachtung, das der Fürst von Monaco gestiftet hatte. Nicht ohne Grund: Der Sohn des Ministaat-Regenten schmückt sich mit dem Titel Marquis des Baux.

Wer nach ausführlicheren Informationen über das einstige Les Baux und verschwundene Grafenpalais verlangt, wird das Musée lapidaire et d'Archéologie besuchen, in dem Relikte des Prunkdomizils zu sehen sind. Außerdem gäbe es, so die Zeit reicht, noch ein Musée d'Archéologie régionale und ein Musée d'Art moderne, in dem alljährlich Wechselausstellungen mit Hauptwerken moderner Malerei inszeniert werden. Das aufschlußreichste Museum ist freilich das malerische, betagte Häuser- und Gassengewinkel von Les Baux, dem nur zu wünschen ist, daß es in der fürsorglichen Obhut besonnener Konservatoren nicht zum romantischen Bilderbuchklischee verkommt.

11 Quer durch die Alpilles

Dreitageerlebnis für Landschaftsgenießer

Landschaftsprächtige Tour mit zudem bedeutendem Kulturprogramm; relativ geringe Höhendifferenzen; maßvolle Tagesetappen; nur wenige etwas heiklere Wegstellen.

Die Alpilles erreichen mit ihrem höchsten Punkt nicht einmal die 500-Meter-Marke, sind jedoch dank ihrer interessanten, geradezu bizarr anmutenden Zergliederung in teilweise kühn hochfahrende Kalktürme von herausforderndem Reiz und solchermaßen eine touristische Attraktion erster Güte. Man sollte sich dieser Faszination nicht entziehen und eine Gesamtdurchquerung ins Auge fassen, die sich aus der Nähe betrachtet relativ unschwierig und mit maßvollem Müheaufwand durchführen läßt. Wir dürfen uns dabei mit einer stichwortartigen Routenbeschreibung und einer ergänzenden Kartenskizze begnügen, weil bei den vorgenannten Alpilles-Wanderungen ein Teil der Großroute und die kulturellen Glanzpunkte bereits vorweggenommen wurden.

Der Routenverlauf

1. Tag: Von Orgon nach Eygalières

220 Höhenmeter; 13 km; 4 bis max. 4½ Stunden.

Von *Orgon* (85 m; Parken beispielsweise bei der Kirche) entsprechend der Beschilderung südwärts in Richtung *Notre-Dame-de-Beauregard*. Auf einem gelb markierten Weg weiter und an den *Rochers d'Escalade* vorbei. Oberhalb des *Vallon de Lavau* zur *Plaine de Bonaud* und bei der Höhenmarke von 272 Metern unter einer Hochspannungsleitung hindurch. Weiter in die südwestliche Richtung und auf einem breiteren Forststräßchen im Rechtsbogen bis zur höchsten Wegstelle (294 m). Im Linksbogen des Fahrwegs geradeaus und nordwestwärts wieder ins Tal hinab. Vorbei an der malerisch plazierten *Saint-Sixte*-Kapelle und anschließend auf der *D 24b* nach *Eygalières*.

2. Tag: Eygalières – Saint-Rémy-de-Provence

270 Höhenmeter; 13 km; 5–6 Stunden.

Die zweite Etappe der Alpilles-Durchque-

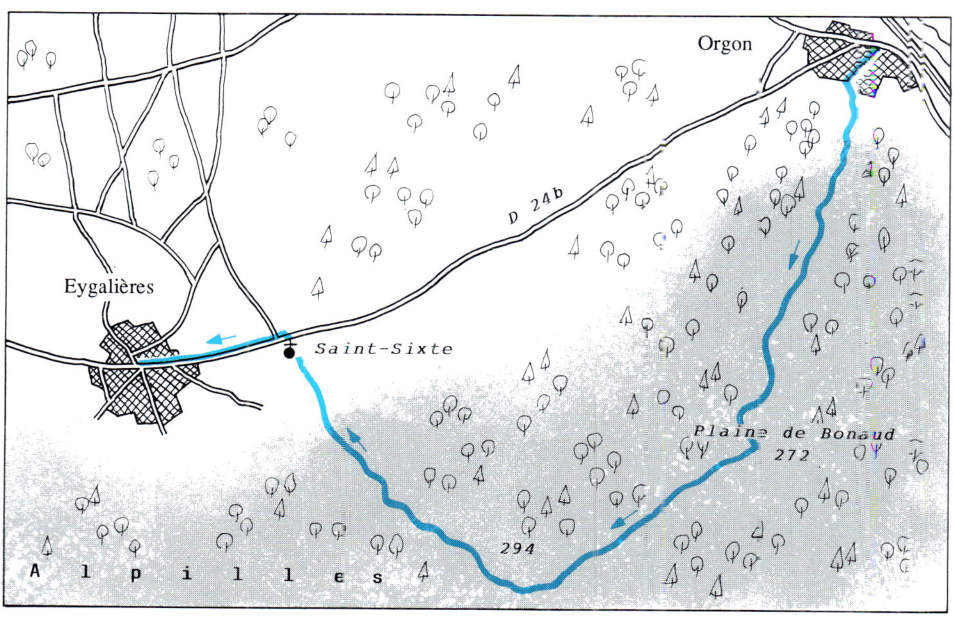

Die erste Etappe der Alpilles-Durchquerung führt von Orgon nach Eygalières. Kurz vor dem Tagesziel wird die Sainte-Sixte-Kapelle passiert, die zu den gefragtesten Fotomotiven der Provence zählt.

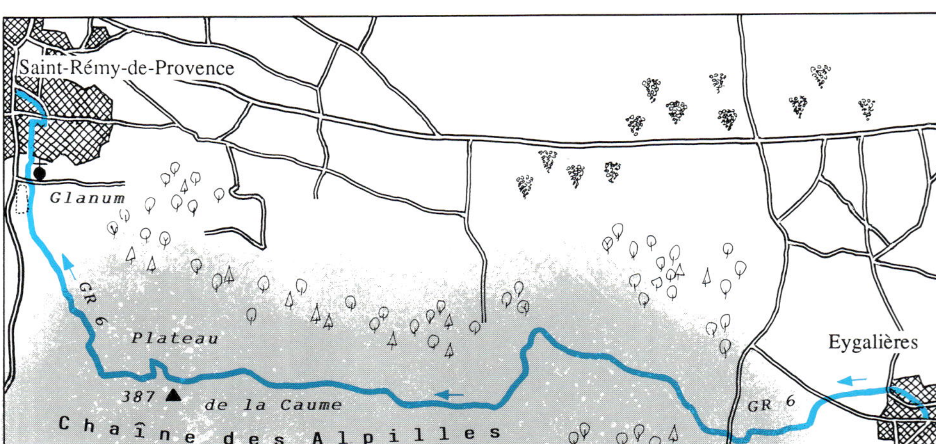

Der Barrage-des-Peiroou-Trinkwasserspeicher entfaltet ungewöhnliche landschaftliche Reize, mit denen man sich leider begnügen muß, weil jegliche Badefreuden strengstens untersagt sind.

rung bewegt sich vorwiegend auf der Kammhöhe und im Felsbereich, so daß einige Trittsicherheit vonnöten ist. Die Route entspricht der zuverlässig markierten *Grande Randonnée 6*. Nach dem Start in *Eygalières* (105 m) steigt der Weg zum *Plateau de la Caume* hinauf, erreicht den *Rocher Deux Trous* (387 m) und senkt sich anschließend mit steilen Passagen nach *Glanum* und *Saint-Rémy* hinab.

3. Tag: Saint-Rémy – Les Baux

Der Verlauf der dritten Tagesetappe von *Saint-Rémy* nach *Les Baux* ist bei den vorgenannten Touren 9 und 10 ausführlich beschrieben.

Touristische Angaben

Ausgangsort: Orgon (85 m).
Anfahrt: Von Avignon auf der A 7 bis zur Ausfahrt Cavaillon und über Plan d'Orgon nach Orgon.
Höhendifferenzen: 1. Tag: 220 m; 2. Tag: 270 m; 3. Tag: 220 m.
Weglängen: 1. Tag: 13 km; 2. Tag: 13 km; 3. Tag: 9,5 km.
Gehzeiten: 1. Tag: 4–4½ Stunden; 2. Tag: 5–6 Stunden; 3. Tag: 3–3½ Stunden.
Gîtes d'Etapes bzw. Übernachtungsmöglichkeiten: Eygalières, Tel. 90 95 90 57; Saint-Rémy, Tel. 90 92 06 14.
Karte: Cartes IGN 1:100 000, Nr. 66 Avignon – Montpellier.
Zusätzlicher Hinweis: Die Verkehrsverbindung zwischen Ausgangsort und Tourenziel (Bus nach Arles, Zug nach Avignon, Bus nach Orgon) ist derart umständlich, daß sie mehr als Theorie betrachtet werden muß. Besser ist es, wenn man, wie auch bei vergleichbaren Vorgängen an anderer Stelle schon empfohlen, bei Start und Ziel ein Fahrzeug stehen hat, wodurch sich die Rückbeförderung zum Ausgangspunkt wesentlich zeitsparender abwickeln läßt.

12 Stadtbummel durch Orange

Kleinstadtidylle mit großer Vergangenheit

Halbtagesunternehmung mit kontrastreichem Programm zwischen antiker Größe und malerischer Idylle; für Freunde römischer Baukünste ein ungetrübter Hochgenuß.

So fruchtig der Name der 26000-Einwohner-Stadt im Norden der Provence klingt, so ungesichert ist ein historischer Zusammenhang mit der Apfelsine herzustellen, wenngleich die Südfrucht kurioserweise im Wappen der Stadt geführt wird. Orange ist nämlich eine Abwandlung von Arausio, der einstigen Metropole der keltischen Cavarer, die 36 v. Chr. als Colonia Julia Firma Secundanorum Aurosio den Veteranen der zweiten gallischen Legion zufiel. Diese nisteten sich am Fuß des Saint-Eutrope-Hügels komfortabel ein und genehmigten sich ein pompöses Freilichttheater, dessen 103 Meter lange und 37 Meter hohe Bühnenwand noch heute in voller Größe dasteht. Zusammen mit dem Halbrund der hangangelehnten Zuschauerränge gilt das Theater von Orange demnach als besterhaltenes derartiges Relikt aus der Blütezeit des römischen Riesenreichs, so daß der Bildungstourist dem Städtchen ansonsten keine Beachtung schenkt.
Wenngleich Orange gegenüber der Römerzeit aber nur noch ein Viertel damaliger Größe hat, atmen die verträumten Winkel und malerischen Motive des alten Zentrums um die Place Clemenceau durchaus internationales Flair und provençalische Behaglichkeit, so daß ein kleiner Rundgang keinesfalls bereut wird. Außerdem gibt es nördlich außerhalb der Altstadt mit einem Triumphbogen römischer Herkunft ein weiteres antikes Monument zu betrachten, das ebenso die lange Zeitspanne nahezu unversehrt überdauerte und lediglich unter dem Makel leidet, inmitten einer lebhaft frequentierten Autoachse zu stehen.
Zwischen einstiger Römer- und heutiger Tourismusblüte liegt eine unruhige Geschichte, die sich mehr als anderswo auf recht verschlungenen Pfaden bewegte. So verwandelte sich zunächst einmal durch den Westgoteneinbruch zu Beginn des 5. Jahrhunderts der antike Glanz in düstere Barbarei. Unter Karl dem Großen erfolgte die Erhebung zur Grafschaft Orange. Diese fiel im 12. Jahrhundert an die dereinst mächtigen Fürsten von Les Baux. Als nächster kam der französische König Franz I. ans Ruder. Im Frieden von Cateau-Cambrésis 1559 ging Orange aus der Hand der französischen Krone jedoch bereits wieder an Wilhelm von Nassau über. Dem deutschen Haus Nassau-Dillenburg war indessen gleichwohl kein langes Dasein beschieden, weil die nachfolgende Linie Nassau-Oranien, gleichzeitig Statthalter der Niederlande, im Verlauf des niederländischen Befreiungskriegs das mittlerweile befestigte Orange wieder an Frankreich verlor. 1673 ließ Ludwig XIV. die Festung schleifen. Nach dem französischen Intermezzo folgte noch mal ein englisches, dann preußisches Zwischenspiel. Erst durch den Vertrag von Utrecht 1713 war das Ende der Odyssee erreicht und Orange endgültig zu Frankreich zurückgekehrt. 1791 wurde es mitsamt der Grafschaft Venaissin ins Departement Vaucluse eingegliedert.
Trotz der vielen Hände, die also mit im Spiel waren, blieb der Geist der Römer neben den zwei Baudenkmälern auch in Form der Zufahrtsstraßen erhalten, die in Reißbrettperfektion von allen Seiten die Stadt ansteuern und dementsprechend den genialen antiken Straßenbauern alle Ehre machen würden. So gesehen könnte man den Rundgang von etli-

Die mächtige Bühnenwand des antiken Theaters von Orange hat der Sonnenkönig Ludwig XIV. als die schönste Mauer in seinem Reich bezeichnet. Ein Lob, das an Aktualität nichts verloren hat.

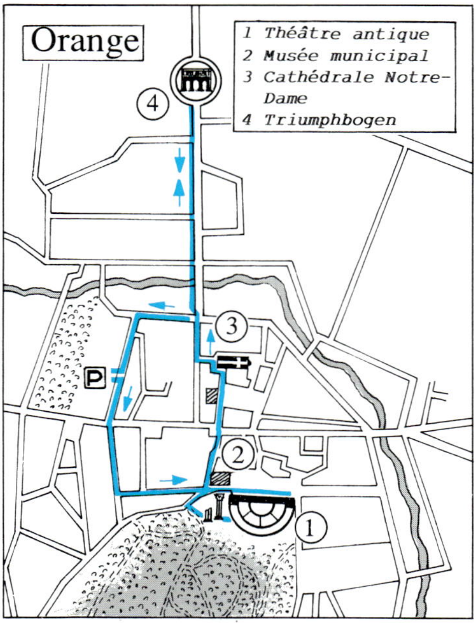

chen Punkten aus beginnen. Beispielsweise, wenn man auf der Autobahn und vom Westen her anreist, beim Tourismusbüro am Cours Aristride Briand am Westrand der Altstadt, wo auch geräumige Parkflächen zur Verfügung stehen und außerdem ein kleiner informativer Stadtplan erhältlich ist.

Stadtrundgang

Wenn man das Auto untergebracht hat (in der Hochsaison gelegentlich eine Geduldsprobe!), spaziert man auf dem *Cours Aristide Briand* in die südliche Richtung, dann linkshaltend auf das bereits sichtbare *Théâtre antique* (1) zu, entrichtet seinen nicht zu knapp bemessenen Obolus (der allerdings auch fürs Museum gilt), schreitet an den Ruinen eines Tempelfelds vorbei und betritt das gewaltige Halbrund der antiken Freilichtbühne.

Nachdem die monumentale Bühnenwand und die bestens erhaltenen Zuschauerränge ausführlich betrachtet und bewundert sind, wird man als nächstes das *Musée municipal* (2) aufsuchen, das nordwestlich vom Théâtre antique jenseits der *Rue du Pontillac* wartet und neben anderen bedeutenden Exponaten auch Bruchstücke des berühmten Marmor-Katasters der einstigen römischen Veteranenkolonie Arausio vorzeigen kann.

Im Anschluß an die beeindruckende Rückschau auf die einstige Herrlichkeit geht's auf der *Rue du Mazeau* nordwärts, dann schräg rechts zur *Place de la République*. Gleich darauf ist man auf der *Place Georges Clemenceau,* die west- und nordseitig vom Rathaus und der *Cathédrale Notre-Dame* (3) gesäumt wird. Das tourismusbeliebte und international belebte Herz des heutigen Orange ist natürlich eine ausführlichere Pause wert. Dann wird man noch das schöne gotische Portal der Kathedrale angemessen würdigen, dem süßlichen Inneren des Gotteshauses als geübter Kunstkenner hingegen keine besondere Beachtung schenken, und schließlich schräg links zum *Boulevard Victor Hugo* weiterschlendern, der sich als heiter gestimmte Fußgängerzone entpuppt.

Das Künstlerfluidum und die Nonchalance bleiben uns jedoch nur für kurze Zeit erhalten, weil's zum zweiten antiken Großereignis, dem *Triumphbogen* (4), halt nur den Gehsteig neben der vielbefahrenen *Avenue de l'Arc de Triomphe* gibt, die in der Fortsetzung nach Lyon führt. So beißt man zwangsläufig in den sauren Apfel und versucht, die lästige Pflichtetappe möglichst rasch hinter sich zu bringen.

Zuletzt geht's auf der *Rue Lacour* oder auf dem *Boulevard Victor Hugo* und auf der *Rue Saint-Martin* wieder zum Ausgangspunkt zurück, wo etliche Cafés und Restaurants dem müden Stadtbummler ihre hilfreichen Dienste anbieten.

Touristische Angaben

Ausgangspunkt: Beispielsweise beim Tourismusbüro am Cours Aristide Briand an der Westseite der Altstadt, wenn man von der Autobahn und vom Westen ankommt.
Anfahrt: Sternförmige Zufahrtsstraßen aus allen Himmelsrichtungen, trotzdem wohl am schnellsten und günstigsten vom Westen und von der Autobahn her (reichliche, lediglich in der sommerlichen Hochsaison knappe Parkmöglichkeiten neben dem Tourismusbüro bzw. Cours Aristide Briand).
Weglänge: Unter Einbeziehung der obligaten Besichtigung des abseits und an der starkbefahrenen N 7 gelegenen Triumphbogens knappe 4 km.

Der dreiteilige Triumphbogen ist ein weiterer beredter Beweis für die antike Hochblüte von Orange. Über seinen Standort an einer vielbefahrenen Autoachse täuscht das Foto allerdings dezent hinweg.

Zeitaufwand: Trotz der eingehenden Besichtigung der antiken Denkmäler ist nicht mehr als ein halber Tag einzuplanen.
Karten: Michelin 1:200000, Nr. 245 Provence – Côte d'Azur (für die Anfahrt); kleiner Stadtplan (kostenlos im Tourismusbüro am Cours Aristide Briand erhältlich).
Sehenswürdigkeiten (in der Reihenfolge des Rundgangs):
1. *Antikes Theater:* Die 103 Meter lange und 37 Meter hohe Außenfront dieses mit am besten erhaltenen und größten Theaterbaus der römischen Antike schätzte bereits der Sonnenkönig Ludwig XIV. als »die schönste Mauer« seines Imperiums. Wenngleich die Riesenanlage während der Befestigung von Orange in der Ära Nassau-Oranien als Steinbruch diente, ist im Gegensatz zu Arles die Demontage in Grenzen geblieben. Das Zuschauerhalbrund nutzt geschickt die Hanglage und konnte wenigstens 10000 Personen fassen. Die mehrgeschossige Bühnenwand war einstens mit Marmor verkleidet sowie durch Portale, Figurennischen und anderes abwechslungsvoll gegliedert. Eine Andeutung vermittelt die dreieinhalb Meter hohe Augustusstatue, die aus Bruchstücken wieder zusammengesetzt und in der Wand aufgestellt wurde. Bühnentechnik und Zuschauerkomfort waren bereits zur Römerzeit beachtlich ausgeprägt. So gab es Sonnen- und Regenschutzvorrichtungen und ebenso die raffinierte Konstruktion eines Bühnenvorhangs während des Szenenwechsels.
Neben dem erstaunlich gut erhaltenen antiken Theater, das seit 1869 für alljährliche Theater- und Opernfestspiele einen denkbar eindrucksvollen Rahmen abgibt, sind noch die bescheidenen Reste einer weiteren anti-

ken Großanlage zu besichtigen, deren Aussehen und Funktion den Archäologen nach wie vor erhebliche Rätsel aufgibt. Ob Forum, Gymnasion, Zirkus oder Tempel bleibt also vorerst noch ungewiß, wenngleich die Tempel-Theorie mittlerweile an Boden gewinnt. Sicher ist nur, daß die Anlage nicht den westgotischen Barbaren, sondern dem Nassau-Oranier Wilhelm dem Schweiger zum Opfer fiel, der sich ein befestigtes Orange in den Kopf setzte und für die Trutzmauern die Römerrelikte als Baumaterial heranzog.

2. *Musée municipal:* Das Museum enthält neben einer Sammlung über das alte Orange und einer Gemäldegalerie insbesondere im Musée lapidaire eine Reihe aufschlußreicher und wertvoller Exponate über die Römerzeit, so die Bruchstücke eines in gewaltige Marmortafeln eingravierten Katasters über das antike Arausio.

3. *Cathédrale Notre-Dame:* Das Gotteshaus an der Place Georges Clemenceau stammt aus der Romanik und wurde späterhin weitgehend entstellt und seiner ursprünglichen Qualitäten beraubt. Außer dem schönen gotischen Portal gibt es für den Kunstexperten im Inneren keine bemerkenswerten Details.

4. *Arc de Triomphe:* Der dreiteilige Triumphbogen steht nördlich außerhalb der Altstadt mitten auf der heutigen N 7, die nach Lyon führt und dementsprechend stark befahren ist. Wer sich dieses besterhaltene römische Bogentor im gallischen Raum auf Schusters Rappen redlich erwandern will, muß mit einem Gehsteig neben der einstigen Via Agrippa und heutigen Nationalstraße vorliebnehmen und mit Autolärm zurechtkommen. Wer dagegen nicht gefeit ist, fährt also das kurze Stück mit dem Wagen.

Das Tor war im 13. Jahrhundert von Raymond des Baux in eine regelrechte Burg mit Zinnenturm verwandelt worden und erst zwischen dem 18. und 20. Jahrhundert zu seiner ursprünglichen Gestalt gelangt. Als Entstehungsdatum hat man sich nach einigem Hin und Her auf die Jahre 21 bis 26 n. Chr. geeinigt. Der üppige und temperamentvoll vorgetragene Reliefschmuck widmet sich hauptsächlich den römisch-gallischen Auseinandersetzungen und der stolz verdeutlichten Überlegenheit der römischen Legionäre.

13 Drei Tage in den Dentelles de Montmirail

Rebengärten und Kalkzacken

Von Tag zu Tag anspruchsvollere Bergwanderung; großartige Landschaftsszenerie und verlockende Tafelfreuden; solide Kondition und Trittsicherheit im Felsgelände unbedingte Voraussetzung; am schönsten zweifelsohne im Herbst.

Im Gegensatz zum breit hingelagerten Ventoux-Massiv, das erhaben und dominierend über der nördlichen Provence thront, setzen sich die westlich angrenzenden Dentelles de Montmirail mit anderen Qualitäten in Szene, die eher den versierten Kraxlern die Herzen höher schlagen lassen. Wie der Name schon sagt, sind die Dentelles nämlich ein wild zerklüfteter Kalkzackenkamm, der unvermittelt aus den grünen Wald- und Gebüschteppichen emporschießt. Eine schöne Straße führt mitten hindurch und an den bizarren, über siebenhundert Meter hohen Felsfluchten vorbei und gibt dem Autotouristen wenigstens die Chance eines flüchtigen Bilderbucheindrucks. Ungleich erlebnisvoller gestaltet sich indessen die mehrtägige Wanderung von Vaison-la-Romaine über Séguret und Gigondas nach Beaumes-de-Venise, die auf verschlungenen und stellenweise aufregend-vergnüglichen Pfaden die ganze Parade der Steintürme abnimmt und jedem Naturgenießer wahre Augenfeste beschert. Außerdem kommen auch die Kultur- und Gaumenfreuden zu ihrem Recht, weil Vaison mit seiner romantischen, zwischendrin nahezu verfallenen Oberstadt und seinen römisch-antiken Hinterlassenschaften für den Provence-Bildungsreisenden als allererste Adresse gilt und ebenso der Ruf dieser Gegend als exzellentes Weinrevier bereits seit Römerzeiten gefestigt ist. Ein sportlich-kulinarisch-kulturelles Rundumvergnügen also, das jedem Geschmack entgegenkommt. Nur, wie schon angedeutet: Die letzten Etappen kommen rasanter zur Sache und verlangen schon einige Routine im Umgang mit unruhigerem Felsgelände. Aber das weiß ja jeder besonnene Wanderer selbst, wo seine Grenzen liegen!

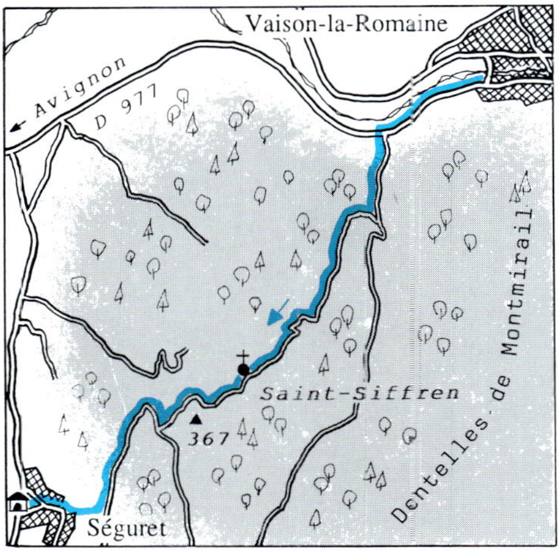

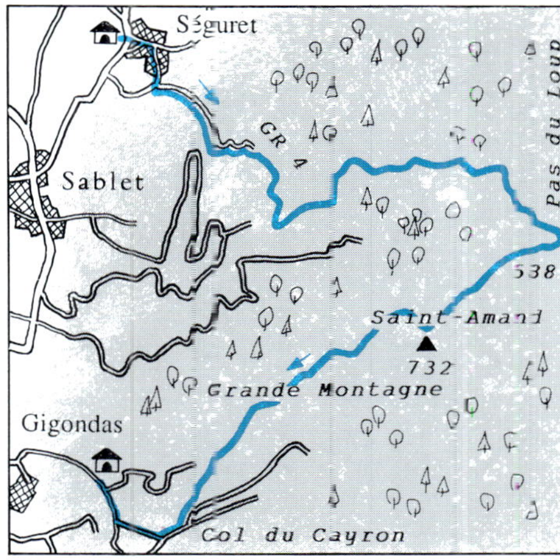

Der Routenverlauf

1. Tag: Vaison-la-Romaine – Séguret

250 Höhenmeter; 8,4 km; 2½ Stunden.
In *Vaison-la-Romaine* (200 m) südlich der *Ouvèze* auf der D 977 in Richtung Avignon, dann bei einem Steinbruch beziehungsweise beim Ortsausgangsschild linksabzweigend (Wegweiser: Sentiers Pedestres, GR de Pays, Tour du Massif des Dentelles de Montmirail, 35 km, 15 Stunden). In Nachbarschaft des *Malmont*-Bachs südwestlich zur *Saint-Siffren-Kapelle.* Weiter in die südwestliche Richtung und zu einem blau markierten Weg. Auf diesem rechts, dann im Linksbogen zu einem gelb gekennzeichneten Weg, dem ebenfalls rechtsgerichtet gefolgt wird. In westlicher, dann nördlicher, schließlich wieder westlicher Richtung zur weiß-rot markierten *GR 4* und auf dieser südwärts nach *Séguret.* Hier zur Herberge am südwestlichen Ortsausgang neben der D 23 in Richtung Sablet. Die freundliche Auberge wird von Monsieur Henri Fontin betreut, der in den Dentelles bestens bewandert ist und zu diesbezüglichen Fragen bereitwilligst Auskünfte erteilt.

2. Tag: Séguret – Gigondas

680 Höhenmeter; 15 km; 5–6 Stunden.
Von *Séguret* (260 m) auf der bestens markierten und unverfehlbaren *GR 4* in südöstlicher Generalrichtung (der Weg wechselt zwischendrin des öfteren die Richtung) und vorwiegend aufwärts zum *Pas du Loup* (588 m). Hier von der GR 4 rechtsabzweigend auf einen blau markierten Weg und über die Südostflanke des *Saint-Amand* zuletzt zum höchsten Punkt mit einem Gipfelkreuz (732 m). Auf dem blau gekennzeichneten Weg noch kurz in die westliche Richtung, dann entsprechend der gelben Markierung in die südwestliche Richtung und hinauf zur *Grande Montagne* (594 m). Schließlich vom *Col du Cayron* nordwestwärts auf blau bezeichnetem Weg bis zur *C.A.F.-Hütte* vor Gigondas (Refuge des Florets), die 350 Meter hoch liegt.

3. Tag: Gigondas – Beaumes-de-Venise

680 Höhenmeter; 15 km; 6 Stunden und mehr.
Von der *C.A.F.-Hütte* (350 m) zuerst nach *Gigondas.* Hier entsprechend der GRP-Markierung auf einem Sträßchen südwärts und bald auf einem links abzweigenden Wanderpfad (blaue Kennzeichnung) zu den *Dentelles Sarrasines* hinauf. Vorbei am *Rocher du Turc* (627 m), dann nicht linksgerichtet zum Col du Cayron, sondern weiter am Kamm in die nordöstliche Richtung. Sehr steil bergab und auf einer Höhe von 277 Metern auf die Straßenverbindung von Gigondas nach Lafare. Auf dieser südostwärts und empor zu einer Schlucht. Nach einigen Windungen und an der Stelle, an der die Straße wieder südwärts nach Lafare abzusteigen beginnt, rechtsabbiegend auf einen weiß gekennzeichneten Weg, der zum *Clapis*-Felskamm zügig hin-

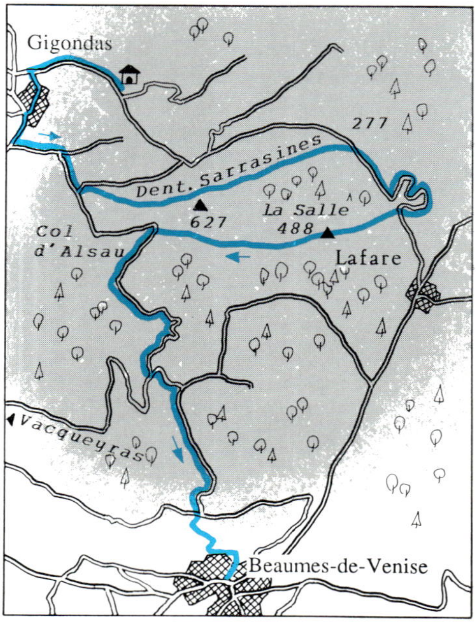

aufsteigt. Nach Überwindung des höchsten Punkts (488 m) leicht abwärts und auf einer Höhe von 464 Metern zu einem gelb markierten Weg. Auf diesem westwärts und auf der Nordseite der *Grand-Montmirail*-Zeile zum *Col d'Alsau*. Hier auf eine südwärts führende Straße. Bei der Rechtsabzweigung der in Richtung Montmirail/Vacqueyras führenden Straße linkshaltend. Dann wieder rechtsgerichtet und nach *Beaumes-de-Venise* hinab (150 m).

Touristische Angaben

Ausgangspunkt: Vaison-la-Romaine (200 m).
Anfahrt: Von Avignon entweder auf der N 7, dann D 977, oder auf der D 942, dann D 938 über Carpentras und Malaucène.
Höhendifferenzen: 1. Tag: 250 m; 2. Tag: 680 m; 3. Tag: 680 m.
Weglängen: 1. Tag: 8,4 km; 2. Tag: 15 km; 3. Tag: 15 km.
Gehzeiten: 1. Tag: 2½ Stunden; 2. Tag: 5–6 Stunden; 3. Tag: 6 Stunden und ggf. etwas darüber.
Karten: Michelin 1:200000, Nr. 245 Provence – Côte d'Azur (für die Anfahrt); Éditions Didier Richard 1:50000, Nr. 27 Massif du Ventoux.
Gîtes d'Etapes bzw. Nachtquartiere: Séguret, Tel. 90 46 93 31; Gigondas, C.A.F.-Hütte, Tel. 90 65 85 35.
Verkehrsverbindungen zum Ausgangspunkt: Busse von Beaumes-de-Venise nach Carpentras und Vaison-la-Romaine. Weitaus bequemer und (in der Regel) zeitsparender ist's natürlich, wenn die Wandergruppe mit zwei Autos unterwegs ist und am Ausgangs- wie Zielort jeweils ein Fahrzeug stehen hat.

Die Dentelles de Montmirail in Nachbarschaft des Mont Ventoux präsentieren sich als kleiner, aber markant ausgeprägter Gebirgszug. Die dreitägige Durchquerung ist demnach von großem Reiz.

Besonderer Hinweis: Der Herbergswirt von Séguret, Monsieur Fontin, ist nicht nur ein exzellenter Gebietskenner, sondern ebenso der Herausgeber und Kartograph einer ausgezeichneten Wanderkarte, auf der alle Dentelles-Routen in den jeweiligen Markierungsfarben sorgfältig eingezeichnet sind. Wer mit diesem Wegeplan durch das Montmirail-Felsrevier streift, kann sich kaum noch verlaufen oder versteigen. Des weiteren lassen sich dem Kartenblatt diverse Routenvarianten entnehmen, so daß auch zwei Wanderwochen in den Dentelles de Montmirail kaum zu lange würden.

Sehens- und Wissenswertes:

1. *Dentelles de Montmirail:* Der kühne Kalkzackenkamm zwischen Gigondas und Malaucène gehört geographisch gesehen als westlichster Ausläufer noch zum Ventoux-Massiv. Mit ihrer bizarren Formenvielfalt lokken die Dentelles viele Ausflügler und Wanderer, die ein bestens betreutes und zuverlässig markiertes Wegenetz vorfinden, das keinerlei Orientierungsprobleme aufkommen läßt.

Die höchste Erhebung, der Pic Saint-Amand, erreicht 732 Meter. Neben einer ausnehmend reizvoll angelegten und über den Col

Das malerische Séguret ist die erste Station auf der Dentelles-Runde. Hier findet sich auch eine freundliche Herberge, deren Wirt als exzellenter Gebietskenner in Routenfragen gerne weiterhilft.

du Cayron führenden Autostraße kann der Fußwanderer die Schönheit und Vielgestalt der Dentelles de Montmirail noch um einiges eindrucksvoller im Verlauf einer 35-Kilometer-Großrunde oder im Rahmen kleinerer Unternehmungen, wie etwa der vorgenannten 3-Tage-Tour von Vaison-la-Romaine nach Beaumes-de-Venise, in sich aufnehmen.

2. *Vaison-la-Romaine:* Die Stadt zu beiden Seiten der Ouvèze war schon zu Römerzeiten reich und einflußreich geworden. Cäsar verlieh ihr den begehrten Status einer »civitas foederata«. Die von mäzenatischer Hand unterstützten Ausgrabungen in den Stadtteilen Puymin und Villasse verdeutlichen den Glanz des antiken Vaison. Mit dem Niedergang Roms und dem gleichzeitigen Ansturm barbarischer Stämme verschwand Vaison für längere Zeit von der Bildfläche. Erst mit dem Grafen von Toulouse, der auf der Anhöhe südlich der Ouvèze eine mächtige Burg errichtete, stieg der Stern Vaisons von neuem auf. In dieser Zeit entstand am Fuß des Festungshügels eine wohlhabende Patriziersiedlung. Im 18. Jahrhundert fand jedoch das nordseitige Ufer wieder gesteigerten Zuspruch, so daß die feudale »Oberstadt« jenseits des Flusses verfiel. Erst in Zeiten wachsenden touristischen Interesses wird dem malerischen Gewinkel der ansteigenden Straßen und Häuserzeilen unter der Hochschloß-Ruine wieder gesteigerte Aufmerksamkeit und denkmalpflegerische Fürsorge zuteil.

Die große Dentelles-Wanderung beginnt in Vaison-la-Romaine, das mit seinen umfangreichen Römerrelikten wie mit seiner romantischen Oberstadt (im Bild) am südlichen Ouvèze-Ufer seine Besucher beeindruckt.

14 Auf den Mont Ventoux, 1910 m

Zur Wiege des Alpinismus

Ab Mont Serein lediglich ein Halbtagesprogramm; harmlose Bergwanderung auf die höchste und aussichtsreichste Erhebung der Provence; am schönsten im Frühjahr und Herbst.

Allein dem unstillbaren Höhendrang des italienischen Dichters Francesco Petrarca verdankt der Mont Ventoux einen alpingeschichtlichen Sonderrang. Am 24. April 1336 erfüllte sich nämlich der Renaissacepoet einen langgehegten Wunsch und bestieg mitsamt seinem jüngeren Bruder Gerardo den exponierten Voralpen-Fastzweitausender, der ihn wie ein Götterthron in seinen Bann zog. Eine alpinistische Pioniertat, die erst ein halbes Jahrhundert später ihre Fortsetzung fand, als Bonifacio Rotario d'Asti den 3537 Meter hohen Rocciamelone in den Grajischen Alpen eroberte. Petrarcas Leistung war um so erstaunlicher, als zu seiner Zeit die Gebirgsregionen noch im Ruf gefahrvoller Ungastlichkeit standen und von jedem vernünftigen Menschen nach Möglichkeit gemieden wurden. Außerdem konnten die Petrarca-Brüder noch auf kein zuverlässiges Kartenmaterial zurückgreifen, geschweige denn auf gediegene Wege hoffen, die sie sicher ans Ziel brachten. Zudem machte sich das Zweiergespann bereits am Fuß des Ventoux auf die Socken, so daß immerhin stramme sechzehnhundert Höhenmeter anstanden. Trotzdem war die erste historisch verbürgte Bergtour offensichtlich ein voller Erfolg. Jedenfalls schrieb der Dichter noch am Tag der strapaziösen Unternehmung in sein Tagebuch: »Den höchsten Berg dieser Gegend, den man nicht unverdientermaßen Ventosus, den Windumtosten, nennt, habe ich heute bestiegen. Dabei trieb mich einzig die Begierde, die ungewöhnliche Höhe dieses Flecks Erde durch Augenschein kennenzulernen. Viele Jahre hatte mir dieses Unternehmen im Sinn gelegen[...]. Zuerst stand ich, durch einen ungewohnten Hauch der Luft und den ganz freien Rundblick bewegt,

Der langgezogene Gipfelrücken des Mont Ventoux ist von hellem Schutt bedeckt, so daß sich dem Provence-Neuling aus der Ferne in aller Regel die Vision von einer Schneehaube aufdrängt.

einem Betäubten gleich. Ich schaute zurück nach unten: Wolken lagerten zu meinen Füßen, und schon sind mir Athos und Olymp minder unglaublich geworden, da ich das, was ich über sie gelesen und gehört, schon auf einem Berg von geringerem Ruf zu sehen bekomme. Ich richte nun meine Augen nach der Seite, wo Italien liegt, nach dort, wohin mein Geist sich so sehr gezogen fühlt: Die Alpen selber – eisstarrend und schneebedeckt – erschienen mir greifbar nahe, obwohl sie durch einen weiten Zwischenraum getrennt sind.«
Seit Petrarcas Tagen hat sich natürlich so

manches getan. Zumal im Verlauf des letzten Jahrhunderts geriet der Mont Ventoux, dessen weiße Schutthaube wie ein Schneegipfel über den sonnigheißen Talböden leuchtet, in einen massiven zivilisatorischen und touristischen Zugriff. So ist der höchste Punkt nicht nur auf einer komfortablen Fahrstraße erreichbar, sondern auch mit Wetterstation, Radaranlage und Fernsehsender zugepflastert, so daß sich die Illusion von naturbelassener Urwüchsigkeit schnell legt. Außerdem sind die Nordhänge des Ventoux im Winter beliebte Skireviere und als solche mit den gängigen technischen Attributen ausgestattet, die auch dem Sommerwanderer nicht gerade zur reinsten Augenweide gereichen. In der Summe stellt sich also durchaus die Frage, ob sich ein Nachvollzug der alpinistischen Ouvertüre heute noch auszahlt. Eine Skepsis, die sich beim näheren Hinsehen jedoch nur teilweise bestätigt. Wenngleich man das stille Gipfelglück vergeblich sucht, ist doch die fabelhafte Umsicht auf die Westalpen und auf die Provence mit dem Spiegel des Mittelmeers von unveränderter Schönheit und Vielgestalt. Außerdem ist der Serpentinenweg von Mont Serein herauf dank der bequemeren Autobeförderung nur noch sporadisch in Gebrauch, wodurch dem trubelallergischen Naturapostel ein paar friedliche und erholsame Wanderstunden ins Haus stehen. Unter derlei Vorzeichen können Schusters Rappen der Benzinkutsche nach wie vor Paroli bieten.

Der Wegverlauf

Wer beispielsweise von *Avignon* zur Ven-

toux-Besteigung anreist, fährt zunächst in nordöstlicher Richtung nach *Carpentras,* folgt am Nordrand der Stadt der Wegtafel nach Malaucène, passiert das imposant hochgelegene *Le Barroux* und erreicht schließlich das verwinkelte 2000-Seelen-Städtchen *Malaucène,* in dem der erste nach Frankreich emigrierte Papst zunächst einmal seine Zelte aufschlug und auch einige Spuren hinterließ. Von der östlichen Umgehungsstraße der geschichtsträchtigen und durchaus besuchenswerten Siedlung zweigt dann ostwärts die 21 Kilometer lange Kurvenstraße auf den Mont Ventoux ab, dessen schneeweißes Haupt schon während der Anfahrt die Szenerie beherrschte und alle Blicke auf sich zog. Die Auffahrt überwindet vom 317 Meter hoch gelegenen Malaucène bis zum höchsten Punkt, der mit 1910 Metern nur wenig unter der 2000-Meter-Marke bleibt, die stolze Höhendifferenz von 1600 Metern und enthebt den gehträgen, motorisierten Gipfelstürmer jeglicher Mühewaltung.
Wer auf gesunden Beinen steht und einigen Bewegungsdrang in sich verspürt, wird allerdings wie gesagt bei der Straßenteilung unterm Gipfelstock linksgerichtet dem Hinweis- und Ortsschild nach *Mont Serein* (1399 m) folgen, auf der Teerstraße durch die ganze Ferien- und Skifahrersiedlung bis zu einem Großparkplatz fahren und hier sein Auto abstellen.
Der Einstieg zum Mont Ventoux ist nicht unbedingt leicht zu finden (bei unseren Recherchen im Spätsommer 1990 fehlte zunächst jegliche Markierung). Um sicher zu gehen, marschiert man also vom Caravan- und Campingplatz am Ostrand der Urlaubssiedlung auf einer ungeteerten Straße ca. 300 Meter in die östliche Richtung und vertraut sich dem hier rechtsabzweigenden Karrenweg an, der gleich im leichten Linksbogen ebenfalls in die östliche Richtung schwenkt. Nach einiger Zeit heißt es dann aufpassen, weil der geradeaus weiterziehende Waldweg entsprechend dem Hinweisschild in Richtung Brantes führt, während unser Ventoux-Steig rechts abbiegt (Markierung *GR 4!*).
Der Pfad strebt in langgezogenen Serpentinen geruhsam empor und hält sich zunächst im schattigen Gehölz auf. Bei einer weiteren Wegteilung ist erneut gesteigerte Aufmerksamkeit geboten, damit die scharfe rechts abzweigende Fortsetzung des Ventoux-Weges nicht verfehlt wird. Gelbe und rot-weiße Markierungen leisten allerdings wertvolle Orientierungshilfe, so daß zumindest der kartenkundige Routinier kaum in ernsthafte Verlegenheit gerät.
Nach dieser bereits dritten pfadfinderischen

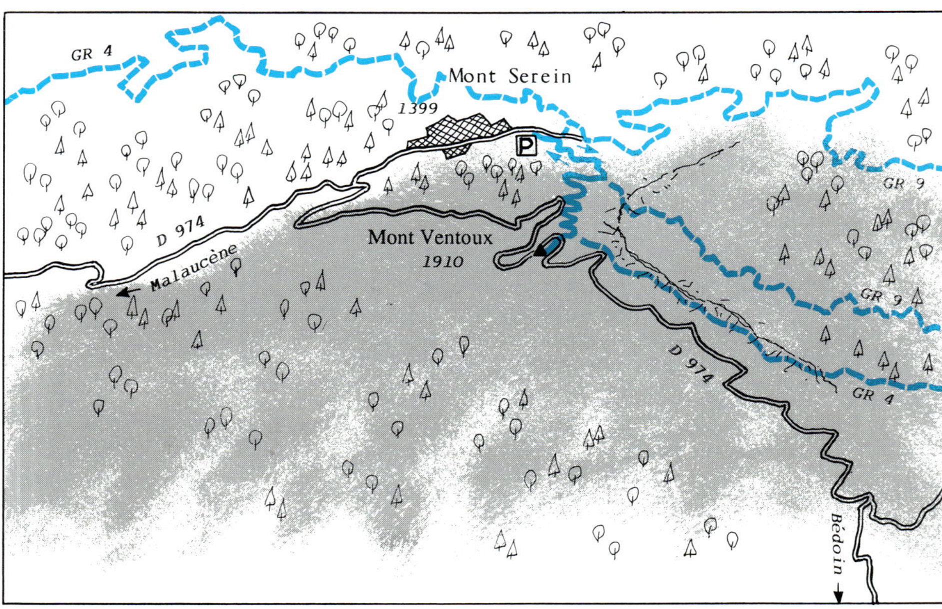

Die Feriensiedlung Mont Serein am Fuß der Ventoux-Nordhänge ist der Ausgangspunkt unserer kleinen Bergwanderung, die in Anbetracht der kommoden Autotrasse verständlicherweise recht still ausfällt.

Bewährungsprobe gewinnt der Serpentinensteig weiter an Höhe und verläßt allmählich den Waldschatten. Immer wieder werden steile Schuttströme überquert, ohne daß der Wanderer auf dem soliden Weg auch nur einmal heikleren Aufgaben gegenübersteht. Zuletzt geht's in weit ausholenden Schleifen den sonnigen Gipfelhang hinauf und noch einmal an einer Wegteilung vorbei, wo abermals dem nach rechts gerichteten Weg gefolgt wird. Dicht unterm *Ventoux*-Gipfel und vor der letzten Straßenkehre erreicht man schließlich die lebhaft frequentierte Autostraße, auf der das unruhige Finale bis zum höchsten Punkt erfolgt.
Nachdem die wahrlich einzigartige Gipfelumsicht angemessen ausgekostet ist, wird man sich als stillesuchender Bergfreund natürlich schnell wieder vom Tourismusgedrängel verabschieden und die Brotzeit für den Abstieg aufheben, der auf der gleichen Route erfolgt. Wer weise vorausschaut, wird sich also schon beim Herweg für die Verpflegungsrast ein besonders lauschiges Fleckerl aussuchen.

Touristische Angaben

Ausgangspunkt: Mont Serein (1399 m).
Anfahrt: Von Orange oder von Avignon in südöstlicher bzw. nordöstlicher Richtung nach Carpentras und in nördlicher Richtung auf der D 938 nach Malaucène, dann auf bezeichneter, kurvenreicher Straße ostwärts in Richtung Mont Ventoux und zuletzt linksabzweigend nach Mont Serein. Dort stehen genügend Parkmöglichkeiten zur Verfügung.
Höhendifferenz: 510 m.
Gehzeiten: Aufstieg 1¾ bis max. 2 Stunden, Abstieg 1¼ Stunden.
Karten: Michelin 1:200000, Nr. 245 Provence – Côte d'Azur (für die Anfahrt); Édition Didier Richard 1:50000, Nr. 27 Massif du Ventoux.
Wissens- und Sehenswertes:
1. *Mont Ventoux:* Der höchste Berg der Provence steht völlig frei in der Landschaft und ist dementsprechend mit seinem fabelhaften, gänzlich ungestörten Rundumblick eine erstrangige Touristenattraktion. Sein breiter Gipfel leuchtet auch im Sommer schneeweiß, ein Phänomen, das vom hellen Schutt

im obersten, vegetationsfreien Bereich herrührt. Im Winter wird der »Mons Ventosus«, der Berg der Winde, seinem Ruf rauher Unwirtlichkeit besonders gerecht. In der kalten Jahreszeit sinken die Temperaturen zum Gipfel hin bis zu 27 Minusgraden. Der Schnee hält sich in den Hochlagen oft bis in den April hinein. So gesehen ist die unübersehbare Vermarktung als Skiberg durchaus verständlich. Auch sonst sind die zivilisatorischen und touristischen Zugeständnisse reichlich vertreten, so daß man angesichts des total überbauten und mit einer Ringstraße bestens erschlossenen Gipfels nur noch in glücklichen Momenten allein sein kann.
Am 24. April 1336 machte der Mont Ventoux Alpingeschichte, als der »Vater des Alpinismus«, der italienische Poet Francesco Petrarca, mit seinem jüngeren Bruder Gerardo die Erhebung bestieg, ohne indessen der erste gewesen zu sein, der auf dem höchsten Punkt des 1910 Meter hohen Ventoux stand. Vor Petrarca war an gleicher Stelle bereits ein Keltenheiligtum, das die Römer durch einen Tempel ersetzten.
Das Gesicht des Mont Ventoux war manchen Änderungen und massiven Eingriffen ausgesetzt. So wurden dereinst die Wälder auf den Hängen ringsum für die Schiffswerften von Toulon rücksichtslos abgeholzt. Bei der Wiederaufforstung nahm man auf die natürlichen Vegetationszonen Rücksicht, so daß man bei der Auffahrt vom Tal eine botanische Lehrstunde absolviert.
Wer den Gipfel mit dem Auto aufsuchen möchte, ist mit der stimmungs- und aussichtsvollen Südroute von Bédoin aus besser bedient als mit der Nordroute, die sich waldreich und etwas eintönig in die Höhe schlängelt. Die ältere Südroute wurde bis in die siebziger Jahre als Rennstrecke benutzt. Desgleichen gehen hier Teiletappen der Tour de France über die Bühne.
2. *Malaucène:* Der Ort am Westfuß des Mont Ventoux verdankt seine wuchtige, wehrhafte Kirche und sein ansehnliches Gesicht dem Umstand, daß hier der erste Avignon-Papst, Klemens V., zunächst Quartier bezog. So ist mit repräsentablen Boulevards und zahlreichen Brunnen alles um eine Nummer größer ausgefallen, als es eine 2000-Seelen-Kleinstadt erwarten läßt.

15 Wanderrunde bei Mazan

Weinbaustädtchen auf der Sonnenseite des Ventoux

Gemütlicher Rundspaziergang ohne merklichere Mühen; idyllischer Rahmen mit Obst- und Weinplantagen; prachtvolle Ausblicke auf den Mont Ventoux; einladende Weinstuben für hinterher.

Trüffel, Gemüse und Obst sind die wirtschaftlichen Trumpfkarten des heutigen Carpentras, das in der landwirtschaftlichen Produktion in Frankreich einen Spitzenplatz beansprucht. Ein beachtlicher Stellenwert, der trotzdem nur als mageres Trostpflaster gelten kann, wenn man die einstige Hochblüte der Provencestadt bedenkt. Als Hauptort eines Keltenstamms bereits früh zu Bedeutung gekommen, brachte die römische Okkupation eher eine weitere Aufwertung, zumal der Ort schon im 3. bis 4. nachchristlichen Jahrhundert zum Bischofssitz erhoben wurde. Von 1274 bis 1797 erlebte die Hauptstadt des Venaissin, die gleichzeitig dem Heiligen Stuhl zugehörte, ihre glanzvollste Epoche. Die Päpste, vor allem Klemens V., stellten sich oft und gerne ein. Wie sehr die Stadt aufblühte, zeigte sich auch an der im 14. Jahrhundert notwendig gewordenen Erweiterung der Ummauerung. Wie aber jeder Höhenflug irgendwann sein Ende hat, kamen ebenso mit der Rückkehr der kirchlichen Würdenträger in ihr angestammtes römisches Domizil spürbar dürrere Zeiten. Dennoch erlebte Carpentras in der Ägide des Malachie d'Inguimbert, der als Sohn der Stadt von 1735 bis 1757 in Carpentras auch als Bischof residierte, eine spätbarocke Baublüte, der die Stadt eine Reihe vorzüglichster Rokokobauten verdankt.
Trotzdem muß die Carpentras-Visite nicht unbedingt einen vollen Tag in Anspruch nehmen, so daß noch genügend Zeit bliebe, um vom benachbarten Mazan aus eine nette Rundwanderung zu unternehmen, die uns mit anderen Künsten, nämlich jenen des Weinanbaus in Berührung bringt. Der Weg führt herausfordernd lange durch schönste und ertragreichste Rebengärten, daß der Wis-

Wo man sich in der Provence auch bewegt, trifft man immer wieder auf Gruppen gestandener Männer, die sich mit Hingabe ihrem Nationalsport, dem Spiel mit den »Boules« genannten Eisenkugeln widmen.

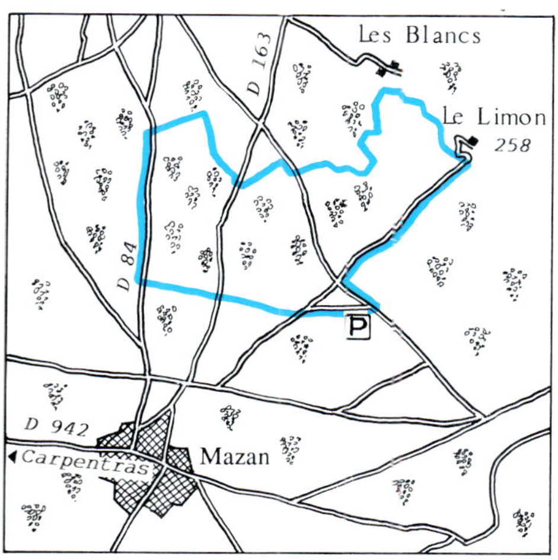

sensdurst neben dem leiblichen erwacht. Machen wir's kurz: Die Griechen brachten den Wein, die Römer setzten die Tradition fort und die Päpste schlossen sich gerne an. So entstanden bei Châteauneuf-du-Pape, dem Sommersitz der Avignonpäpste, vorzügliche Weinkulturen, deren Produkte selbst in versierten Kulinarierkreisen ungeteilten Zuspruch finden. Neben dem Châteauneuf-

Folgende Abbildung:

Die geschützten, sonnenverwöhnten Talböden südlich des Ventoux sind ideale Voraussetzungen für den Weinbau. Besonders edle Sorten gedeihen um Mazan östlich der einstigen Keltenmetropole Carpentras.

Bestseller, der im Kennerurteil einem Bordeaux, Burgunder oder Beaujolais annähernd Paroli bieten kann, sind auch noch ein paar andere Provenceweine in der Spitzengruppe, der Gigondas beispielsweise, der am Fuß der bizarren Dentelles de Montmirail und in der Nähe des Mont Ventoux wächst, oder weit unten im Süden bei Cassis ein vorzüglicher Weißer. Da nach einer alten Regel der Wein jedoch immer dort am besten schmeckt, wo er wächst, wird man sich auch in Mazan nach getaner Wanderpflicht zu einer Flasche lokaler Provenienz zurückziehen.

Der Wegverlauf

Die Anfahrt erfolgt von *Carpentras* aus auf der *D 942*. In *Mazan* (144 m) geht's dann von der nördlichen Stadtumgehung auf der *D 163* in Richtung *Saint-Pierre*. Außerhalb der Ortschaft wird rechtsabzweigend auf dem *Chemin Marcadier* inmitten üppiger Weinfelder bis zu einer weiteren Straßenteilung gefahren, wo man linksgerichtet den *Chemin de Pradelle* benutzt. Nach einem weiteren Kilometer wird der links abbiegende Chemin du Limon ausgeschlagen und auf dem Sträßchen noch etwa 400 Meter geradeaus weitergefahren. Dann stellt man das Auto in der Nähe von zwei Häusern ab und marschiert auf dem Anfahrtsweg noch ca. 100 Meter ostwärts bis zu einer Kreuzung, wo's scharf links zurück, ein paar hundert Meter bis zu einer weiteren Weggabelung geht, bei der man wieder rechtsgerichtet den kleinen Anstieg in Richtung *Limon* (258 m) in Angriff nimmt. Eine denkbar geringe Mühsal, die noch dazu durch die schönen Ausblicke auf den Mont Ventoux und Nahbetrachtungen ertragreicher Obst- und Weingärten zusätzlich gemildert wird.
Nach etwas mehr als einem Kilometer macht der Weg einen Linksknick. Kurz darauf wird beim rechtsabzweigenden Limon-Zufahrtsweg geradeaus weiterspaziert und in stimmungsvollster Naturrahmung zwischen Weinhängen und schattigem Gehölz wieder gemächlich bergab gewandert. Am Ende des *Chemin des Rols* geht's linksgerichtet auf ein bald geteertes Kurvensträßchen, das sich in südwestlicher Richtung erneut durch endlose Wein- und Obstplantagen schlängelt und schließlich auf eine querende Teerstraße trifft, auf der man kurz rechts vor marschiert, um gleich wieder links abzubiegen. Als nächstes wird die *D 163* überschritten und gleich darauf nordwärts ein halber Kilometer bis zu einem Quersträßchen zurückgelegt. Links hinüber gelangt man zur Wegtafel zum *»Domaine de Fondrèche«* und zur *D 84,* auf der man in die südliche Richtung marschiert. Nach etwa eineinhalb Kilometern wird schließlich (rote Markierung beachten!) ein links abbiegender Wirtschaftsweg betreten, der schnurgerade in die östliche Richtung führt, die *D 163* überquert und zuletzt wieder beim Ausgangspunkt eintrifft.

Touristische Angaben

Ausgangspunkt: Mazan (144 m), Parkplatz nordöstlich außerhalb der Ortschaft (ca. 180 m).
Anfahrt: Von Carpentras auf der D 942.
Höhendifferenz: Ca. 70 m.
Weglänge: 9,5 km.
Gehzeit: 2½ Stunden.
Karten: Michelin 1:200 000, Nr. 245 Provence – Côte d'Azur (für die Anfahrt); Éditions Didier Richard 1:50 000, Nr. 27 Massif du Ventoux.
Sehenswertes:
1. *Carpentras:* Die Stadt war früher die Metropole des Comtats Venaissin und von 1274 bis zur Französischen Revolution päpstlicher Besitz. Aus der Römerzeit und aus der späteren Glanzepoche sind noch einige sehenswerte Zeugnisse erhalten geblieben: ein römisches Monumentaltor, die gotische Saint-Siffrein-Kathedrale, die Porte d'Orange als letzter Rest der einst gewaltigen Stadtmauer, der Justizpalast aus dem Jahr 1640, die 1741–1743 errichtete Synagoge, dann die vom baufreudigen Bischof Inguimbert in Auftrag gegebene schöne Rokokokapelle Notre-Dame-de-Santé.
2. *Mazan:* Das Weinbaustädtchen zeigt noch Teile seines mittelalterlichen Mauerrings. Außerdem findet sich eine im 17. Jahrhundert renovierte, im 11. Jahrhundert entstandene Friedhofskapelle. Von Interesse sind auch die im 19. Jahrhundert bei Mazan entdeckten gallo-römischen Sarkophage.

16 Zur Fontaine de Vaucluse

Naturwunder beim Poetenrefugium

Halbtägige bis annähernd ganztägige Unternehmungen im Westteil des Plateau de Vaucluse; angesichts der respektablen Weglängen und Anstiegsleistungen nicht ganz mühelos; berühmtes Naturphänomen am Start beziehungsweise beim Wendepunkt der zwei Wanderungen.

Mit mehr als einer Million Besucher pro Jahr zählt die Quelle der Sorgue neben der 600-Seelen-Ortschaft Fontaine-de-Vaucluse zu den touristischen Spitzenrennern der Provence. Wer an einem Hochsommertag inmitten der Prozessionen zum Quelltopf unter der gewaltigen überhängenden Felswand hinterwandert, sucht allerdings vergeblich nach der Begründung derart bemerkenswerter Popularität, weil sich um diese Zeit das grüne Wasserauge recht bescheiden in seine Felshöhle zurückzieht. In den kühleren, niederschlagsträchtigeren Monaten sprudeln die Wasser dafür um so reichhaltiger und treten nicht selten über den Wall des geräumigen Trogs. Aber selbst derlei Naturspektakel rechtfertigen kaum die magische Faszination, die schon in Römerkreisen die Runde machte.

Eine plausiblere Erklärung liefert dafür schon eher der antike Philosoph Seneca, der auf die »unerforschliche Tiefe des Wassers« dieser Quelle hinweist, die bis in die jüngste Zeit noch keine restlose Klärung erfuhr. Dabei wurden keine geringen Anstrengungen unternommen, dem mehrere hundert Meter tiefen und fast senkrecht ins Gestein vordringenden Schlund seine Geheimnisse zu entlocken. So

Die gleichnamige Ortschaft unweit der Fontaine de Vaucluse ist neben dem Naturereignis auch durch den italienischen Dichter Petrarca berühmt geworden, der sich hier von seinem Liebeskummer erholte.

wurden bereits im Oktober 1869 erste Tauchversuche unternommen, denen sich weitere Vorstöße anschlossen. 1938 wähnte sich einer der Taucher namens Negri bei einer Tiefe von 30 Metern bereits am Grund des Trichters. Ein Trugschluß, der zwischen 1946 und 1957 durch neuerliche Nachforschungen von Cousteau und seiner Calypso-Mannschaft schnell widerlegt war. Cousteaus Tiefenmarke von 74 Metern hielt jedoch auch nur ein gutes Jahrzehnt vor, weil sich ab 1967 mit ferngesteuerten Tauchrobotern weitere Tiefen erschlossen.

Dann kam die große Zeit der Taucher Claude Touloumdjian und Jochen Hasenmayer, die vom 96-Meter-Vorstoß des Franzosen im November 1980 bis zum Alleintauch-Weltrekord des Deutschen im September 1983 ungeahnte neue Dimensionen eröffnete. So führte Hasenmayers neunstündiger Versuch bis in eine Tiefe von 205 Metern hinab. Den vorläufigen Schlußpunkt setzten allerdings wieder zwei ferngesteuerte Geräte. So erreichte die »Sorguonaut« 1983 eine Tiefe von 245 Metern, während im August 1985 die »Modexa« bei 308 Metern auf den Boden des Schachtes trifft, dabei jedoch zwei Anschlußgänge entdeckt, die erneuten Spekulationen bis auf den heutigen Tag reichlich Nahrung geben.

Wo der menschliche Wissensdrang noch im trüben fischt, sind der Phantasie des Dichters keine Grenzen gesetzt. So erklärt sich Frédéric Mistral das Rätsel von Vaucluse auf seine Weise. Da heißt es: »Der alte Dorfmusikant Basile, der an einem heißen Tag nach Islesur-Sorgue unterwegs war, schlief auf dem Weg bei Vaucluse im Schatten ein. Da erschien eine Nymphe, schön wie die klare Woge, nahm den Schlafenden bei der Hand und führte ihn an den Rand des Quellbekkens der Sorgue. Vor ihnen teilte sich das Wasser und ließ die beiden zwischen zwei Mauern aus flüssigem Kristall auf den Grund der Schlucht hinunter. Nach einem langen Marsch blieb die Nymphe inmitten einer lieblichen Wiese voller übernatürlicher Blumen vor sieben großen Diamanten stehen. Sie hob einen davon hoch, ließ einen starken Wasserstrahl emporspringen und sagte: Hier ist das Geheimnis der Quelle, und ich bin die Wächterin; um sie anschwellen zu lassen, nehme ich die Diamanten weg: beim siebten erreicht das Wasser den Feigenbaum [überm Quellbecken], der nur einmal im Jahr trinkt. Darauf verschwand die Nymphe, während Basile erwachte.«

Frédéric Mistral war nicht der einzige Poet, der dem malerischen Winkel mit der smaragdgrün auf Moos gebetteten jungen Sorgue eine tiefe Zuneigung entgegenbrachte. Schon im 14. Jahrhundert war nämlich der italienische Dichter Francesco Petrarca, von entsagungsvoller und aussichtsloser Liebe zu einer unerreichbaren, schönen Dame gepeinigt, in die tröstliche Naturfrische der Vaucluse-Idylle geflüchtet, um wieder schöpferische Kräfte und seelischen Frieden zu finden. »Ich bin«, so schrieb er, »auf ein sehr enges, aber zurückgezogenes und erholsames Tal gestoßen, Vaucluse genannt, wohin ich meine Bücher brachte. Es würde zu lange dauern, um aufzuzählen, was ich dort alles schrieb; aber fast alle meine kleinen Werke sind hier aus der Feder gekommen.« Und selbstbewußt fügte er hinzu: »Die sehr berühmte und schon von sich aus seit langem bekannte Quelle wurde durch meinen Aufenthalt und meine Lieder noch berühmter.«

Der wortgewaltige Werbeträger geriet im Ministädtchen Fontaine-de-Vaucluse nicht in Vergessenheit. So hat man 1804 anläßlich des 500. Geburtstags Petrarcas eine zwanzig Meter hohe Granitsäule aufgestellt, die 1827 ins gemütliche Ortszentrum versetzt wurde. Außerdem erinnert ein kleines Museum an den Dichterfürsten, der von 1337 bis 1353 hier verweilte und seinen »Canzoniere« verfaßte. Die 366 Gedichte dieses Riesenwerks waren von der unsterblichen Liebe zur schönen Edeldame Laura inspiriert, der Petrarca zum erstenmal in der Kirche Sainte-Claire von Avignon begegnet war. Wie sehr dieser denkwürdige 6. April des Jahres 1327 das Innerste des Poeten erschütterte, verrät eine Notiz: »Niemals, Herrin, ward ich es müde, Euch zu lieben, und niemals werde ich es sein, solange ich lebe [...].«

21 Jahre später, am 6. April 1348, starb die

Das smaragdgrüne Wasser der jungen Sorgue und die Reste der kühn plazierten Burg über Fontaine-de-Vaucluse fügen sich zur romantischen Idylle von geradezu ergreifender Vollkommenheit.

wohl verehelichte und unerreichbare Geliebte, ohne in der Erinnerung von ihrem Zauber einzubüßen. Bis zu seinem Tod im Jahr 1374 gingen die Gedanken des vielgelehrten, weitgereisten und zuletzt in Arquà bei Padua lebenden Dichters immer wieder ins »Eingeschlossene Tal« im provençalischen Vaucluse-Winkel zurück.

Neben dem Sorgue-Spektakel und dem Petrarca-Kult kann sich Fontaine-de-Vaucluse allerdings noch mit anderen kulturellen Attributen und historischen Raritäten schmücken. Zum einen stehen auf hoher Warte die Ruinen eines Schlosses, das nach der ersten Jahrtausendwende auf den Fundamenten eines wehrhaften Klosters errichtet wurde. Zum zweiten findet sich mit der Dorfkirche ein besonders schönes Beispiel einer schlichten, feierlichen romanischen Halle. Und zum dritten wird man in einer aufgefrischten betagten Papiermühle in anschaulicher Weise mit dem mittelalterlichen Entstehungsprozeß handgeschöpfter Papiere vertraut gemacht.

Alles in allem drängt sich also einiges zusammen, das einen Besuch des »Valle Cluse« beim Ursprung der Sorgue durchaus lohnt. Ein Vorgang, der sich kurz und bündig mit dem Auto abwickeln ließe, aber für den sportiven Urlauber sich ebenso in sehr ansprechende Wanderungen einbinden läßt. So gibt's beispielsweise vom Süden her eine Route, die zuerst über luftige Höhen und zuletzt durch ein romantisches Tal zur Flußquelle hinabführt. Oder man macht sich in Fontaine-de-Vaucluse auf die Socken und begibt sich auf die lange, nordwärts ausholende Runde, die an den Relikten eines makabren historischen Monuments vorbeiführt. Gemeint ist die 1721 aufgeführte Pestmauer, die dem landesweiten Übergriff der 1720 in Marseille ausgebrochenen Seuche vorbeugen sollte, nachdem schon mehr als 100000 Menschen der apokalyptischen Geisel zum Opfer gefallen waren.

Der Wegverlauf

a) Von Lagnes nach Fontaine-de-Vaucluse

Hin und zurück (auf gleicher Route) insgesamt 14 km; Höhendifferenz zwischen Fontaine-de-Vaucluse und höchster Wegstelle 220 m, gesamte Anstiegsleistung ca. 380 Höhenmeter; Gehzeit für den Hin- und Rückweg knappe 4 Stunden.

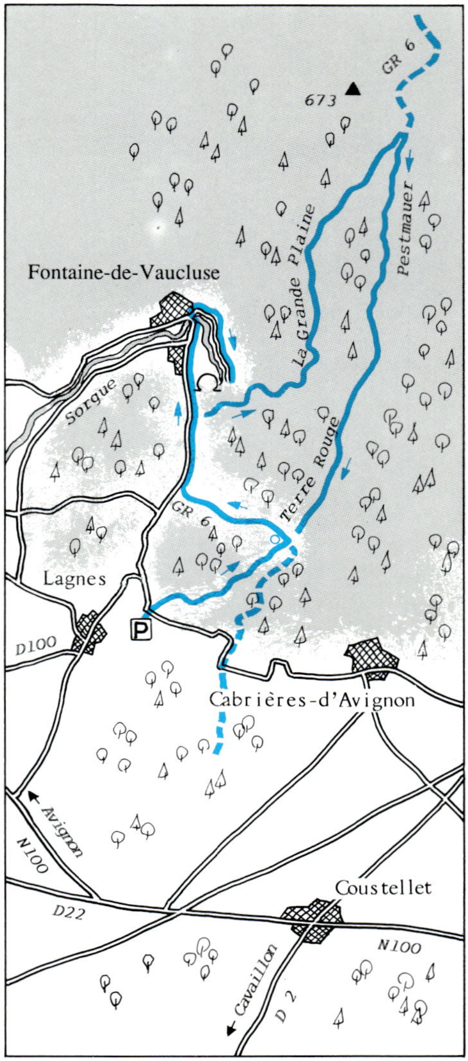

Um beispielsweise von *Avignon* zum Ausgangspunkt der Wanderung zu gelangen, zweigt man vom *Boulevard Limbert* bzw. vom östlichen Altstadtring in Richtung Lyon ab und nimmt bei der nächsten Straßenteilung die schräg rechts nach Apt und Digne führende Route. Kurz bevor die Ost-West-Achse zwischen Tarascon und Apt erreicht wird, geht's linksabbiegend und entsprechend der Wegtafel zum malerischen Dorf *Lagnes,* das man in nördlicher Richtung durchquert. Dann wird bei einer Straßenteilung dem Hinweisschild nach *Cabrières-d'Avignon* gefolgt (links hinüber käme man unmittelbar zur Fontaine de Vaucluse) und in weitem Rechtsbogen ein *Parkplatz* (165 m) angesteuert, der zugleich als Rastplatz dient und mit seinen Steinbänken nicht zu übersehen ist. Hier bleibt das Auto stehen. Auf der nördlichen Straßenseite setzt dann ein deutlich erkennbarer Schotterweg ein, der mäßig ansteigt, einen Rechts- und anschließenden Linksbogen beschreibt und nach dem sonnigen Eingangsabschnitt durch lichtes Gehölz in die nordöstliche Richtung zieht. Stets auf dem breiteren Sträßchen bleibend (zwischendrin zweigt links ein Waldweg ab, der recht idyllisch und verlockend herschaut, aber bei einem Abbruch endet), gelangt man zur Spitzkehre einer Kiesstraße, auf der schräg links hinaufgestiefelt wird. Nach der abermaligen harmlosen Bergaufetappe spaziert man auf dem sonnigen Fahrweg in aussichtsvoller Höhe (ca. 320 m) dahin. Weißrote *Grande-Randonnée*-Markierungen leisten gelegentliche Orientierungshilfe. Dann gilt es aufzupassen, damit der linksabbiegende Wanderpfad nicht übersehen wird, wenngleich der große Betondeckel einer Zisterne, ein kurzer, breiter Teerstreifen und ein Wegpfeil gleich in mehrfacher Weise die Wegteilung signalisieren.

Der nachfolgende Routenabschnitt bedeutet einen ungeschmälerten Hochgenuß, weil der felsdurchsetzte Pfad inmitten tröstlichster Stille zu einem romantischen, waldschattigen Talgrund absteigt. Erst nach geraumer Zeit trifft man auf die oben bereits erwähnte Fontaine-de-Vaucluse-Zufahrtsstraße, die in der Regel jedoch nicht allzu lebhaft frequentiert ist, so daß sich die unumgängliche Pflichtübung neben der Autotrasse durchaus verkraften läßt. Schließlich ist *Fontaine-de-Vaucluse* (100 m) erreicht (die letzten Straßenschleifen lassen sich abkürzen) und das friedliche Wandererdasein fürs erste passé, weil das Naturphänomen viele anzieht. Also fügt man sich klaglos in die Prozessionen der Fontaine-Besucher ein, widersteht den Verlockungen zahlreicher Souvenirbuden, die den Weg zur geheimnisvollen Sorgue-Quelle säumen, und kommt zuletzt zum dunklen Wasserauge unterm düsteren Gewände.

Im Anschluß an das Naturerlebnis wird man nicht ungern noch in einem der Gartenrestaurants Platz nehmen, die ungemein stimmungsvoll an tiefgrüne Wasser grenzen. Ebenso wird man als gründlicher Bildungsmensch die Dokumentation über die *Sorgue*-Grotte studieren.

Außerdem wartet die erwähnte sehenswerte *Papiermühle* am Weg. Nicht zuletzt ist aber auch Vaucluse mit seinem schattigen, urgemütlichen Dorfplatz trotz aller touristischen Turbulenz wenigstens einen kurzen Bummel wert, der so manche verträumte Winkel und fotogenen Anblicke präsentiert.

Alles in allem ließen sich in Fontaine-de-Vaucluse auch zwei oder drei Stunden ohne Mühe über die Runden bringen.

Früher oder später heißt es aber, von Petrarcas Lieblingsort wieder Abschied zu nehmen und den Rückzug einzuleiten, der sich auf derselben Route vollzieht, die beim Herweg benutzt wurde. Ein Vorgang, der nur dem Uneingeweihten ein bisserl einfallslos dünkt, weil erfahrene Wanderer ja wissen, daß jeder Weg so und anders herum zwei verschiedene Gesichter hat

b) Von Fontaine-de-Vaucluse zur Pestmauer

Ebenfalls 14 km; 530 Höhenmeter; 4½ bis max. 5 Stunden.

Die Anfahrt zum Ausgangspunkt unserer zweiten Vaucluse-Wanderung entspricht ab *Avignon* zunächst der vorgenannten Abfolge. Diesmal wird die *N 100* jedoch bereits in *L'Isle-sur-la-Sorgue* verlassen, wo man ein kurzes Stück nordwärts in Richtung Carpentras fährt. Dann zweigt rechts die nach *Fontaine-de-Vaucluse* (100 m) ausgeschilderte D 25 ab, die uns zum malerischen Ort und Startplatz der 14-km-Runde bringt. Nachdem das Auto auf einer der Parkflächen abgestellt ist, wird zunächst der 1-km-Abstecher zur berühmten *Sorgue-Quelle* in Angriff genommen, der zu Sommerszeiten, wenn sich das Wasser im Schatten der halsbrecherischen Felswand in den Schlund zurückzieht, allerdings nicht gerade spektakuläre Naturschauspiele verspricht

Im Anschluß an die obligate Pflichtübung wird mit zahlreichem Gefolge wieder nach *Fontaine-de-Vaucluse* zurückgepilgert und hinterm Dorfplatz mit der *Petrarca-Säule* die

Sorgue überquert. Dann geht's parallel zu der nach Lagnes führenden Fahrstraße in Richtung Jugendherberge und südwärts weiter bis zur links abzweigenden und rot-weiß markierten *GR 6,* die ein stimmungsvolles, ansteigendes Tal aufsucht. Nachdem mehr als 500 Höhenmeter bewältigt sind, stößt man an der höchsten Wegstelle der Runde (ca. 620 m) auf die Überbleibsel der oben erwähnten *Pestmauer* und ebenso auf eine Wegteilung, bei der man scharf rechtsgerichtet den nordwärts weiterziehenden GR 6 verläßt. In nächster Nachbarschaft der einstigen Seuchenbarriere wird anschließend in die südliche Richtung marschiert, der aussichtsvolle *Terre-Rouge*-Kamm überquert und die bei Route a) schon angeführte *Zisterne* (ca. 320 m) erreicht, die mit dem angrenzenden Teerstreifen nicht zu übersehen ist. Hier geht's, dieses Mal rechtsabbiegend, auf den bereits beschriebenen, außerordentlich reizvollen Weg, der meist im schattigen Gehölz (die Spuren der Waldbrände sind allerdings überall erkennbar) und in romantischer Felsrahmung talwärts führt. Schließlich wird wieder neben dem Fahrsträßchen und zuletzt auf der Eingangsroute zum Ausgangspunkt bei der *Place de la Colonne* in *Fontaine-de-Vaucluse* zurückgewandert.

Touristische Angaben

Ausgangspunkte: a) Parkplatz an der D 100 von Lagnes nach Cabrières-d'Avignon (ca. 165 m); b) Fontaine-de-Vaucluse (100 m).
Anfahrt: a) Von Avignon auf der N 100 ostwärts in Richtung Apt und nach L'Isle-sur-la-Sorgue linksabzweigend nach Lagnes. Durch die malerische Ortschaft und nordöstlich außerhalb bei der Straßengabelung rechts in Richtung Cabrières-d'Avignon. Wenig später wird im Linksbogen der Straße der besagte Parkplatz und Startplatz der Wanderung erreicht.
b) Wie bei Route a) von Avignon auf der N 100 in Richtung Apt, diesmal aber bereits in L'Isle-sur-la-Sorgue linksabzweigend in Richtung Carpentras und am nördlichen Siedlungsrand rechtsabbiegend nach Fontaine-de-Vaucluse.
Höhendifferenzen: a) Zwischen tiefstem Punkt (Fontaine-de-Vaucluse) und höchster Wegstelle bei der Zisterne ca. 220 m. Die gesamte Anstiegsleistung aus Hin- und Rückweg summiert sich allerdings auf etwa 380 Höhenmeter; b) 530 m.
Weglänge: a) Hin- und Rückweg insgesamt 14 km; b) Gesamtlänge der Runde ebenfalls 14 km.
Gehzeiten: a) Für den Hin- und Rückweg bei jeweils 2 Stunden zusammengerechnet 4 Stunden; b) trotz gleicher Weglänge bei größerer Höhendifferenz und Anstiegsleistung 4½ bis max. 5 Stunden. Dabei ist, wie bei den Angaben über die Weglänge, jeweils der Abstecher zur Sorgue-Quelle (ab Fontaine-de-Vaucluse ca. 2 km für den Hin- und Rückweg) mitgerechnet.
Karten: Michelin 1:200 000, Nr. 245 Provence – Côte d'Azur (für die Anfahrt); Éditions Didier Richard 1:50 000, Nr. 27 Massif du Ventoux.
Sehens- und Wissenswertes: *Fontaine de Vaucluse:* Die Quelle der Sorgue am Westrand des Vaucluse-Plateaus galt schon in der Antike als Naturwunder. Wenngleich die wissenschaftlichen Untersuchungen noch andauern und die letzten Rätsel nach wie vor ungelöst sind, wird davon ausgegangen, daß der Fluß einem unterirdischen Kondens- und Sickerwasserreservoir entspringt, das über einen mehrere hundert Meter langen, fast senkrecht emporsteigenden Schacht mit der Erdoberfläche verbunden ist. Über dessen trichterförmigem Ausgangsbecken findet sich im Schutz einer überhängenden Felswand ein Feigenbäumchen, das dank seines ungewöhnlichen Standorts sogar literarischen Ruhm erlangte. Am spektakulärsten gibt sich die Sorgue-Quelle in den niederschlagsreicheren Perioden der kühlen Jahreszeit, wenn die Wasser über den Rand des Beckens quellen und den jungen Fluß in ein wild bergab tosendes Gewässer verwandeln.
Die seit 1869 unternommenen Tauchversuche in der Senkrechtschlucht standen vor allem im Zeichen bravouröser Einzelaktionen. So erreichte der deutsche Alleintaucher Jochen Hasenmayer im September 1981 zunächst eine Tiefe von 145 Metern. Wenig später, im Oktober desselben Jahres, stieß der Franzose Claude Touloumdjian bis 153 Meter vor. Im September 1983 schraubte wiederum Hasenmayer den (Welt-)Rekord

Der Quelltrichter der Sorgue am Westrand des Vaucluse-Plateaus galt schon in der Antike als Naturwunder. Zu trockenen Sommerszeiten zieht sich das Wasser in die Mündungshöhle zurück.

im selbständigen Tauchen gar auf 205 Meter. Den vorläufigen Endstand der Untersuchungen besorgte allerdings ein kamerabewehrtes Tauchgerät, das 1985 in über 300 Meter Tiefe den Boden des Schachtes erreichte, gleichzeitig aber Nebengänge aufspürte, die weiteren Spekulationen Nahrung verschafften. Abgesehen vom geheimnisvollen Naturphänomen, das natürlich in erster Linie die Touristenscharen lockt, kann die nach der Quelle benannte *Ortschaft Fontaine-de-Vaucluse* noch weitere Attraktionen anbieten. So eine historische Papiermühle, eine schlichte, im Inneren wohlproportionierte romanische Pfarrkirche und das Petrarca-Museum, das an den berühmtesten Wahlbürger des Orts verweist. Der 1304 in Arezzo geborene und 1374 bei Padua gestorbene italienische Renaissance-Dichter verweilte zwischen 1337 und 1353 in Fontaine-de-Vaucluse, wo er einen Großteil seiner Hauptwerke niederschrieb. Außerdem suchte er in der Stille des idyllischen Vaucluse-Winkels seelischen Trost in seiner unerfüllbaren Liebe zu Laura, einer schönen Edeldame, der Petrarca 1327 in einer Kirche Avignons begegnet war. Die legendäre Laura starb 1348 an der Pest, lebte jedoch in der Erinnerung und in den Werken des Poeten weiter.
Neben dem Petrarca-Museum sei schließlich noch das Höhlenforschermuseum am Sorgue-Quellen-Weg empfohlen, das hauptsächlich an den 1987 gestorbenen Speläologen Norbert Casteret erinnert und neben anderem eine bedeutende Kristallsammlung enthält.

17 Um Gordes und Sénanque

Lange Wanderung auf dem Plateau von Vaucluse

> Mit der Besichtigung von Gordes und Sénanque reichlich tagfüllendes Unternehmen; lange und teilweise sonnige Wanderung mit einigen Bergaufmühen; insgesamt also eher für herbstliche Tage, wenn die Temperaturen etwas zurückgegangen sind; bedeutendes Kunst- und Kultur-Zusatzprogramm

Das graue Gemäuer der Abtei von Sénanque erhebt sich eindrucksvoll und malerisch aus dem davor ausgebreiteten Teppich blühender Lavendelfelder und zählt mittlerweile zu den beliebtesten Fotomotiven der Provence.

Wer hinter der Idylle allerdings klösterliche Behaglichkeit vermutet, wird mit einem Blick auf die Geschichte der Mönchsniederlassung schnell widerlegt. Das Kloster war nämlich 1148 von Zisterziensern ins Leben gerufen worden, die unterm strengen Regiment des Bernhard von Clairvaux ein außerordentlich asketisches Dasein führten und in völliger Weltabgeschiedenheit allen irdischen Genüssen entsagten. Um nicht erst den diversen diesseitigen Verlockungen ausgesetzt zu werden, entschied sich die Zisterzienserdelegation vom Kloster Mazan bei ihrer Neugründung also für den abgelegenen, engen Talgrund der Sénancole südlich von Gordes und am Nordrand des Plateaus von Vaucluse. Das einstens lebhafter sprudelnde, heute oftmals ausgetrocknete Flüßchen lieferte als »gesundes Wasser«, auf lateinisch »Sana Aqua«, nicht nur die trotz aller Askese notwendige Ernährungsgrundlage, sondern gleichzeitig auch den Namen des frommen Domizils.

In den Jahrhunderten nach der Gründung erlebte die Abtei in der scharf eingeschnittenen Kerbe der Sénancole allerdings mehr Tiefen als Höhen. Nach einer ersten Blüte bis zur Mitte des 13. Jahrhunderts verflachte die klösterliche Moral, so daß um 1470 eine Wiederbelebung des zisterziensischen Gebots der Armut dringend nötig wurde.

Bald aber stand neue Unbill ins Haus, als rivalisierende und mit rüder Gewalt traktierte Waldenser in einem Racheakt einen Teil des Klosters Sénanque im Jahre 1544 in Brand setzten. 1580, also nur wenige Jahrzehnte darauf, zog die Pest durchs Land. Derlei Schicksalsschläge und die rückläufige Anziehungskraft des Zisterzienserordens brachten Sénanque anschließend dem Ruin nahe. Obwohl der Abt de Rancé aus der Abtei von La Trappe die umtitulierten Trappisten ein weiteres Mal an die Gründungsregeln erinnerte und auch in Sénanque neue Impulse auslöste, ging's mit dem Konvent in der Folge weiterhin bergab. Erst Ende des 17. Jahrhunderts ließ der zu dieser Zeit amtierende tatkräftige Abt de Béthune die heruntergekommenen Gebäude wieder renovieren. Diese Initiative konnte es jedoch auch nicht verhindern, daß die Abtei während der Französischen Revolution unter den Hammer kam.

Glücklicherweise geriet Sénanque 1854 an den Abbé de Barnoin, der die Trakte vom Noviziat bis zu Werkstätten und landwirtschaftlichen Gebäuden einer breitgefächerten Nutzung zuführte.

Dieser Rettungsaktion war indessen auch nur ein kurzzeitiger Erfolg beschieden, weil zwischen 1880 und 1902 gegen die Ordensvereinigungen einschneidende Gesetze erlassen wurden. So standen die Mönche von Sénanque auf der Straße und kehrten nur vereinzelt nach 1926 und bis 1969 wieder in die verwaisten Mauern zurück.

In der Folge nahm sich eine neugegründete Gesellschaft der Freunde von Sénanque der jahrhundertealten, ehrwürdigen Stätte an, die mittlerweile Forschungs- und Ausstellungszwecken dient.

Daneben sind die verschiedenen Räumlichkeiten zu besichtigen, die in ihrem getragenen Ernst und kargen Schmuck noch ganz den Geist der Gründerzeit atmen. So die seit 1160 gebaute Kirche mit ihrem Tonnengewölbe, das ebenfalls tonnenüberwölbte Dor-

Wer nach Gordes kommt, wird sich auch den Besuch des Bories-Dorfs nicht entgehen lassen, in dem die urwüchsigen Steiniglus und einstigen bäuerlichen Lebensformen anschaulich zu studieren sind.

mitorium, dann der Kapitelsaal, in dem einstens tagtägliche Lesungen über Ordensregeln und aus der Heiligen Schrift erfolgten, außerdem das 1544 zerstörte und neuerdings stilgerecht renovierte Refektorium sowie der Mönchssaal, der als einziger Raum zu beheizen war. Wen wundert's bei derlei Entbehrungen, daß von den Mönchen kaum einer das vierzigste Lebensjahr erreichte.
Neben Sénanque wartet im Rahmen der nachgenannten Rundwanderung auf den Kulturfreund aber noch weiteres Sehenswertes. So die Bories, die als mörtelfreie Steiniglus seit Urzeiten als Schlichtbehausung dienten und der Geschichtsforschung nach wie vor einige Rätsel aufgeben, zumal sich in der Umgebung der Bories-Dörfer keinerlei Kult- und Begräbnisstätten finden.
Dann natürlich und in erster Linie das effektvoll auf einem Hügel aufgetürmte Gordes mit Kirche und Schloß auf dem höchsten Punkt. Am schönsten und beeindruckendsten präsentiert sich das 1944 von den Deutschen zerstörte und inzwischen wieder restaurierte Städtchen, wenn man von Cavaillon und vom Süden hinauffährt. Dann eröffnet sich nämlich kurz vor dem Ortseingang jener fabelhafte Bilderbuchanblick der stufenweise ansteigenden Häuserringe, der auch die hochgeschraubten Erwartungen anspruchsvoller Provencebesucher in jeder Weise erfüllt.
Natürlich wird man sich vor oder nach der Wanderung noch ein wenig im Auf und Ab des Häusergewinkels umsehen und als Liebhaber moderner Malerei ebenso einen Besuch des Schlosses vornehmen, weil sich in den vornehmen Räumlichkeiten der Großmeister der Op-art, Victor Vasarely, in Gestalt eines didaktischen Museums und einer lückenlosen Werkschau etabliert hat.

Der Wegverlauf

Ausgangspunkt und Ziel der langen Rundwanderung aufs Plateau de Vaucluse sind die Großparkplätze vor der Abtei von *Sénanque* (ca. 310 m), die von Gordes aus auf der gut ausgebauten D 177 erreicht werden.
Von den Autoabstellflächen wandert man entsprechend der weiß-roten Markierung *(GR 6)* auf der Stichstraße in nördlicher Richtung zur Fahrstraße zurück. Auf dieser gelangt man, ein paar Meter links vor, zu einem rechts abzweigenden und weiterhin weiß-rot gekennzeichneten Fußweg, der wenig später noch einmal die Autotrasse überquert.
Dann aber sind wir auf einem mäßig ansteigenden und außerordentlich idyllischen Fußpfad, der sich zwischen Baum- und Gebüschreihen dahinschlängelt und mit manchen erhebenden Landschaftsbildern und Ausblikken fast zum Idealfall eines vergnüglichen Wanderwegs mausert. Zwischendurch wird eine Steinplatte überschritten. Schließlich ist die Höhe erreicht (etwas über 600 m). Der stimmungsvolle Wanderweg bleibt auch weiterhin noch für einige Zeit inmitten des dichtgedrängten Buschwerks und schlängelt sich jetzt fast eben dahin. Dann wird eine Wegteilung erreicht, wo ein Stein mit einem gekrümmten Doppelpfeil Orientierungshilfe leistet und uns linksgerichtet auf einen Karrenweg verweist, der allerdings nicht lange in Anspruch genommen wird. Nach kurzer Zeit trennt sich nämlich schräg rechts wieder der weiß-rot bezeichnete schmale Waldpfad vom breiteren Sträßchen (hier streng auf die Markierungen achten!), der weiterhin von vielfältiger und üppiger Vegetation gesäumt wird und späterhin zu einer Wiese hinabführt, die man in westlicher Richtung und zwischendrin ohne Markierung überquert.
Links unterhalb eines Gebäudes entdecken wir schließlich wieder die weiß-rote *Randonnée*-Kennzeichnung, die uns den weiteren Verlauf der Route anzeigt.
Nach einer kurzen Passage, die bei Naßwetter (das gelegentlich selbst in der Provence vorkommen kann!) an einigen Stellen möglicherweise etwas aufgeweicht ist, wird ein Waldsträßchen aufgesucht, das ohne merklichere Höhendifferenzen weiterhin in die südwestliche Richtung dahinzieht. Das kommode Dasein auf dem dankenswerterweise großenteils waldschattigen Routenabschnitt währt allerdings nicht allzu lange, weil nach einiger Zeit eine Weggabelung folgt, bei der man linksgerichtet und dem Pfeil folgend in eine sonnige Forststraße einmündet.
Bei einer nächsten Wegteilung ginge es rechtsabbiegend und der rot-weißen GR-6-Markierung gemäß zur Fontaine de Vaucluse (eine lohnende Alternative, wenn man für die

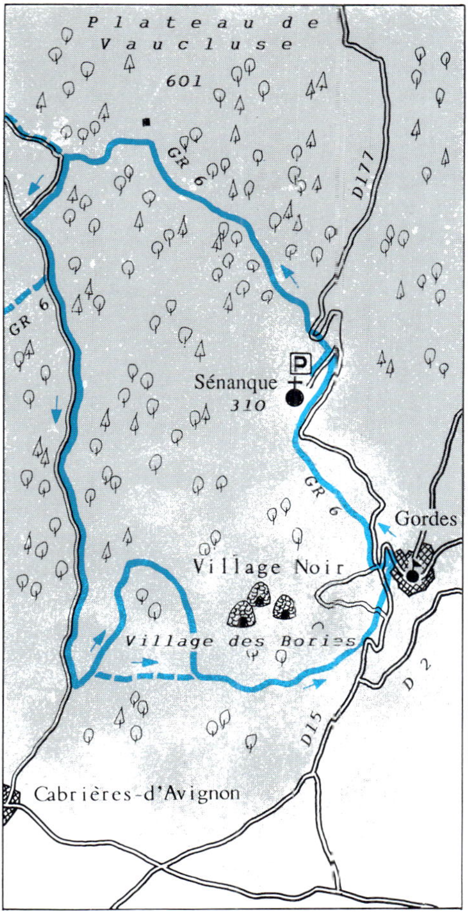

Rückbeförderung zum Ausgangspunkt beispielsweise auf eine private Fahrgelegenheit zurückgreifen kann!).

Wir aber marschieren auf dem breiten Fahrweg geradeaus und in die südliche Richtung weiter. Das gleichförmige Staubstraßendasein wird kaum registriert, weil die völlig unverstellten Ausblicke von hoher Warte für reichliche Abwechslung sorgen.

Unmittelbar nach einer *Zisterne* (links neben der Straße) wird bei einer erneuten Wegteilung (gelbe Markierungen unbedingt beachten!) linksgerichtet weitergestiefelt. Auch in der Folge bleibt das Kiessträßchen noch für geraume Zeit auf luftiger und aussichtsvoller Höhe, die im Bereich um die 550-Meter-Marke für provençalische Verhältnisse durchaus respektabel ist. Jenseits der Talfurche wird Gordes gesichtet. Schließlich heißt's aber von den schönen Bildern wieder Abschied nehmen, weil sich der mittendrin geteerte Weg rasch talwärts senkt.

Nach einer Holzschranke wird abermals eine *Zisterne* mit der *Nummer 121* passiert. Gleich darauf zweigt links ein verlockender Waldweg ab, der jedoch als »Voie sans Issue«, das heißt als Sackgasse, keinen Erfolg verspricht. Also wird weiterhin die geradeaus gerichtete Fahrstraße in Anspruch genommen. Wenig später kann man mit einem Kurzabstecher (bei einem Steinhaufen linksgerichtet) ein beeindruckendes Exemplar der urigen *Bories* besichtigen. Anschließend trifft man auf die Steinumfriedung eines Wohnhauses (rechts der Straße), wo schräg links zurück ein Weg abzweigt, der keinesfalls übersehen werden darf (gelbe Bodenmarkierung und grünen Wegpfeil genau beachten!).

Den grünen Orientierungshilfen folgend, geht's anschließend zwischen Steinwällen wieder leicht bergan und zu einem querenden Fahrweg, dem man sich rechtsgerichtet anschließt. Nach einer kurzen Bergabetappe wird schräg linksgerichtet (ein gelber Wegpfeil an einem Telefonmasten erweist sich als wertvoller Orientierungshinweis) ein kreuzendes Sträßchen überschritten und ein ostwärts führendes, nach wie vor von Steinmauern gesäumtes Wiesenwegerl betreten, das abermals an einem (linkerhand etwas vom Weg abgesetzten) sehenswerten Paradebeispiel der merkwürdigen Schlicht-Steinhäuser vorbeizieht.

Nach einiger Zeit geht's im Links-Rechts-Bogen zu einem Graben hinab und an einer Wegtafel mit der Aufschrift »Chemin des Fileuses« vorbei. Dem gelben Pfeil und den blauen Markierungen entsprechend steigt man, zuletzt auf einem Betonweg, zur südwestlichen Siedlungsperipherie von Gordes hinauf. Hier setzt eine breitere Teerstraße ein, die jedoch nur für ein kurzes Wegstück bemüht werden muß, weil bald wieder ein geradeaus gerichteter und ein weiteres Mal von Steinumfriedungen begleiteter Fußweg abzweigt, der, so wie bisher, mit blauen Markierungen zuverlässig gekennzeichnet ist. Entlang dem mehrfach auftauchenden gelben »F« und den grünen Wegpfeilen gemäß wird westlich der Hauptverkehrsachse und unweit der *Village Noir* eine locker gereihte

Randsiedlung durchquert und schließlich beim Ortseingangsschild von *Gordes* die stark frequentierte Fahrstraße betreten, neben der man mit einigen unvermeidlichen Fotounterbrechungen ins Zentrum der Bilderbuchstadt gelangt.
Im Anschluß an die Besichtigung des übereinandergeschachtelten Gemäuers (manche Häuser reichen bis ins 16. Jahrhundert zurück) und dem für Kunstfreunde obligaten Besuch des Vasarely-Museums wandert man auf der Fahrstraße wieder bis zur Linkskrümmung zurück (vor der Einmündung in die D 177), wo man über einen rechts abzweigenden, steil emporstrebenden Abkürzer wieder zur Autostraße nach Sénanque kommt.
Dann heißt's wieder für kurze Zeit mit der Teerunterlage und Autonachbarschaft vorliebzunehmen. Gleich hinter dem nördlichen Ortsausgangsschild von Gordes verweist uns jedoch (weiß-rote Doppelmarkierung an einem Telefonmast rechts der Straße ja nicht übersehen!) eine Wegtafel mit der Aufschrift *»Chemin les Dilais«* auf einen schräg links abzweigenden Nebenweg, der erst auf der Höhe (ca. 360 m) wieder auf die Fahrstraße trifft. Anschließend laufen wir noch mal am Straßenrand ein paar Meter links vor, bis sich dann erneut ein schmaler Steig links von der vielbefahrenen Autotrasse trennt (weiß-rote Markierung nicht verfehlen!), der uns ohne Umschweife zu den Parkplätzen neben der (von oben aus besonders aufschlußreich zu betrachtenden) weitläufigen Klosteranlage von *Sénanque* hinabführt. Bevor man ins Fahrzeug steigt, wird man natürlich nach Möglichkeit auch noch der Abtei die angemessene Reverenz erweisen und dem Ort der Frömmigkeit eine ausführliche Visite zukommen lassen.

Touristische Angaben

Ausgangspunkt: Großparkplatz vor Sénanque (ca. 310 m).
Anfahrt: Von Avignon auf der N 100 in Richtung Apt und entsprechend der Beschilderung nach Gordes, dann auf der D 177 nach Sénanque.
Höhendifferenzen: Alles in allem summiert sich die Anstiegsleistung auf ca. 500 m.
Weglänge: Fast 18 km.
Gehzeit: Ca. 5 Stunden.
Karten: Michelin 1:200000, Nr. 245 Provence – Côte d'Azur (für die Anfahrt); Éditions Didier Richard 1:50000, Nr. 27 Massif du Ventoux.
Sehenswertes: Die 1148 gegründete *Abtei von Sénanque* war mit mehreren Unterbrechungen bis 1969 als Zisterzienserkloster genutzt und dient heute vom Institut für Sahara-Forschung bis hin zu Kunstausstellungen und Konzertaufführungen verschiedenen Verwendungszwecken. Die diversen, gut erhaltenen Räumlichkeiten des einstigen Klosters und die Kirche sind zu besichtigen und beeindrucken durch ihren schmuckarmen Ernst.
Das malerisch auf einem Hügel gelegene Städtchen *Gordes* zählt mittlerweile zu den absoluten Touristenhits der Provence und gilt wegen seiner hell leuchtenden Häuserringe um das hochragende Schloß-Kirchen-Duo als vielbegehrtes Fotomotiv und Ausflugsziel. Das im 11. Jahrhundert burgartig angelegte und 1525 renaissanceartig umfassonierte Schloß beherbergt eine umfassende Sammlung von Werken des bedeutenden Op-art-Künstlers Victor Vasarely. Die benachbarte Kirche ist im Gegensatz zu ihrer imposanten Position im Inneren von karger Kühle und nicht unbedingt sehenswert. Reizvoller sind hingegen die mehrfach vertretenen betagten Baulichkeiten in Gordes, die gelegentlich etliche Jahrhunderte zurückreichen.
In der Umgebung von Gordes gäbe es außerdem, wenn die verfügbare Zeit und das Kulturinteresse dafürsprechen, die *Insula Maria,* eine wiedererrichtete, fresken- und mosaikengeschmückte römische Villa zu besichtigen. Desgleichen den *Village des Bories,* in dem nicht allein die eigentümlichen, urwüchsigen Steinhütten, sondern auch bäuerliche Gerätschaften vorgestellt werden.

Auch wenn die Provence mit malerischen Anblikken nicht gerade geizt, gebührt Gordes zweifelsohne die Krone. Die ansteigenden Häuserringe gipfeln in der Kirche und einem stattlichen Schloß.

18 Durch die Wälder bei Javon

Im einsamen Zentrum des Vaucluse-Plateaus

Ausgedehnte Höhenwanderung in waldreicher Umgebung; immer wieder schöne Ausblicke, vor allem auf den Mont Ventoux; alles in allem nicht besonders anstrengend.

Das gegen die Provence gelegentlich vorgebrachte Vorurteil von der baum- und schattenlosen, verbrannten Ebene wird mit der hier wärmstens empfohlenen, stimmungs- und erlebnisvollen Rundwanderung auf den Höhen des Vaucluse-Plateaus eindrucksvoll widerlegt. Zum einen durchmißt die Route ausgedehnte Waldgürtel, die vom Mont Ventoux übern Lubéron bis zum Sainte-Baume-Massiv in der Provence reichlich vertreten sind. Zum anderen gehört die Hochebene des Vaucluse zu den etlichen Erhebungen, die als Fern- und Nachwirkung der vor sechzig Millionen Jahren erfolgten Pyrenäenauffaltung der Provence eher den Stempel eines Berglands aufdrücken.
So gesehen könnten den alpenabtrünnigen Provenceeinsteiger fast heimatliche Gefühle ereilen, wenn die Formen der Vaucluselandschaft nicht doch um einiges geschmeidiger und romantischer und die locker gereihten Laubhölzer um einiges lichter und freundlicher wären als der düstere Tann nördlich melancholischen Zuschnitts.

Der Wegverlauf

Die Anfahrt zum Ausgangspunkt Fillol erfolgt von *Apt* aus. Zunächst geht's auf der D 943 nach *Saint-Saturnin-lès-Apt* und weiter in Richtung Sault. Im Anschluß an eine ausnehmend wildromantische Passage wird linksabzweigend auf der *D 140* in Richtung Saint-Lambert gefahren und nach etwa zweieinhalb Kilometern am Rand einer großen Waldlichtung aufgepaßt, damit der schräg rechts zurückführende und von dieser Seite her nicht beschilderte Teerweg nach *Fillol* nicht übersehen wird, auf dem man zum Fillol-Gebäude (ca. 700 m) mit angrenzender Parkmöglichkeit gelangt. Hier stellt man sein Auto ab und spaziert zunächst am Haus rechts vorbei. Anschließend geht's, bei einer Wegteilung linkshaltend, auf einem gelb markierten, soliden Wanderweg in die nördliche Richtung und abwechslungsvoll durch eine heitere Wald- und Wiesenlandschaft, die mit gelegentlichen Mont-Ventoux-Ausblicken noch zusätzlich an Reiz und Qualität gewinnt. Der allmähliche Anstieg wird solchermaßen kaum registriert. Nach geraumer Zeit trifft man auf die *Grande Randonnée 9,* der man linksgerichtet zur GR-Zwischenstation *Saint-Hubert* (ca. 850 m) folgt. Hier marschiert man ein paar Meter auf der *D 5* bis zur abermals links abzweigenden und rotweiß markierten *Grande Randonnée 91 A,* die zunächst durch eine Allee führt. Stets den rot-weißen Randonnée-Markierungen folgend wird eine Kuppe überschritten. Zwei Kilometer nach Saint-Hubert ist dann erneut größte Aufmerksamkeit geboten, weil sich unser Steig linksgerichtet von der Fernwanderroute trennt. Der südwärts gerichtete, jetzt recht schmale Pfad gewinnt wieder an Höhe und erreicht über ein paar Windungen einen Kamm, auf dem man aussichtsvoll dahinspa-

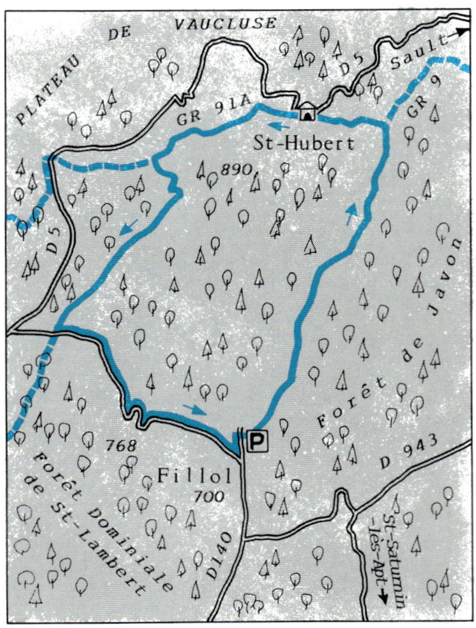

In der Waldeinsamkeit des Vaucluse-Plateaus legen sich die letzten Provencevorurteile von einer schattenlosen, ausgebrannten Ebene. Im Hintergrund erhebt sich der Mont Ventoux mit seiner weißen Schutthaube.

ziert. Erst bei der querenden Forststraße mit dem klangvollen Namen »Route Forestière des Indochinois« wird der stimmungsvolle und landschaftlich ungemein ansprechende, von Eichen gesäumte Weg wieder verlassen. Die langatmig betitelte Forststraße, auf der wir schließlich zur *Fillol*-Zufahrt gelangen, entpuppt sich als schmale, nur teilweise geteerte Trasse, die für Wanderer gerade richtig ist. Zuletzt geht's auf der von der Anfahrt bereits bekannten Stichstraße scharf links wieder zum Auto zurück.

Touristische Angaben

Ausgangspunkt: Fillol (ca. 700 m) beim Javon-Forst nordwestlich von Saint-Saturnin-lès-Apt.
Anfahrt: Von Avignon auf der N 100 nach Apt. Hier linksabzweigend auf der D 943 nach Saint-Saturnin-lès-Apt und weiter in Richtung Sault. Linksabzweigend auf der D 140 in Richtung Saint-Lambert und schließlich rechts nach Fillol.
Höhendifferenz bzw. Anstiegsleistung: Insgesamt ca. 250 m.
Weglänge: 12 km.
Gehzeit: 3½ bis max. 4 Stunden.
Karten: Michelin 1:200000, Nr. 245 Provence – Côte d'Azur (für die Anfahrt), Éditions Didier Richard 1:50000, Nr. 27 Massif du Ventoux.

19 In der Gorges de la Nesque

Romantische Felswildnis unterm Mont Ventoux

Mehrstündige Wanderung über beachtliche Höhendifferenzen; stellenweise Trittsicherheit erforderlich; großartiger, wildromantischer Naturrahmen.

Wer von Carpentras durch die Wein- und Lavendelfelder ostwärts fährt, fühlt sich in typischer provençalischer Umgebung und ahnt nichts von der geradezu dramatischen Naturverwandlung, die hinter Villes-sur-Auzon einsetzt. Dann nämlich betritt die südliche der beiden nach Sault führenden Straßen die grandiose Felswildnis der Gorges de la Nesque, die selbst für abgebrühte und weitgereiste Naturfeinschmecker in der Verwegenheit der hochfahrenden Schluchtmauern ein singuläres Erlebnis bedeutet. Schon seinerzeit widmete Frédéric Mistral in seinem Gedicht »Calendal« dem vierhundert Meter hohen Steilgewände des Rocher du Cire inmitten des Nesquedurchbruchs die ehrfurchtsvollen Zeilen:

»Diese Nesque ergießt sich in eine tiefe, dunkle Schlucht;
dann kommt schließlich der Moment,
wo sich der Fels brüsk und befremdlich auftürmt.
Das ist der Rocher du Cire, von dem ich spreche.
Weder Katze noch Ziege
noch Waldteufel, das glauben Sie mir,
hat ihn jemals erklommen.«

Seit Mistrals Tagen hat die kühne Klamm von ihrer Unberührtheit natürlich einiges eingebüßt. So schlängelt sich nicht allein die erwähnte Panoramastraße mit mehreren Aussichtspunkten am Senkrechtgemäuer dahin, sondern ebenso ein ungemein aufregender Wanderpfad zum düsteren Bachgrund hinab, der eine weitere Variante der provençalischen Landschaftsvielfalt beeindruckend vorführt.

Der Wegverlauf

Je nachdem aus welcher Richtung man anreist, wird man entweder von *Carpentras* auf der *D 942* ostwärts in Richtung *Sault* fahren und auf kurvenreicher Strecke hoch überm *Nesque*-Grund nach *Monieux* gelangen, oder aber vom Süden und von *Apt* aus auf

Die Nesque-Schlucht erreicht zwar nicht die Wucht und Dramatik des Canyon du Verdon, ermöglicht aber dennoch eine höchst wildromantische Rundwanderung, die bei Monieux ihren Ausgang nimmt.

der *D 30* über *Saint-Christol* nach *Sault* kommen und von hier aus in südwestlicher Richtung das malerische *Monieux* erreichen. So oder so wird im Dorfzentrum von *Monieux* das Auto abgestellt. Dann geht's zunächst einmal ohne Wegtafel durch die Ortschaft und bis in die Nähe des südlichen Siedlungsrands. Noch vor der *D 942* und noch innerhalb der Dorfgrenze wird dann schräg rechts leicht bergan marschiert und Monieux verlassen. Die Markierung läßt uns auch hier noch im Stich, so daß einiges Pfadfindertalent durchaus hilfreich sein kann. Bald aber trifft der gemächlich ansteigende Weg auf den Fernwanderweg mit der Markierung *GR 9* und auf eine Wegtafel, die bis zur Kapelle *Saint-Michel* eine Wegstunde anzeigt, eine Angabe, die nicht zu reichlich bemessen ist.

Der außerordentlich stimmungsvolle, meist von Buschwerk gesäumte Pfad steigt weiterhin an und bietet zunehmend eindrucksvolle Aus- und Tiefblicke auf die wildromantische Szenerie der *Nesque*-Schlucht. Jetzt, wo wir uns auf der *Grande Randonnée* aufhalten, gibt's auch mit der Wegsuche keinerlei weitere Probleme, weil die weiß-roten Zeichen in kurzen Abständen gesichtet werden.

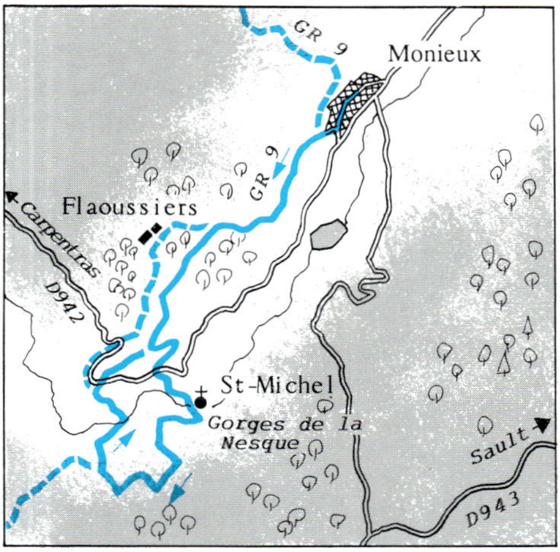

Nachdem der höchste Punkt bei etwa 820 Metern erreicht ist, zieht der Weg vorübergehend nahezu eben dahin. Dann heißt es bei einem rechts am Busch hängenden Fähnchen aufpassen, damit nicht der links abbiegende Weg übersehen wird. Auch in der Folge sind die Boden- und Baummarkierungen streng zu beachten. Zwischendrin geht's auf der Höhe eines Gehöfts links weiter. Im Anschluß an einige Bergabserpentinen wird erneut in südwestlicher Richtung am Hang dahinspaziert. Trotz aller Beschaulichkeit und Naturschönheit darf man allerdings bei der folgenden Weggabelung nicht geradeaus weiterwandern. Hier geht's vielmehr schräg links hinab und zur *D 942,* die man geradewegs überschreitet.
Jenseits der Teerstraße kommt die *Grande Randonnée* schnell zur Sache und windet sich in steilen Kehren zum *Nesque*-Bett hinab. Hier wird die *Chapelle Saint-Michel* angetroffen. Wer sich damit zufriedengibt, wird nach einer ausführlichen Betrachtung des dramatischen Naturrahmens und einer verdienten Brotzeitpause wieder auf dem gleichen Weg zurückmarschieren. Andernfalls kann man, wie in der Skizze eingezeichnet, die *GR 9* noch ein Stück weiter verfolgen und die wilde Romantik der *Nesqueschlucht* ausführlicher auskosten. Schließlich wird aber wieder die Straße erklommen und auf bezeichneter Route der Ring geschlossen. Die Rückkehr zum Ausgangspunkt *Monieux* erfolgt dann auf der vom Herweg bereits bekannten Route. Als weitere Alternative bietet sich außerdem der kleine Umweg über die paar Häuser von *Flaoussiers* an, dessen Verlauf der Wegskizze ebenso unschwer zu entnehmen ist.

Touristische Angaben

Ausgangsort: Monieux (650 m).
Anfahrt: Entweder vom Westen und von Carpentras aus auf der D 942 über Mazan und Villes-sur-Auzon oder vom Süden und von Apt kommend auf der D 30 über Saint-Christol und Sault. Daneben gibt es noch andere, landschaftlich besonders reizvolle Anfahrtswege, beispielsweise von Apt auf der D 943 über Saint-Saturnin-lès-Apt.
Höhendifferenz: Ca. 600 m.
Weglänge: Bis zur Chapelle Saint-Michel mit Rückweg auf gleicher Route insgesamt ca. 9 km. Die erwähnten und in der Skizze eingetragenen Zusatzalternativen sind 12 bis 13 km lang.
Gehzeiten: Wenngleich auf der Wegtafel bis Saint-Michel eine Stunde angegeben ist, darf man bei nicht zu flottem Gehtempo für den Hinweg und Abstieg zum Nesque-Flußbett durchaus 1½ Stunden einplanen. Für den Rückweg auf gleicher Route kann die Gehzeit noch etwas darüberliegen. 3 Stunden insgesamt sind also keinesfalls zuviel gerechnet.
Für die zusätzlich erwähnten, erweiterten Runden sind demnach zumindest 4 bis 4½ Wegstunden anzusetzen.
Karten: Michelin 1:200000, Nr. 245 Provence – Côte d'Azur (ggf. für die Anfahrt); Éditions Didier Richard 1:50000, Nr. 27 Massif du Ventoux.
Sehenswertes: Die 6,5 km lange Gorges de la Nesque zählt mit ihren steilen, von Höhlen durchsetzten Felswänden zu den wildromantischen Höhepunkten der Provence. Von entsprechender Kühnheit ist die kurvenreiche Fahrstraße, die mit ihren Parkbuchten an besonders aussichtsvollen Stellen auch den reinen Autotouristen das beeindruckende Naturszenarium wenigstens aus der Distanz erleben läßt. Den schönsten Ausblick hat man vom Belvedere gegenüber der 400 Meter hohen Rocher-du-Cire-Felswand, wo auch der Dichter Frédéric Mistral dereinst seine Poetenfeder zu ehrfurchtsvollen Versen zückte.

Im Petit und Grand Lubéron

20 Bei Oppède-le-Vieux

Betagtes Bergnest mit Künstlerflair

> Abwechslungsreiche Runde in teilweise unruhigem Berggelände; stellenweise Trittsicherheit erforderlich; malerische Motive im halbverfallenen, wiederentdeckten Oppède.

Wer heute im Lubérondörfchen Oppède-le-Vieux unweit von Cavaillon auf dem steinbelegten Weg geruhsam zur Kirche und zum Burghügel hinaufspaziert und den zahlreich versammelten Künstlerinnen bei ihrem beschaulichen Handwerk zusieht kann sich nur schwer an den Gedanken gewöhnen, daß sich hier wohl eines der düstersten Kapitel der Provencegeschichte abspielte. Verursacher war der nach 1100 geborene Lyoner Kaufmann Petrus Waldes, der um 1170 sein saturiertes Dasein an den Nagel hängte und fortan im Sinne der apostolischen Armut als Laienprediger für Askese und Bescheidenheit warb. Seine wachsende Anhängerschaft verschaffte sich mit den durchaus christlichen Tugenden Fleiß und Genügsamkeit auch in besseren Kreisen zunehmende Wertschätzung. Ein Vorgang, den die Kirche mit Argwohn verfolgte, zumal sich die Waldenser allein auf die Heilige Schrift beriefen und den kirchlichen Instanzen und Auflagen mit Ablehnung begegneten. Die Kurie versuchte sich auf schnelle Weise der lästigen Entsagungspropagandisten zu entledigen und exkommunizierte 1184 den Sektengründer. Aber die Saat war schon so weit aufgegangen, daß die Bewegung nicht mehr aus dem Gleis zu werfen war. So schwelte der Konflikt weiter und entlud sich im Jahre 1545 in einer schrecklichen Vergeltungsorgie, die vom kirchenergebenen französischen König Franz I. veranlaßt und vom seinerzeitigen Oppède-Schloßherrn, einem Baron Jean Meynier, ausgeführt worden war. Über 20 Lubérondörfer um Oppède und 2000 Menschen fielen damals dem Sengen und Brennen und wahllosen Gemetzel zum Opfer. 600 Männer schickte man nach Marseille auf die Galeeren. Ein dunkler Fleck in einer ansonsten honorigen Chronik, die dem Adelssitz zu höchster Ehre gereichte. So residierten in Oppède, nachdem Raymond VI. von Toulouse die von ihm erbaute Burg 1209 dem Papst vermacht hatte, die mächtigen Herren von Les Baux im Schatten der Lubéronhänge, die schließlich ihrerseits den Schlüssel an die Familie Meynier weiterreichten, deren Papsttreue von den Purpurträgern mit der Verleihung des Baronstitels belohnt wurde

Das Waldensermassaker war indessen nicht der Anlaß für die Oppède-Entvölkerung, die erst zu Beginn dieses Jahrhunderts zugunsten des benachbarten, tiefer gelegenen Poulivets erfolgte. Der wirtschaftlich günstigere Standort in der fruchtbaren Ebene hat aber längst nicht mehr alle Trümpfe auf seiner Seite, weil neben den Künstlern auch die Touristen das alte, noble Oppède-le-Vieux für sich entdeckt haben und möglicherweise einer erneuten Blüte neueren Zuschnitts auf die Beine helfen.

Der Besuch von Oppède läßt sich mit einer ansprechenden Wanderrunde verbinden, die allenfalls drei Stunden beansprucht und in den Petit Lubéron vordringt. Wenn dieses Pensum trotz der recht ansehnlichen Höhendifferenzen nicht ausreicht, gäbe es in Form einer 15-Kilometer-Runde bis Robion (wo man auch starten kann) sogar noch eine Erweiterungschance, die mit fünf Stunden zu Buche schlagen würde und mit der Oppède-Visite annähernd einen ganzen Tag füllen würde.

Der Wegverlauf

Wer von Avignon oder Cavaillon anreist, fährt auf der N 100 beziehungsweise D 2 jeweils in Richtung Apt und hält sich dann rechtsabzweigend an die in jedem Fall ausreichende Beschilderung nach Oppède. In der Ortsmitte von *Oppède-le-Vieux* findet

sich unter der Burgruine ein kostenloser Parkplatz, wo man das Auto abstellt. Anschließend wird, am Burgtor links vorbei, der rot-weißen Grande-Randonnée-Markierung gefolgt und zunächst einmal zum Fuß des Burgfelsens abgestiegen.
Dann geht's wieder entsprechend der Kennzeichnung der *Grande Randonnée 6* zügig empor und zu einem Bergrücken hinauf. Der Blick auf den Talboden wird immer freier, so daß in Verbindung mit dem zuverlässig markierten, idyllischen Pfad die Wandererseele in Hochstimmung gerät. Nach Durchquerung einer kleinen Senke wird schließlich bei 704 Metern der höchste Punkt des Rundwegs und ein querendes Teersträßchen erreicht, auf dem man mit ungestörter Sicht auf den links und rechts ausgebreiteten Durance- und Calavon-Talboden rechts vor und in die westliche Richtung spaziert. Der Fahrweg zieht nahezu eben dahin, so daß man ohne Anstrengung dahinschlendert und möglicherweise ein wenig ins Träumen gerät. Trotzdem heißt's nach etwa eineinhalb Kilometern wieder aufpassen, damit bald nach einer Zisterne und unmittelbar hinterm Schild mit der Aufschrift »Forêt Dominiale du Lubéron« der rechtsabzweigende, gelb markierte Fußsteig nicht übersehen wird, der nach einem weiteren halben Kilometer zu einer Pfadteilung kommt, bei der nicht schräg links dem roten Pfeil gefolgt werden darf, sondern dem nach rechts zeigenden Wegpfeil entsprochen wird(!). Der schwach aus-

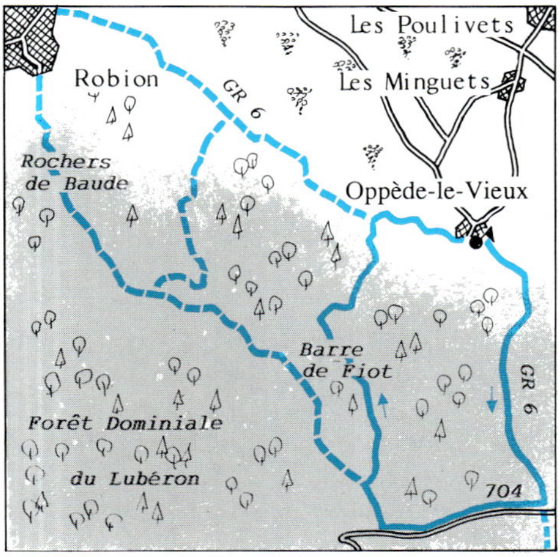

geprägte und dürftig in gelber Farbe gekennzeichnete Fußsteig (Geländeerfahrung und Orientierungsvermögen können nicht schaden) führt über den *Barre-de-Fiot*-Rücken und senkt sich mit einigen Fels- und Geröllpassagen wieder talwärts, wobei eine solide Trittsicherheit vorausgesetzt werden muß. Zuletzt wird wieder die *Grande Randonnée 6* angetroffen, auf der man rechtshaltend nach *Oppède* und zum Ausgangspunkt zurückkehrt.

Touristische Angaben

Ausgangsort: Parkplatz in Oppède-le-Vieux (ca. 200 m).
Anfahrt: Von Avignon bzw. Cavaillon auf der N 100 bzw. D 2 in Richtung Apt und entsprechend der ausführlichen Beschilderung rechtsabzweigend nach Oppède-le-Vieux (Parkplatz in Ortsmitte unterhalb des Burghügels).
Höhendifferenz bzw. Anstiegsleistung: Etwa 550 Höhenmeter.
Weglänge: 8,5 km.

Die Wanderung von Oppède-le-Vieux auf die Lubéron-Kammhöhe ist von schönen, weitreichenden Ausblicken auf den Calavon- und Durance-Talboden begleitet.

Gehzeit: Ca. 3 Stunden oder etwas darüber.
Karten: Michelin 1:200000, Nr. 245 Provence – Côte d'Azur (für die Anfahrt); Cartes IGN 1:100000, Nr. 67 Marseille – Carpentras.
Sehens- und Wissenswertes: Das Hochschloß von Oppède wurde von Raymond VI. von Toulouse erbaut, dann von den Herren von Les Baux übernommen und schließlich als päpstlicher Gunstbeweis der geadelten Familie Meynier vermacht, die sich ein unrühmliches Denkmal setzte. Im Vergeltungsschlag gegen die Waldenser, den der französische König Franz I. im Jahre 1545 anordnete, führte der Baron Jean Meynier das Kommando und trug die Hauptverantwortung für das grausame Gemetzel, dem 2000 Menschen zum Opfer fielen. Außerdem wurden zwei Dutzend Lubéron-Dörfer niedergemacht. Die Entvölkerung von Oppède in diesem Jahrhundert hat damit allerdings nichts zu tun und erfolgte aus wirtschaftlichen Gründen. Dank des wachsenden Künstler- und Touristenzuspruchs erlebt der Ort zur Zeit eine Renaissance.

Wegalternative: Robion – Oppède
580 Höhenmeter; 15 km; wenigstens 5 Stunden.
Die Wegfolge läßt sich beliebig einrichten. Wer in *Oppède* startet, kann beispielsweise zuerst auf der *Grande Randonnée 6* in nordwestlicher Richtung nach *Robion* wandern, dort zum südlichen Ortsrand marschieren, auf gelb gekennzeichnetem Pfad südostwärts zu den *Rochers de Baude* aufsteigen und nach dem *Vallon de la Sapine* (südlich der oben schon erwähnten Barre de Fiot) wieder zur oben beschriebenen Rundwanderroute aufschließen. Hier kann man sich für die Wegfortsetzung über die Barre de Fiot oder auf der Kammstraße entscheiden. Was schöner ist, mag der Verfasser nicht beurteilen, weil's, wie gesagt, auch eine Frage der Trittsicherheit ist.

Oppède-le-Vieux, das alte Bergnest am Lubéron, war im Verlauf der Waldenserbewegung zu makabrer Berühmtheit gelangt. Heute erfreut sich die Idylle wachsenden Künstlerzuspruchs.

21 Durch den Petit Lubéron

Vier stramme Tage für erfahrene Haudegen

> Anspruchsvolle Mehrtagetour durch die Westhälfte des Lubéron-Gebirgszugs; für jeden Lubéron-Liebhaber ein ungeteilter Hochgenuß; trotz stellenweise etwas anspruchsvollerer Wegpassagen ein insgesamt unbedenkliches Unterfangen, wenn ausreichende Tourenerfahrung, Routine bei unterschiedlichen Geländeverhältnissen und Orientierungsvermögen sowie solides Kartenmaterial gegeben sind.

Die Kerbe zwischen Buoux und Lourmarin teilt den Lubéron-Gebirgszug in zwei Hälften, die sich in ihrer Ausformung nicht unwesentlich voneinander abheben. Während die gerechterweise Grand Lubéron benannte Osthälfte mit dem Mourre Nègre die 1000-Meter-Marke um einiges überschreitet und auch sonst mit steilem Gewänce die Bezeichnung Gebirge durchaus verdient, schwingt sich der westliche Petit Lubéron seltener zu derart markanten Formen auf und bleibt erst recht mit seinen schlichteren Höhen seinem großen Nachbarn einiges schuldig. Derlei Vergleiche schmälern allerdings nichts am Erlebnisreichtum der mehrtägigen Tour im Revier des Petit Lubéron, die von Bonnieux über Sivergues nach Mérindol und wieder zurück nach Bonnieux führt und jedem erfahrenen Tourenwanderer einzigartige Festtage beschert. Natürlich muß auch im harmloseren Petit Lubéron mit solidem Kartenmaterial und geübtem Orientierungsvermögen die Route oft ausgeknobelt werden, weil die Lubéron-Grande-Randonnée 97 nur stellen- oder etappenweise in Anspruch genommen werden kann.

Die einzelnen Tagesstrecken bewegen sich im 13- bis 19-Kilometer- und 5- bis 6-Stunden-Rahmen, so daß eine Überforderung selbst für weniger wadelstarke Wegbegleiter auszuschließen ist.

An jedem Tagesziel wartet eine Wanderherberge, womit das hauptsächliche A und O der Mehrtageunternehmung ebenso zufriedenstellend geklärt ist.

Trotz der somit geregelten Rahmenbedingungen bleibt die viertägige Großrunde dem Routinier vorbehalten. Dieser Überzeugung entspricht die anschließende Kurzbeschreibung der Tagesetappen, die für den abgebrühten Haudegen Hinweis und Anleitung genug ist.

Der Routenverlauf

1. Tag: Bonnieux – Sivergues

Etwas über 500 Höhenmeter; 15 km; max. 5 Stunden.

Wie in der Skizze eingetragen, von *Bonnieux* (350 m) auf der *D 36* in die südöstliche Rich-

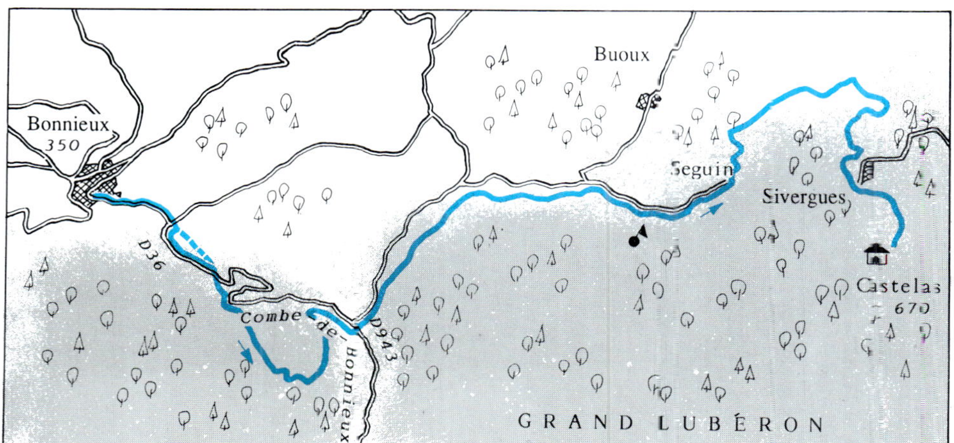

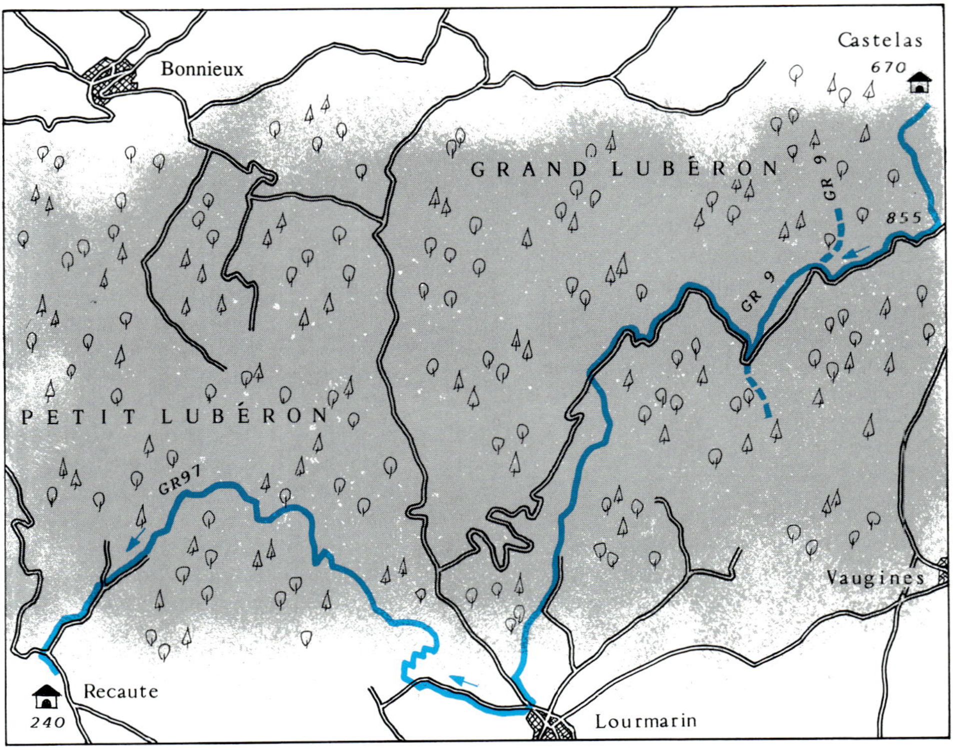

tung, dann auf blau markiertem Weg in derselben Richtung weiter. Nach etwa 2½ Kilometern bei der Routenteilung im Linksbogen zur *Combe-de-Bonnieux*-Schlucht. Scharf rechts zur *D 943*. Auf dieser kurzzeitig bis zum links abzweigenden, erneut blau markierten Weg und auf diesem in Begleitung eines Bachs zur *Moulin Clos* und *Auberge de Seguin*. Vorübergehend auf der *Grande Randonnée 9* in die nördliche Richtung, dann wieder rechtsabbiegend etwa 2 Kilometer nordostwärts. Schließlich rechtsabbiegend und nach 500 Metern nochmal rechtsgerichtet auf einem blau gekennzeichneten Weg nach *Sivergues* und zur Herberge von *Castelas* (670 m).

2. Tag: Sivergues – Recaute

Ca. 600 Höhenmeter; 19 km; 6–6½ Stunden.

Von der *Castelas*-Herberge (670 m) auf gelb markiertem Weg südwärts und zur *Grand-Lubéron*-Kammhöhe (855 m) hinauf. Auf dem Fahrweg rechts und in die südwestliche Richtung. Dann für einige Zeit auf der *Grande Randonnée 9* südwärts. In der scharfen Rechtskehre der Straße jedoch nicht linkshaltend auf der Grande Randonnée weiter, sondern noch etwa 3 Kilometer auf dem Fahrweg dahin, der zuerst in die nord-, dann südwestliche Richtung führt. Schließlich zweigt schräg links ein gekennzeichneter Weg ab, der zum Zwischenziel *Lourmarin* (210 m) absteigt. Von Lourmarin noch einmal nordwestlich auf eine Höhe von mehr als 600 Meter und zum *Vallon des Seyes* empor, dann jedoch wieder südwestlich zum *Gîte d'étape* von *Recaute* (240 m) hinab. Der letzte Abschnitt von Lourmarin nach Recaute folgt der *Grande Randonnée 97* und ist mit seiner rot-weißen Markierung nicht zu verfehlen.

3. Tag: Recaute – Mérindol

450 Höhenmeter; 13 km; etwas über 4 Stunden.

Von *Recaute* (240 m) ansteigenderweise auf einem nordwärts führenden Fahrweg durch die *Recaute-Schlucht* und zur *GR 97*, die westwärts mit einigen Windungen erneut die

600-Meter-Marke überschreitet. Bei einer Zisterne vom Fahrweg linksabbiegend und südwestlich mit An- und Abstieg zu einer weiteren Zisterne mit benachbartem Unterstand. Hier mit nochmaligem Abkürzer zur Straße nach Les Borrys. Nach der Straßenüberquerung leicht ansteigend westwärts und oberhalb von Mérindol linksabzweigend auf die *Grande Randonnée 6.* Zur westlichen Peripherie *Mérindols* (140 m) und scharf links in die Ortschaft zum *Gîte d'étape.*

4. Tag: Mérindol – Bonnieux

550 Höhenmeter, 15 km; 5–6 Stunden.

Zunächst auf gleichem Weg, das heißt auf der *GR 6* über *Vieux Mérindol,* das im Waldensergemetzel Mitte des 16. Jahrhunderts zu trauriger Berühmtheit gelangte, nordwärts zur *GR 97* hinauf. Auf dem Fernwanderweg etwa 1 Kilometer in die östliche Richtung (auch dieser Abschnitt ist noch vom Vortag bekannt), dann linksabzweigend und auf einem Wanderweg 3½ Kilometer in die nördliche Richtung und zur *Kammstraße* empor. Auf dem aussichtsvollen Fahrsträßchen in 670 Meter Höhe in die östliche Richtung und nach annähernd 6 Kilometern, kurz hinter *Bastidon,* schräg links abzweigend nach *Bonnieux* (350 m) zurück.

Touristische Angaben

Start und Ziel: Bonnieux (350 m).
Anfahrt: Von Avignon auf der N 100 in Richtung Apt und auf der Höhe von Goult rechts-

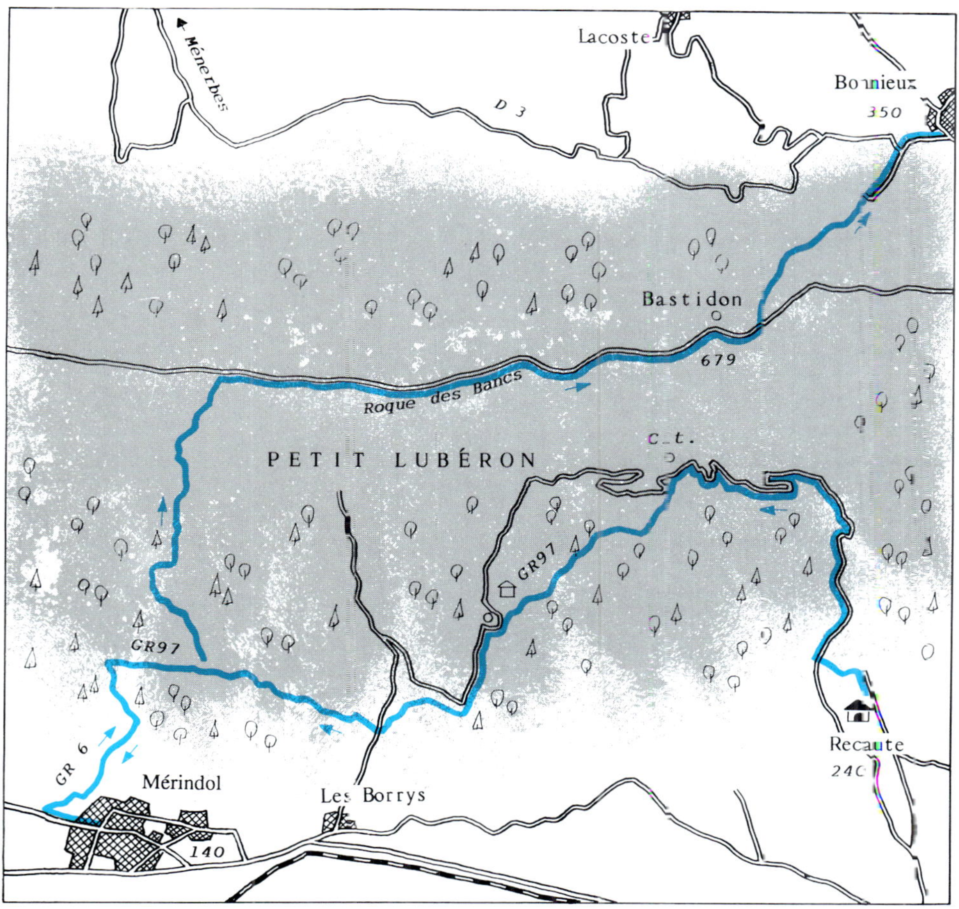

Die viertägige, anspruchsvolle Großrunde über und um den Petit Lubéron setzt beim zauberhaft angelegten Bonnieux ein, das sich wie Gordes an steile Hänge lehnt und vom Kirchturm bekrönt wird.

abzweigend nach Bonnieux. Hier Parkmöglichkeiten in Ortsmitte.
Höhendifferenzen bzw. jeweilige Anstiegsleistung: Die Anstiegsleistung bewegt sich bei den einzelnen Etappen zwischen 450 und 600 Höhenmetern.
Gesamtlänge der Großrunde: 62 km.
Gehzeiten: Zwischen 4 und 6½ Stunden.
Gîtes d'étapes bzw. Nachtquartiere: Sivergues (Castelas), Tel. 90746089; Recaute, Tel. 90082958; Mérindol, Tel. 90728554.
Karte: Éditions Didier Richard 1:50000, Nr. 14 Du Lubéron à la Sainte-Victoire.

22 Von Apt nach Buoux

Lauschige Pfade zu verschwiegenen Winkeln

Stille Wanderung zum verträumten Lubéron-Dörfchen Buoux; reizvoller Landschaftsrahmen; mit Rückweg nach Apt ein durchaus beachtliches Wanderpensum.

Wer in Apt nach Zeugnissen einstiger Größe sucht, wird arg enttäuscht. Man muß schon ins lokale archäologische Museum gehen, um den Funden und letzten Relikten aus vor- und frühgeschichtlicher Zeit zu begegnen, die von den bedeutenden Tagen als kelto-ligurische Vulgientermetropole und spätere Zwischenstation an der Römerstraße zwischen Poebene und Rhônetal künden. Ansonsten kann man als gebildeter Mensch noch in die Sainte-Anne-Kirche hineinschauen, die vom romanischen Ernst bis zur barocken Üppigkeit ein vielteiliges Stilsammelsurium präsentiert und lediglich mit ihren zwei Krypten kunstgeschichtlichen Rang erreicht.
So gesehen legt sich in Apt sehr schnell der kulturorientierte Erkundungseifer, während die pulsierende Gegenwart der betriebsamen

Kreisstadt um so mehr unser Interesse findet. Spätestens in der quirligen Heiterkeit des samstäglichen Wochenmarkts ist schon mancher Provenceurlauber zum stillen Apt-Verehrer bekehrt worden, wenngleich der lubéronnordseitige Ort noch andere Qualitäten zu bieten hat. Beispielsweise eine vergnügliche Wanderung zum verträumten Dorf Buoux hinauf, das im Vorfeld des wiederentdeckten, tourismusbeliebten Forts zwar an Bekanntheit gewann, seines Dornröschendaseins aber noch keineswegs verlustig ging. So genießt man in der geruhsamen Idylle des kleinen Dorfplatzes die tröstliche Gewißheit, daß die Hektik unserer Zeit noch nicht überall Fuß gefaßt hat. Selige Momente, die ausgekostet sein wollen!

Der Wegverlauf

Zunächst wird in *Apt* (222 m) der Wegtafel in Richtung Buoux gefolgt. Dann fährt man auf der *Avenue des Bories* bis zur *Gendarmerie,* wo man sein Fahrzeug abstellen kann. Anschließend wird auf der nach Les Agnels beziehungsweise Buoux beschilderten *D 113* für kurze Zeit in die westliche Richtung marschiert, bis links der *Chemin de Saint-Massian* abzweigt, der sich zwar als reizendes, aber zügig emporstrebendes Sträßchen entpuppt. Auf der Höhe wird wieder die *D 113* erreicht und überquert. Unser Wanderweg senkt sich in der Folge zu einem Bachgrund und steigt nach der Brücke abermals an. Wenig später endet das kommode Sträßchen bei einem Privathaus und geht in einen stimmungsvollen, gebüschgesäumten Wanderpfad über, der ansteigenderweise bald ins schattige Gehölz eintaucht.

Die zuverlässig weiß-rot markierte *GR 9* erreicht als nächste Station einen feudalen Landsitz, an dem man links vorbeispaziert. Im Anschluß an das Château geht's erneut im Waldschatten bergauf und zu einer querenden Straße, die geradewegs überschritten wird. Jenseits des Schottersträßchens wird entsprechend der Bodenmarkierung kurzzeitig übers freie Feld gewandert und möglicherweise eine kleine Verschnaufpause eingelegt, weil anschließend ein weiteres Mal bergauf gestiefelt wird. Ein Vorgang, der sich jedoch nicht allzu strapaziös gestaltet, weil der Karrenweg wohltuenderweise unterm lichten Blätterdach bleibt und außerdem die gewonnene Höhe mit einem erfrischenden Lüfterl bemerkbar wird. Schließlich ist der höchste Punkt mit 525 Metern und zugleich eine Straße erreicht, auf der man, linksgerichtet, etwa einen Kilometer südwärts wandert. Dann heißt es aufpassen, weil rechts- und gleich wieder linkshaltend ein parallel neben der Straße herlaufender Wanderweg abzweigt, der uns von der Teer- und Staubunterlage wenigstens vorübergehend befreit. Bald nämlich geht's wieder auf dem Fahrsträßchen weiter, das auf die kreuzende und nach Bonnieux führende *D 232* trifft. Auf der anderen Straßenseite wird die Wanderung auf dem schräg rechts gerichteten und bergab führenden Teersträßchen fortgesetzt, das in der Talsohle links ein Gehöft umgeht. Dann steht auf dem sonnigen Fahrweg über eine weit ausholende Schleife nochmal ein Anstieg ins Haus (zwischendrin achtgeben: die rechts abzweigende und bei unseren letzten Recherchen noch weiß-rot gekennzeichnete GR endet am oberen Waldausgang bei einem Acker!). Nachdem diese letzte Muskelprobe ausgestanden ist, ist's bis *Buoux* (470 m) nicht mehr weit. Ehe wir aber auf der absteigenden Kurvenstraße zum kleinen Dorfplatz des Zielorts hinabschlendern, wird selbstredend noch der alte aufgelassene Friedhof mit dem betagten Gotteshaus besichtigt, zumal im Inneren des verfallenden Kircherls der römisch inspirierte Altar eine höchst eigenwillige Handschrift verrät.

Zweieinhalb bis allenfalls drei Wegstunden von Apt nach Buoux sind für den versierten Wanderer natürlich noch keine ernsthafte

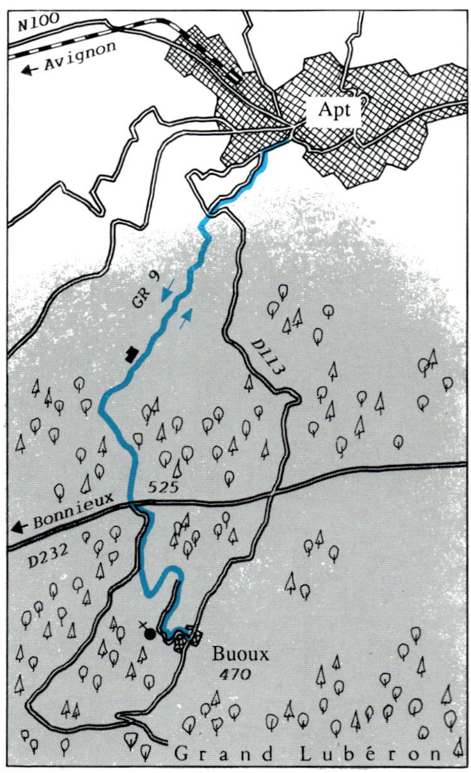

Prüfung, so daß die Rückkehr nach *Apt* ohne weiteres auch zu Fuß erfolgen kann, es sei denn, daß sich eine rührige Seele mit einem fahrbaren Untersatz für eine bequemere Art der Rückbeförderung zur Verfügung stellt.

Touristische Angaben

Ausgangsort: Apt (222 m), Parkmöglichkeit bei der Gendarmerie an der D 113 nach Buoux.
Anfahrt: Von Avignon auf der N 100.
Höhendifferenz: Etwas über 300 m; in Anbetracht einiger Gegenanstiege liegt die tatsächliche Anstiegsleistung jedoch bei annähernd 400 Höhenmetern.
Weglänge: Einfache Distanz etwa 8 km, hin und zurück (auf gleicher Route) also ca. 16 km.
Gehzeiten: Hinweg 2½–3 Stunden, Rückweg (bei etwas geringerer Anstiegsleistung) höchstens 2½ Stunden, insgesamt also 5 Stunden oder etwas darüber.
Karten: Michelin 1:200000, Nr. 245 Provence – Côte d'Azur (für die Anfahrt); Éditions Didier Richard 1:50000, Nr. 14 Du Lubéron à la Sainte-Victoire.
Sehens- und Wissenswertes: *Apt,* der Ausgangspunkt unserer Wanderung, blickt auf eine große Vergangenheit zurück. So war die Stadt, die heute wegen ihrer Konfitüren und als Zentrum der Ockergewinnung noch einige Berühmtheit bewahren konnte, die Metropole eines kelto-ligurischen Stammes. In der Römerära 40 n. Chr. erlangte die Colonia Apta Julia als Provinzhauptstadt an der Via Domitia zwischen dem Rhônetal und der Poebene fast noch größere Bedeutung. Der Glanz vergangener Zeiten ist indessen längst verblaßt und hat im Stadtbild kaum Spuren hinterlassen. So manche malerische Winkel machen einen Altstadtrundgang dennoch lohnenswert. Auf keinen Fall sollte man einen Besuch der Basilika Sainte-Anne versäumen, die trotz aller stilistischen Uneinheitlichkeit schon wegen ihrer beiden Krypten kunsthistorische Bedeutung gewinnt. Während die ältere, möglicherweise auf das 7. oder 8. Jahrhundert zurückgehende Grabkirche durch ihre Schlichtheit beeindruckt, gilt der darüberliegende mehrschiffige Raum als reifes Zeugnis romanischer Baukunst.

23 Zum Fort de Buoux

Frühgeschichtliche Fluchtburg mit bewegter Chronik

Kleiner Spaziergang mit Erweiterungsmöglichkeiten; landschaftlich und kulturgeschichtlich höchst eindrucksvoll.

Die 72-Seelen-Gemeinde Buoux am Nordeingang der Kerbe, die den Lubéron in die kleinere westliche und größere östliche Hälfte teilt, träumt in stiller Abgeschiedenheit vor sich hin. Wie der ganze Lubéron-Höhenzug hat aber auch Buoux schon lebhaftere Tage

Der kleine Spaziergang zum Fort von Buoux führt zwischendrin unter einem spektakulären Felsüberhang hindurch, der so nebenher den Ruf der Provence als Dorado für Kletterextremisten verständlich macht.

gesehen, wie das schlichte Gotteshaus mit dem ansehnlichen romanischen Altar aus dem 12. Jahrhundert andeutungsweise belegt. Einen weiteren Beweis des einstmaligen Besiedelungsbooms des ausgedehnten, waldreichen Felsplateaus liefert das Fort de Buoux, das südlich des Dorfes auf einer 500 Meter langen und bis zu 100 Meter breiten Felsplatte angelegt wurde. Nach jüngeren Erkenntnissen reichen die Anfänge der strategisch geschickt plazierten Riesenfestung mehr als zwei Jahrtausende zurück.
Aus der Keltenfluchtburg wurde dann in den düsteren Zeiten der Glaubenskämpfe ein Protestantenrefugium, das Richelieu 1660 jedoch schleifen ließ.
Seither blieb die weitläufige Anlage auf dem felsigen Schrägplateau dem Zahn der Zeit und der Natur überlassen und wäre wohl gänzlich aus dem Bewußtsein und Blickfeld verschwunden, wenn nicht ein wachsendes Interesse bildungsbewußter Kulturreisender die noch einigermaßen präsenten Relikte wieder in Erinnerung gebracht hätte. Den Blick in die bewegte Vergangenheit muß man sich allerdings mit einigen Bergaufmühen erst redlich verdienen, wenngleich der Muskelaufwand in erträglichen Grenzen bleibt.
Etwas ärgerlich wird hingegen im nachhinein der Obolus für die Besichtigung empfunden, weil für die Sicherung der Anlage, etwa bei den Bodenöffnungen der in den Fels eingelassenen Vorratssilos, keinerlei Vorkehrungen getroffen wurden.
Also schlendert man mit der gebotenen erhöhten Wachsamkeit durch die Gebäude- und Mauerreste, entdeckt die Ruine der romanischen, aus dem 13. Jahrhundert stammenden Kapelle, verfolgt die Spuren eines regelrechten Dorfes, das ehedem inmitten der Ummauerung errichtet wurde, passiert mit der eben empfohlenen Vorsicht die Silos und steigt schließlich zum höchsten Punkt hinauf, wo hinter mehreren Mauerriegeln der Donjon als letzte Bastion steht.
Alles in allem kommt für die Fort-Besichtigung also schnell eine Stunde zusammen, so daß mitsamt dem Hin- und Rückweg schon fast ein halber Tag anzusetzen ist. Wer neben dem Kulturbedürfnis allerdings noch einen ausgeprägteren Wanderdrang verspürt, wird gerne die kleine nachgenannte Runde anhängen, die zunächst ins idyllische Colombier-Tal eindringt und anschließend im Linksbogen den L'Aiguille-Felsstock umkreist.

Der Wegverlauf

Die Anfahrt zum Ausgangspunkt der Fort-de-Buoux-Wanderung erfolgt am besten von *Apt* aus, wo man der Beschilderung nach Buoux folgt. Die *D 113* windet sich rasch empor und eröffnet schöne Ausblicke auf den Apter Talboden. Auf dem höchsten Punkt (538 m) wird die *D 232* überquert, die rechts nach Bonnieux führt. Anschließend senkt sich die landschaftlich außerordentlich reizvolle *D 113* nach *Buoux* (470 m; am Ortseingang Buous geschrieben!), wo dem Wegschild zur *Auberge de Seguin* gefolgt wird. Die Straße verliert weiter an Höhe und passiert im Bachgrund eine Häusergruppe. 400 Meter weiter liegt dann rechts des Sträßchens ein kleiner Parkplatz mit einer Informationstafel, wo ein beschilderter Abkürzer zum Fahrweg in Richtung *Fort de Buoux* einsetzt. Der reizvolle, waldschattige Steig gewinnt zügig an Höhe und stößt bald auf den gerade erwähnten, von Moulin Clos heraufführenden Fahrweg, auf dem man rechtsgerichtet weiterspaziert. Das Sträßchen läßt sich zunächst recht idyllisch an, gewinnt dann aber geradezu beklemmende Akzente, weil zwischendrin eine gewaltige überhängende Felswand den Weg beschattet. Im Anschluß an das wildromantische Intermezzo wird schließlich der Abstecher und Zuweg zum Fort-Plateau erreicht und beim Kassenhäusl der Geldbeutel gezückt. Der Weg durch die vielteilige Anlage auf der zum *Donjon* ansteigenden und keilförmig zugespitzten Felsplatte ist von etlichen Besuchersohlen eingetreten und nicht zu verfehlen. Gesteigerte Aufmerksamkeit ist zumal bei Kindergefolge lediglich im Bereich der Silolöcher geboten, die auf halbem Weg an der Westseite der Anlage angetroffen wer-

Am höchsten und aussichtsvollsten Punkt der schräg ansteigenden Fort-de-Buoux-Platte (im Bild) stand dereinst ein Donjon, von dem allerdings nur noch spärlichste Überreste erhalten sind.

den. Neben den Vorratsspeichern findet sich der Durchlaß zu einer Geheimtreppe, die in bedrängter Lage als Hintertürchen und Notausgang benutzt wurde oder auch strategischen Winkelzügen diente.
Nach der angemessenen Begutachtung der historischen und prähistorischen Hinterlassenschaften steht wie gesagt die Entscheidung an, ob man neben der geistigen Bildung nicht auch dem Körper noch Zusätzliches zukommen lassen soll. Wer sich dazu entschließt, wandert am Fuß des Fort-Aufgangs und in der Rechtskurve linksabzweigend für etwa einen Kilometer in die südliche Richtung, folgt dann, scharf linksabbiegend, einem zuerst nordwärts, dann ostwärts gerichteten Weg, der bei einem Gehöft auf die *GR 9* trifft. Auf der Fernwanderroute geht's wieder linkshaltend nach *Seguin,* wo man das Fahrsträßchen antrifft, das uns, abermals linksgerichtet, nach *Moulin Clos* und zum Parkplatz beziehungsweise zum Auto zurückbringt.

Touristische Angaben

Ausgangspunkt: Parkplatz am Sträßchen von Buoux nach Seguin, ca. 2 km hinter Buoux (ca. 375 m).
Anfahrt: Von Apt entsprechend der Beschilderung auf der D 113 nach Buoux und weiter in Richtung »L'Auberge de Seguins«, im Talgrund vorbei an einer Häusergruppe und ca. 400 Meter danach rechts auf den Parkplatz (ggf. könnte man statt des hier einsetzenden Abkürzers auch gleich vom Tal aus das Sträßchen zum Fort de Buoux benutzen, das ein kurzes Stück weiter bei Moulin Clos rechts von der Seguin-Zufahrtsstraße abzweigt).
Höhendifferenzen: Bis zum Donjon als höchstem Punkt des Forts de Buoux fast 200 m; mit dem ggf. angeschlossenen Rundweg sind ca. 300 Höhenmeter als reine Anstiegsleistung anzusetzen.
Weglängen: Fort-Besichtigung mit Hin- und Rückweg insgesamt etwa 3 km; mit angeschlossenem Rundweg zusätzliche 4 km.
Karte: Éditions Didier Richard 1:50000, Nr. 14 Du Lubéron à la Sainte Victoire.
Sehens- und Wissenswertes:
1. Das verträumte Lubéron-Dorf *Buoux* besitzt eine kleine Kirche, in der aber immerhin

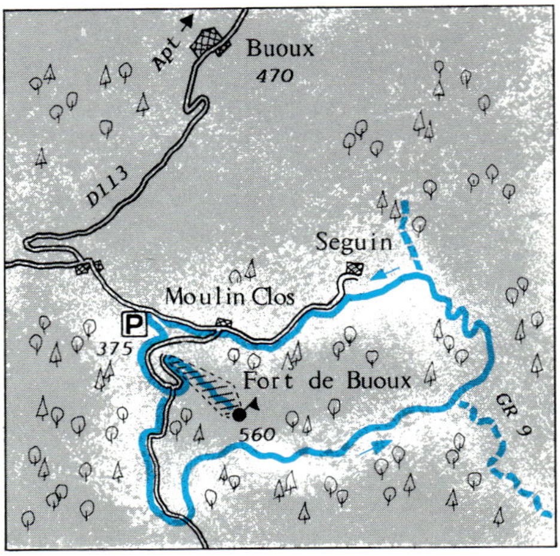

ein romanischer Altar aus dem 12. Jahrhundert steht.
2. Das *Fort de Buoux* reicht, wie die Besiedelung des einst lebhaft bevölkerten Lubéron-Gebirgszugs, bis in die prähistorischen Anfänge zurück. Auf der Grundlage ligurischer und gallo-römischer Vorgängerfestungen entstand auf dem nahezu rundum steil abfallenden, fast uneinnehmbaren und strategisch günstig plazierten Felsplateau am Nordeingang der Querfurche zwischen Petit und Grand Lubéron im 13. Jahrhundert erneut ein Fort von gewaltigen Ausmaßen. So ist die Felsplatte vom nordwestlichen, fast 100 Meter breiten Eingangsbereich bis zur schmalen, noch etwa 30 Meter breiten höchsten Stelle um den Donjon am Südostrand 500 Meter lang. In der Zeit der Glaubenszwistigkeiten suchten auf dem Fort-Plateau, das mit Dorf, Kirche und den notwendigsten Versorgungseinrichtungen ausgestattet war, bedrängte Protestanten Schutz. Nach der 1660 von Richelieu veranlaßten Schleifung war das Fort de Buoux allerdings dem Verfall preisgegeben. Das museale Denken jüngeren Datums und ein wachsendes touristisches Interesse bewirkten indessen die Wiederaufbereitung der erhaltenen Reste der vielteiligen Anlage, so daß sich der Eintrittspreis für den Besichtigungsrundgang in jedem Falle auszahlt.

Das Fort de Buoux liegt auf einer schwer zugänglichen Felsplatte und wurde seit vorgeschichtlicher Zeit als Refugium immer wieder gerne genutzt. Die historische Stätte lohnt einen Besuch.

24 Zum Mourre Nègre, 1125 m

Lange und kurze Wege zum höchsten Punkt des Lubéron

Als Kurzvariante von Auribeau aus ein gemütliches Halbtagesprogramm; bedeutende Aussicht vom höchsten Punkt; anspruchsvolle Wegalternativen von Saignon bzw. Cabrières-d'Aigues aus.

Wer auf den Mourre Nègre als höchsten Punkt des Lubéron steigen will, hat dazu zwei anspruchsvoll langwierige Möglichkeiten oder aber auch die Chance eines harmlosen Bergspaziergangs, der in vorgeschobener Position beim malerischen Dorf Auribeau einsetzt. Wer sich mit der Kurzversion begnügt, muß mit der Gestaltung der solchermaßen verbliebenen zweiten Tageshälfte nicht unbedingt in Verlegenheit geraten, weil sich zum ersten schon einmal in Apt ein Kurzbummel anbietet, zum zweiten an der Auribeau-Zufahrtsstraße ein paar der Bories genannten urwüchsigen Steiniglus zu besichtigen wären und zum dritten zwischen Apt und dem Bergnest unterm Lubéron-Nordhang ein denkbar malerisches Dorf angetroffen wird, das neben den Resten einer verfallenen Burg wie ein Adlerhorst an einem Felsstock klebt. Das Prachtmotiv der ineinanderverschachtelten, hochgelegenen Häuserversammlung wird bei der Auffahrt von Apt schon so frühzeitig gesichtet, daß es an Saignon einfach kein Dranvorbeikommen gibt. Also wird man das Auto vor den Toren des Orts, der noch dazu mit einer fulminanten Aussicht auf den Apter Talboden aufwartet, für geraume Zeit abstellen und in die idyllische Enge der auf- und absteigenden schmalen Gassen einen ausführlichen Blick werfen.

Als Kunstfreund wird man sich dabei natürlich keinesfalls die romanische Kirche aus dem 12. Jahrhundert entgehen lassen, die allerdings in späteren Stilepochen einigen Veränderungen ausgesetzt war. Ein relativ erträgliches Schicksal, wenn man zum Vergleich die dereinst reiche, aber bereits 1431 aufgelassene Abtei Saint-Eusèbe zwei Kilometer östlich Saignons heranzieht, die heute landwirtschaftlich genutzt wird und von einstiger Gestalt und Bedeutung kaum noch etwas erkennen läßt.

Der Wegverlauf

Die Anfahrt zum Ausgangspunkt der Mourre-Nègre-Wanderung erfolgt über *Apt,* wo am östlichen Ortsausgang die in Richtung Saignon beschilderte Straße abzweigt, die kurven- und aussichtsreich zum hochgepriesenen Bilderbuchdorf hinaufführt, das aus der Nähe betrachtet mit seiner Lage am steilen Fels die Erwartungen noch fast übertrifft. Nachdem man sich in *Saignon* etwas umgesehen hat, folgt man der Wegtafel in Rich-

Wie ein Adlerhorst klebt das Lubéron-Dorf Saignon an einem Felsstock. Im Hintergrund der weißleuchtende Mont Ventoux.

tung Auribeau und gelangt auf einem blitzsauberen Teersträßchen zu einem kurz vor *Auribeau* (694 m) rechts der Straße angelegten Parkplatz, wo man sein Fahrzeug hinterläßt. Anschließend marschiert man auf einem kommoden Fahrweg, der am Westrand der Parkfläche einsetzt, in unzähligen, weit ausholenden Windungen zu einem Sattel (953 m) hinauf, wo sich das Sträßchen nach links wendet und auf der Kammhöhe in die östliche Richtung zum bereits sichtbaren Fernsehturm führt, der unweit des mit 1125 Meter höchsten Punkts des *Lubéron* steht.
Beim Rückweg kann man bis zum Sattel mit der Zisterne auf dem alten Pfad rechts der Forststraße dahinbummeln und solchermaßen für eine reizvolle Abwechslung sorgen. Dann jedoch ist man wieder für einige Zeit an den Fahrweg gebunden, der möglicherweise für den gesamten Abstieg herhalten muß, wenn man den unbeschilderten, kaum mehr erkennbaren Einstieg in einen mittendrin rechts abzweigenden Steinweg verpaßt, der mit verwitterter, nur noch spärlichst auftauchender blauer Markierung schnurstracks nach *Auribeau* absteigt.

Touristische Angaben

Ausgangspunkt: Parkplatz vor Auribeau (694 m).

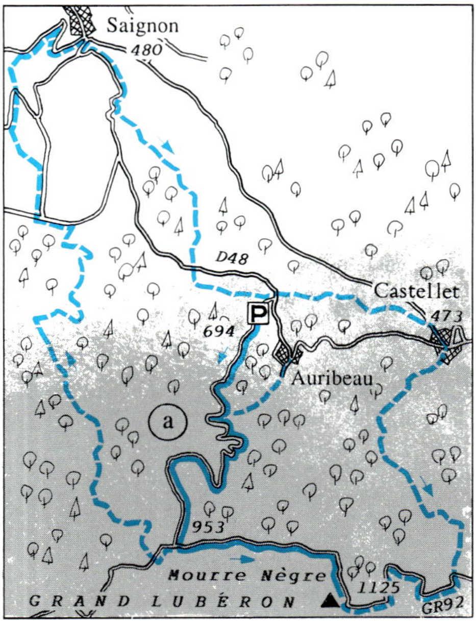

Anfahrt: Von Apt in Richtung Saignon und entsprechend der Beschilderung auf einem schmalen, aber guten Teersträßchen bis kurz vor Auribeau, wo rechts der Straße der Parkplatz liegt.
Höhendifferenz: 430 m.
Weglänge: Hin und zurück ca. 11 km.
Gehzeiten: Anstieg 1½–1¾ Stunden, Abstieg 1 Stunde oder etwas darüber.
Karten: Michelin 1:200000, Nr. 245 Provence – Côte d'Azur (für die Anfahrt); Cartes IGN 1:100000, Nr. 67 Marseille – Carpentras.

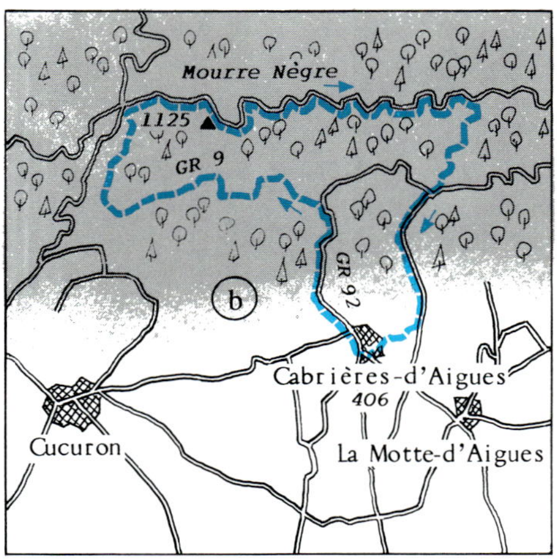

Sehenswertes: Das auf einem Felsstock plazierte und einst von einer Burg bewachte *Saignon* gehört zu den malerischsten Dörfern der Provence. Außerdem beherbergt der Ort inmitten seines Häusergewinkels eine romanische Kirche aus dem 12. Jahrhundert, in der sich ein frühchristliches Weihwasserbecken als wertvollstes Ausstattungsdetail findet.
Wer nach zusätzlicher Kunst verlangt, schaut noch zum Gehöft *Saint-Eusèbe* zwei Kilometer östlich von Saignon hinüber, an dessen Stelle einst ein bedeutendes Kloster stand. Von der einstigen Pracht ist als letzter Zeuge allerdings nur das romanische Gotteshaus übriggeblieben.

Wegvarianten:
a) Ab Saignon
Höhendifferenz 680 m; Weglänge 18 km; Gehzeit 6–7 Stunden.
Von *Saignon* (480 m) zunächst auf der *D 48* in Richtung Auribeau, dann links der Straße entsprechend den blauen Markierungen in die südöstliche Richtung und auf einem schwach erkennbaren Weg ins schattige Gehölz. Über die D 48, dann im Linksbogen und in östlicher Richtung bis zu einer weiteren Überschreitung der D 48 (ca. 1 km nördlich von Auribeau). Schließlich auf einem gelb markierten Weg nach *Castellet* (473 m), wo südwärts der weiterhin gelb gekennzeichnete Weg zum Lubéron-Kamm und zur Forststraße hinaufführt. Auf dieser rechts und zuletzt mit der rot-weiß markierten Grande Randonnée 92 zum *Mourre Nègre* (1125 m). Auf der Grande Randonnée wird, zunächst westwärts, dann bei der vorhin schon erwähnten Zisterne rechtsabbiegend und nordwärts gerichtet, wieder nach *Saignon* abgestiegen.
Bei einigen Gegenanstiegen liegt die gesamte Anstiegsleistung um einiges höher und bei knapp 900 Höhenmetern. Der Weg erfordert stellenweise einige Erfahrung im Berggelände und ist nichts für arglose Spaziergänger, ein Hinweis, der auch für die nächstgenannte Wegvariante in vollem Umfang zutrifft.

b) Cabrières-d'Aigues – Mourre Négre:
Höhendifferenz 750 m (tatsächliche Anstiegsleistung wie bei der vorigen Route etwa

Das Dörfchen Auribeau unter den Lubéron-Nordhängen ist Ausgangspunkt der gemütlichen Wanderung zum Mourre Nègre. Unermüdliche Marschierer starten allerdings schon in Saignon.

150 Höhenmeter mehr, also ca. 900 m); 20 km; Gehzeit bis zu 7 Stunden.
Von *Cabrières-d'Aigues* (406 m) auf der *GR 92* nordwärts, dann auf der kreuzenden *GR 9* in die westliche Richtung, nach einem kurzen Auf und Ab und von der Grande Randonnée rechtsabzweigend auf markiertem Pfad durch eine Felsschlucht *(Vallon de le Fayette)* nördlich zum Lubéron-Kamm hinauf (man könnte ebenso auf der GR bis zur Forststraße weitermarschieren, die, wie in der Skizze eingezeichnet, etwas umschweifiger zum Kamm führt). Auf der Höhe geht's ostwärts zum *Mourre Nègre* (1125 m) und etwa 4 Kilometer darüber hinaus, wobei der Wanderpfad die Straßenwindungen abkürzt. In einer scharfen Linkskurve der Kammstraße zweigt dann rechts der Weg nach Cabrières ab, der absteigenderweise wieder auf die *GR 9* und auf eine Straßengabelung trifft, von der man linkshaltend und südwärts bis kurz vor Cabrières gelangt. Zuletzt geht's rechtsabbiegend zu einem Tälchen und anschließend auf orange gekennzeichnetem Weg wieder zum Ausgangspunkt *Cabrières-d'Aigues* zurück.

25 Bei Céreste im östlichen Lubéron

Herbstlicher Zauber überm wehrhaften Städtchen

Im waldreichen Lubéron vor allem zu herbstlicher Stunde von großer Farbenpracht; kleine Bergwanderung mit Besteigung eines exzellenten Aussichtspunktes; unter Einbeziehung der D 31 ansprechende Erweiterungsmöglichkeit.

Zur Abrundung des Lubéron-Programms bietet sich eine acht oder zehn Kilometer lange Rundwanderung mit Gipfelabstecher an, die beim 1000-Seelen-Städtchen Céreste unterm Nordhang der Lubéron-Osthälfte ihren Ausgang nimmt und noch einmal alles beinhaltet, was der langgestreckte Höhenzug an Naturvorzügen wie an historischen Licht- und Schattenseiten vorzuweisen hat. So ist die betagte Römerbrücke über das Encrême genannte Flüßchen ein deutlicher Hinweis, daß die antike Blütezeit der Provence auch an dem Cérester Winkel nicht achtlos vorbeigezogen war. Zum zweiten beweist die Ummauerung von Céreste, daß selbst im Abseits von den provençalischen Metropolen der Frieden nicht geschenkt wurde und zumindest in den kritischen Jahren der Zuspitzung des Waldenserkonflikts so manche Anfechtungen ins Haus standen.

Zum dritten und zum letzten belegt aber der Ausflug auf die Lubéronhöhe, daß der Wald keine deutsche Domäne, sondern auch das Hauptmerkmal etlicher Provencegegenden ist, die mit ihrem überwiegenden Laubgehölz zudem einen herbstlichen Farbenzauber entfachen, der aller Düsternis nordischer Nadelhölzer die beschwingte Heiterkeit des lebensfrohen Südens entgegensetzt. Derlei Aussichten sind natürlich genügend Ansporn, über die 400 Höhenmeter zwischen Startpunkt und aussichtsvollem Gipfelziel großzügig hinwegzusehen.

Der Wegverlauf

Wer vom Westen und von *Apt* auf der *N 100* anreist, folgt in *Céreste* der rechtsabzweigenden und in Richtung Vitrolles/Grambois beschilderten *D 31*. Die Straße führt südwärts auf den Lubéron zu und teilt sich schließlich.

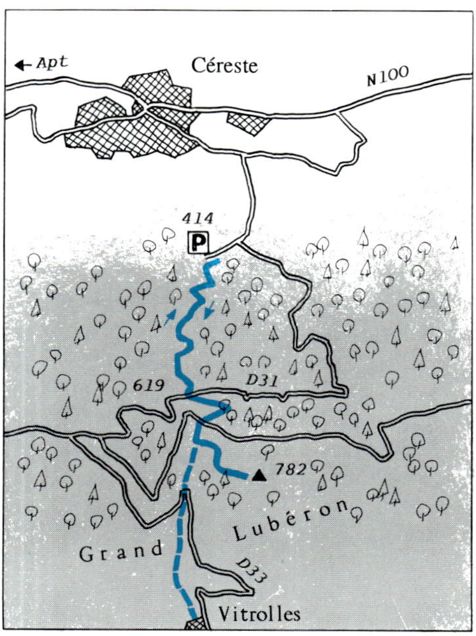

Während linksgerichtet die Vitrolles-Zufahrt weiterführt, halten wir uns an das geradeaus leicht ansteigende Sträßchen, das nach etwa 400 Metern auf einer Höhe von 414 Metern seine Pflicht erfüllt hat, weil man hier am Wegrand sein Auto abstellt und losmarschiert. Unser blau markiertes und südwärts gerichtetes Fahr- und Wandersträßchen zieht mit einigen Krümmungen durch malerische Eichenspaliere teils zügig empor und überquert in einer Höhe von 619 Metern die bereits bekannte *D 31*. Inmitten lichter Eichenwälder und mit bewegenden Rückblicken auf den Céreste-Talboden gewinnt der kommode Wanderweg weiter an Höhe, überquert die *Lubéron*-Kammstraße und trifft wenig später auf einen linksabbiegenden Bergpfad, der zunächst gemütlicher, dann etwas forscher einer 782 Meter hohen Aussichtskanzel entgegenstrebt, die uns mit ihrer bedeutenden Umsicht für die paar Schweißtropfen fürstlich entschädigt. Nach der luftigen Halbzeitrast könnte man wieder auf gleicher Route talwärts wandern. Der Abwechslung halber kann man aber auch auf der kreuzenden *D 31* mit geringer Autobelästigung im ostwärts ausholenden Bogen zur eingangs erwähnten Straßengabelung und zuletzt linkshaltend zum Startplatz zurückkehren, wobei nur 2 Kilometer zusätzlich zu bewältigen sind.

Touristische Angaben

Talort bzw. Ausgangspunkt: Céreste bzw. Parkplatz (414 m) unweit der in Richtung Vitrolles führenden D 31 und südöstlich außerhalb der Ortschaft.
Anfahrt: Von Apt und vom Westen her auf der N 100 bis Céreste und hier rechtsabzweigend auf der D 31 in Richtung Vitrolles/Grambois, dann südöstlich und außerhalb der Ortschaft bei einer Straßengabelung rechtshaltend, das heißt geradeaus, noch etwa 400 Meter weiter, wo neben der Straße Parkmöglichkeiten bestehen.
Höhendifferenz: 470 m.
Weglängen: Bei gleicher Route für den Hin- und Rückweg insgesamt 8 km; unter Einbeziehung der D-31-Abstiegsvariante insgesamt 10 km für den An- und Abstieg.
Karte: Éditions Didier Richard 1:50000, Nr. 14 Du Lubéron à la Sainte-Victoire.

Vom Étang de Berre bis Cassis

26 Am Étang de Berre

Naturoase abseits vom Trubel

Kleiner Rundspaziergang ohne große Mühen; überraschend friedlicher Winkel trotz der Nähe Marseilles und der dicht aneinandergereihten Berre-de-Étang-Orte; stellenweise feuchte Wege.

Dem lärmgepeinigten und ruhebedürftigen Stadtmenschen genügt natürlich nur ein kurzer Blick auf das Kartenblatt, um während seines Provence-Wanderurlaubs den Étang de Berre, seines Zeichens größter provençalischer Binnensee mit einer Ausdehnung von 15 530 Hektar, als untaugliches Spaziererrevier zu entlarven und von weiteren Überlegungen auszuschließen. Die Verfasser sind zugegebenermaßen auch nur aus dem spontanen Bedürfnis heraus, sich im Verlauf eines Besuchs der Marseiller Gegend noch irgendwo ein wenig die Füße zu vertreten, aufs Geratewohl zu einem der freilich selten gewordenen entlegeneren Uferwinkel gefahren und losgestiefelt. Ein Glücksfall: Weil niemand hier ans Wandern denkt, bleibt man mit sich und einer manchmal fast noch unberührten Natur allein. Wäre nicht der Marseiller Flughafen so nahe, könnte man von einem ungetrübten Vergnügen sprechen. Aber kleine Fehler hat beinahe jeder Weg, nur mit dem Unterschied, daß nach der Étang-de-Berre-Runde noch eine Besichtigungsfahrt zu den uferangrenzenden Orten des Binnengewässers ansteht, die mit malerischen Anblikken, reicher Kultur und betagter Geschichtlichkeit geradezu prunken und das Vorurteil von der seelenlosen Massen- und Industriezersiedelung dieser Gegend Lügen strafen.

Der Wegverlauf

Die Anfahrt zum Ausgangspunkt beim Weiler La Suzanne nordwestlich der Ortschaft Berre-l'Étang erfolgt über die in Richtung Marseille führende *Autoroute du Soleil (A 7)*, die über die Ausfahrt *Berre-Rognac* verlassen wird. Anschließend wird mehrmals dem Wegweiser nach Berre gefolgt, ein Industrieviertel passiert und schließlich *Berre-l'Étang* erreicht, wo's rechtshaltend und auf der *D 54*, einer schmalen Teerstraße, zu den Häusern von *La Suzanne* geht, wobei man kurz vor dem Weiler erst auf der breiteren Querstraße und nicht schon vorher nach rechts abbiegt.

Nachdem das Auto ohne Schwierigkeiten verstaut ist, spaziert man bis zum Ende der Teerunterlage weiter, dann zwischen Weinfeld und Schilfgürtel links hinüber, kommt zu einem freistehenden Gehöft und einem Teerweg, der linksgerichtet zur breiteren *D 54 a* führt. Auf dieser geht's rechts vor zu einem Flußübergang. Vor der Brücke wird links abgebogen und auf der südlichen Flußseite in die westliche Richtung gestiefelt. Nach einem knappen Kilometer wird das Gewässer jedoch wieder linksabzweigend verlassen und das Ufer des *Étang de Berre* aufgesucht,

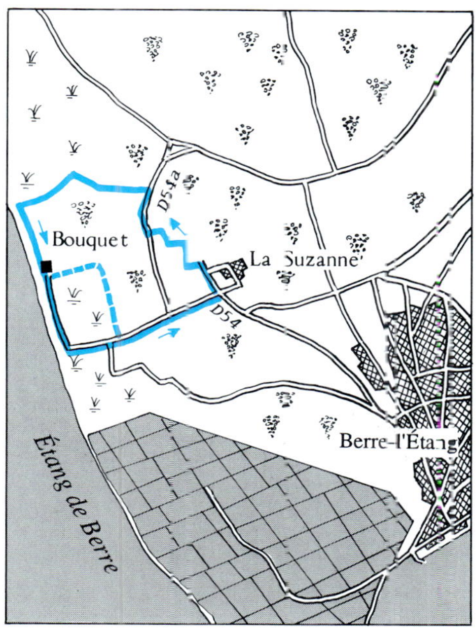

Der Étang de Berre unweit von Marseille ist der größte provençalische Binnensee. Trotz der Großstadt- und Industrienähe lassen sich hier noch manche stille, urwüchsige Winkel entdecken.

an dem man in südlicher Richtung für einige Zeit bleibt. Der Pfad spart nicht mit feuchten Passagen, so daß wasserfestes Schuhwerk durchaus dankbar empfunden wird. Gummistiefel wären natürlich das beste. Wem's zu naß wird, kann beim aufgegebenen Bauernhof *Bouquet* geholfen werden, weil man hier für den Fall, daß der weitere Uferweg unpassierbar überschwemmt ist, in östlicher Richtung den *Étang* bereits vorzeitig verlassen kann. Andernfalls spaziert man keinen ganzen Kilometer in Nachbarschaft des ausgedehnten Binnensees weiter, um zuletzt linksabbiegend auf der *D 54* wieder schnurgerade zum *La-Suzanne*-Startplatz zurückzulaufen. Die vorgenannte trockenere Variante bringt uns ebenfalls, diesmal jedoch im Rechtsknick, zur *D 54* und zuletzt linksgerichtet wieder zum Ausgangspunkt.

Touristische Angaben

Ausgangspunkt: La Suzanne nordwestlich der Ortschaft Berre-l'Étang.
Anfahrt: Auf der A 7 von Salon-de-Provence in Richtung Marseille, über die Ausfahrt Berre-Rognac nach Berre-l'Étang und hier rechtsabzweigend auf der D 54 in südwestlicher Richtung zum Weiler La Suzanne.
Weglänge: 6 km.
Gehzeit: Maximal 2 Stunden.
Karten: Michelin 1:200 000, Nr. 245 Provence – Côte d'Azur (für die Anfahrt); Cartes IGN 1:100 000, Nr. 67 Marseille – Carpentras.
Sehens- und Wissenswertes: *Étang de Berre:* Der 15 530 Hektar große und bis zu 9 Meter tiefe See nordwestlich von Marseille ist das größte Binnengewässer der Provence. Bei Martigues führt ein Kanal zum Mittelmeer. Neben der Öl- und Petrochemie und den Schiffswerften neueren Datums geht die hier betriebene Salzgewinnung bis ins frühe Altertum zurück.
Von größtem Reiz ist eine Autorundfahrt, die bei angemessener Betrachtung der Sehenswürdigkeiten vom alten, malerischen Martigues über die keltisch-griechischen Ausgrabungsstätten von Saint-Blaise bis zum uralten Städtchen Saint-Chamas mit dem nahebei über die Touloube gespannten Pont Flavien kaum an einem Tag zu bewältigen ist.

27 Wanderrunde über Méjean

Landschaftsgenüsse am Mittelmeer

Dreistündige Wanderrunde in außerordentlich bewegender und abwechslungsreicher Landschaft; bei einigem Auf und Ab nicht ganz mühefrei, wodurch der Naturgenuß keineswegs getrübt wird.

Wenngleich die Mittelmeerstadt Marseille als griechische Handelsniederlassung von Haus aus für den Kommerz bestimmt war und bis heute dieser hauptsächlichen Aufgabe treu geblieben ist, kennt die von Ölraffinerien und teils trostlosen Büro- und Wohnsilos umstellte Industriemetropole auch ihre intimen und idyllischen Seiten, die durchaus in den provençalischen Rahmen passen. Man muß nur einmal durch den alten Hafen schlendern, dem der Abstieg in die Statistenrolle einer Fischerei- und Segelbootanlaufstelle nur gutgetan hat, weil dadurch sein von großen Poeten beschworenes unverwechselbares Fluidum kaum noch dem Wandel der Zeit ausgesetzt ist.
Nicht weniger romantisch sind die dem Hafen vorgelagerten Inseln unter denen die kleinste auch den kürzesten Namen trägt, obwohl Bescheidenheit unangebracht ist. Auf dem Minieiland If steht nämlich das berühmt-berücht gte Château, in dem Dumas' »Graf von Monte Christo« in einem der Kerker schmachtete, die neben der Literaturgestalt ebenso etlichen politischen Gefangenen zur unbehaglichen Bleibe wurden. So unter anderem auch jenem Ende des 17. Jahrhunderts inhaftierten legendären »Mann mit der Eisenmaske«, der als nach wie vor ungelöstes Rätsel durch die kriminalistischen Folianten geistert.
Neben der literarischen Aufwertung schmückte sich Marseille aber ebenso mit gelegent-

Folgende Abbildung:

Die Chaîne de l'Estaque bei Marseille sorgt mit ihren zerklüfteten, abwechslungsvollen Mittelmeersteilufern für prachtvolle Landschaftsakzente. So etwa bei Méjean, das unsere Route berührt.

MA. 308377
308396

lich aufkreuzender Künstlerprominenz, die sich gerne im Küstenvorort L'Estaque einquartierte. Die Zeiten eines Cézanne oder Braque sind allerdings längst vorbei, zumal die einst reizvolle Strandidylle vom Sog der Industrietristesse entstellt wurde.
Wer jedoch über L'Estaque hinaus noch ein wenig weiter den steilen Küstenstreifen auskundschaftet, wird von einem ungewöhnlich vielseitigen und erlebnisvollen Natur- und Landschaftsszenarium in Begeisterung versetzt, das die nahe Riesenstadt gleich um noch ein, zwei Grad interessanter und facettenreicher erscheinen läßt. So wie die Montagne de Marseilleveyre und die Calanques auf Cassis zu höchst romantische Akzente setzen, schiebt sich mit der Chaîne de l'Estaque auch auf der anderen Seite noch ein Höhenzug mit steilen Abbrüchen ans Meer heran, der mit kleinen Fjorden und malerischen Schlupfwinkeln das große Calanquesmotiv noch einmal in ruhigerer Form aufgreift. Eine Chance für den Wanderer, den Zauber der Mittelmeerküste, beispielsweise im Verlauf unserer kleinen Runde über Méjean, ein weiteres Mal zu erfahren.

Der Wegverlauf

Wer vom Norden und von *Salon-de-Provence* anreist, folgt zunächst der *A 7* und zweigt vor Marseille auf die westwärts nach Martigues führende *A 55* ab. Die Autobahn wird jedoch bereits über die Ausfahrt nach *Gignac* verlassen. Dann fährt man entsprechend der Beschilderung in Richtung Le Rove, nimmt aber schon vor der Ortschaft die rechts abzweigende und nach Ensuès ausgewiesene Straße. Am Ortseingang von *Ensuès* geht's schließlich linksgerichtet nach *La Redonne* und zu den *Calanques*. Weiterhin dem Wegpfeil nach La Redonne entsprechend wird nach einer extremen Gefällstrekke ein Bahnhof mit Parkplatz erreicht, auf dem das Fahrzeug stehen bleibt.

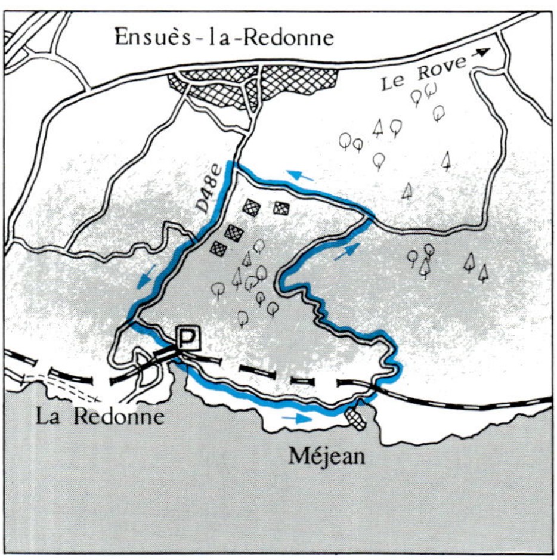

Anschließend wird der malerische Hafen passiert und neben den Zugschienen ostwärts in Richtung Méjean gewandert. Auf halber Strecke kommt man an *Figuères* vorbei. Das Sträßchen bewegt sich durch recht unruhiges Terrain, so daß auch ein paar Bergaufpassagen zu verkraften sind, die angesichts der bewegenden Ausblicke auf die wildromantische Küstenlandschaft des Mittelmeers allerdings kaum ins Gewicht fallen. Nach einiger Zeit trifft man in *Méjean* ein, das sich mit seinem klippengesäumten Minihafen als reinste Maleridylle präsentiert.
Nach der angemessenen Betrachtung der makellosen Naturschönheit macht man sich wieder auf den Rückweg, der nach dem Bahnviadukt windungsreich abermals in die Höhe führt. Die bizarre Felslandschaft spart auch auf diesem Wegabschnitt nicht mit beeindruckenden Akzenten. Schließlich sind die Bergaufmühen überstanden und auf der links nach Les Bourgailles führenden Querstraße die Häuser einer Feriensiedlung erreicht, hinter denen man im Rechtsbogen wieder die *Ensuès-La-Redonne*-Straße aufsucht, auf der linksgerichtet der Rest der Wanderrunde über die Bühne geht.

Touristische Angaben

Ausgangspunkt: Ensuès-la-Redonne, Parkplatz beim Bahnhof.
Anfahrt: Auf der A 7 und A 55 bis zur Ausfahrt Gignac, dann in Richtung Le Rove und Ensuès-la-Redonne und schließlich auf der D 48e nach La Redonne bzw. zum Parkplatz beim Bahnhof an der Küste.
Höhendifferenz: Etwas über 100 m.
Weglänge: 9,5 km.
Gehzeit: 3 Stunden.
Karte: Cartes IGN 1:100 000, Nr. 67 Marseille – Carpentras.

Die Mittelmeerküste um Marseille und Cassis ist vorwiegend felsigen Charakters. Dementsprechend ist die Runde über Méjean alles andere als ein Strandspaziergang auf gepflegten Kurpromenaden.

Die Étoile-Erhebungen nordöstlich von Marseille sind exquisite Aussichtskanzeln. Eindrucksvoll gestaltet sich der Besuch des Annen-Gebirgszugs, der bei Mimet (im Bild) eingeleitet wird (Tour 28b).

28 Chaîne de l'Étoile

Privilegierte Aussichtswarten über Marseille und Aubagne

Halb- bis ganztägige Unternehmungen; Grande Étoile auch als Mountainbike-Tour geeignet; vom Col Sainte-Anne bis zum Garlaban einzigartige Gipfelaussicht; am schönsten im fortgeschrittenen Herbst.

Die zweitgrößte französische Stadt Marseille war um 600 v. Chr. als griechische Handelsniederlassung gegründet worden. Das kommerzielle Motiv der ersten Stunde war für die Entwicklung der Mittelmeersiedlung auch weiterhin bestimmend und die entscheidende Grundlage für ein rasches Aufblühen. Als wirtschaftlicher Dreh- und Angelpunkt von internationalem Format zog das griechische Massalia jedoch bald den Neid der Karthager und Etrusker auf sich. Außerdem warfen die provençalischen Saluvier begehrliche Blicke auf den denkbar günstig plazierten Mittelmeerstützpunkt, so daß mehr als einmal die römische Schutzmacht bemüht werden mußte, um empfindlichere Übergriffe abzuwehren. Der Pakt mit Rom und die dadurch bedingten goldenen Jahre erlitten aber einen jähen Rückschlag, als sich Marseille im innerrömischen Ränkespiel zwischen Pompejus und Cäsar auf die falsche Seite schlug. Als neugekürter Imperator rächte sich Gajus Julius Cäsar nämlich in der Weise, daß er sein gesteigertes Wohlwollen Arles und Narbonne zuwandte und Marseille die kalte Schulter zeigte. Nach der Talfahrt lichtete sich jedoch bald wieder der Himmel, wenngleich der neue Glanz der alten Größe nicht mehr gleichkam. Erst das vergangene Jahrhundert brachte mit der Eroberung Algeriens und der Eröffnung des Suezkanals eine spürbare Aufwertung Marseilles als Hafenstadt und Handelsmetropole, die den kulturellen Akzent gegenüber dem wirtschaftsorientierten Schwerpunkt ins Hintertreffen geraten ließ. So wird der Kunstfreund und Bildungsreisende mit bedeutenderen Sehenswürdigkeiten und musealen Kostbarkeiten in Marseille nicht gerade verwöhnt, wenn man die schöne romanische alte La-Major-Kathedrale und ein paar noble Profanbauten neueren Datums ausnimmt.

Der Garlaban-Gipfelstock ist nach provençalischem Muster mit einem rasanten Südabbruch und einer harmlos flachen Nordschulter ausgestattet und somit, wie das Bild zeigt, leicht zu besteigen.

Aus diesem Grunde ersparen sich die Verfasser die gesonderte Beschreibung eines Rundgangs durch die alten Viertel der Millionen-

stadt, zumal nördlich von Marseille und der Nachbarstadt Aubagne mit der Chaîne de l'Étoile und dem Garlaban-Rücken ein mehrgipfeliger, exzellenter Aussichtsbalkon wartet, der dem Fußwanderer und auch berggewohnten Radler außerordentlich lohnende Ziele bietet. So kann man zuerst einmal von der nordwestlichen Peripherie Marseilles aus auf einem neuangelegten Teersträßchen mit dem Mountainbike zur Grande-Étoile-Erhebung hinauffahren, die über die Dächer der Riesenmetropole hinweg einen weiten Blick aufs Mittelmeer erlaubt. Ein Erlebnis, das man sich zu spätherbstlicher Stunde, wenn sich die ärgste Hitze gelegt hat und der Straßenschlauch nicht mehr allzu monoton empfunden wird, auch auf Schusters Rappen redlich verdienen kann.

Als nächstes gibt s beispielsweise von Mimet aus die Möglichkeit eines kurzen Spaziergangs zur Montage Sainte-Anne hinauf, die mit dem benachbarten Pilon du Roi ebenfalls zu den privilegierten Aussichtslogen der Étoile-Gebirgskette zählt. Schließlich lockt noch die kühne Garlaban-Kanzel über Aubagne, zu deren Gipfelkreuz gleich zwei verschiedene, jeweils landschaftsschöne Routen führen.

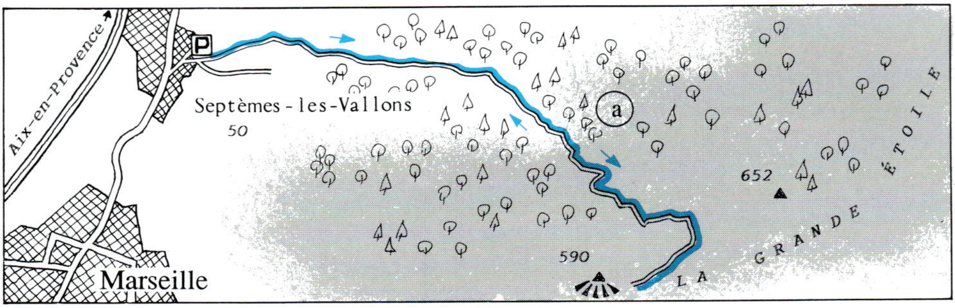

Der Hausberg von Aubagne steht auch im Mittelpunkt einer erlebnisvollen Großrunde, die Marcel Pagnol gewidmet ist und als Krönung unseres Chaîne-de-l'Étoile-Programms dem berühmtesten Sohn Aubagnes alle Ehre macht. Ob der 1895 in Aubagne geborene und 1974 in Paris gestorbene Schriftsteller, Filmautor und -regisseur aus seinem Themenkreis von Amtsuntreue, Käuflichkeit und Amoral gelegentlich in der stillen, heilen Bergwelt Zuflucht suchte, ist allerdings nicht erwiesen.

Der Wegverlauf

a) Marseille – La Grande Étoile

500 Höhenmeter; hin und zurück (auf gleicher Route) 14 km; 2–2½ Stunden für den Anstieg, 1¾ Stunden für den Rückweg, insgesamt also max. 4¼ Stunden; insbesondere für Mountainbike-Ausflügler das reinste Vergnügen (durchgehend solide Teerstraße).

Der Ausgangspunkt der Grande-Étoile-Wanderung wird auf kürzestem Weg erreicht, wenn man, auf der Autobahn von *Aix* und vom Norden ankommend, am Nordeingang von *Marseille* über die Ausfahrt *Saint-Antoine* die Autobahn verläßt und anschließend in die nördliche Richtung zum Vorort *Sèptemes-les-Vallons* fährt. Hier wird der rechts abzweigenden *Rue de la Télévision* gefolgt und vor der Schranke der öffentlich nicht zugelassenen Auffahrt zur Fernsehstation das Auto abgestellt.

Ob zu Fuß oder per Mountainbike, es erübrigt sich jede Wegbeschreibung, weil man sich ohne auffälligere irritierende Abzweigungen stets und bis oben hin auf der Teerunterlage aufhält. Zu Sommerszeiten, wenn noch dazu nicht für entsprechenden Flüssigkeitsnachschub gesorgt wurde, in aller Regel ein langatmiger Hitzeschlauch, der für provençalische Wanderfreuden nicht gerade eine Werbung darstellt. Im späten Herbst jedoch auch für den Fußwanderer ein denkbar beschauliches und inmitten farbenfroher Wälder ungewöhnlich stimmungsvolles Vergnügen. Für den Mountainbike-Radler fast zu jeder Jahreszeit indessen ein enttäuschungsfreier Superhit mit einer gleichmäßig zügigen Auffahrt und einer 7-km-Abfahrt, die ungeteilte Begeisterung weckt. Was kann man als Bergradler, wenn man nicht gerade auf abenteuerliche Querfeldeinparcours erpicht ist, noch mehr verlangen?

Die Wendemarke liegt auf einer Höhe von etwa 550 Metern, hoch genug, um mit einem fabelhaften Ausblick auf Marseille und den glänzenden, endlosen Spiegel des Mittelmeers für alle Bergaufmühsal reichlichst entlohnt zu werden.

b) Mimet – Montage Sainte-Anne

Keine 250 Höhenmeter; hin und zurück ca. 6 km; Anstieg 1 Stunde, Rückweg ¾ Stunden.

Nicht einmal 250 Höhenmeter, eine relativ bescheidene Wegstrecke und eine Wanderzeit, die sich zwischen gemütlichem Frühstück und Mittagessen ohne Hektik unterbringen läßt, dazu eine bewegende Gipfelaussicht – unter derlei Vorzeichen wird selbst der gehträge Autofan ein sportives Intermezzo riskieren. Der Schauplatz dieser Idealkonstellation ist die Montage Sainte-Anne bei Mimet.

Die Anfahrt zum Ausgangspunkt Mimet erfolgt am besten von *Gardanne* aus auf der *D 58* und *D 8*. Vor dem Ortseingang *Mimets* (ca. 400 m) zweigt dann rechts ein für 5,5

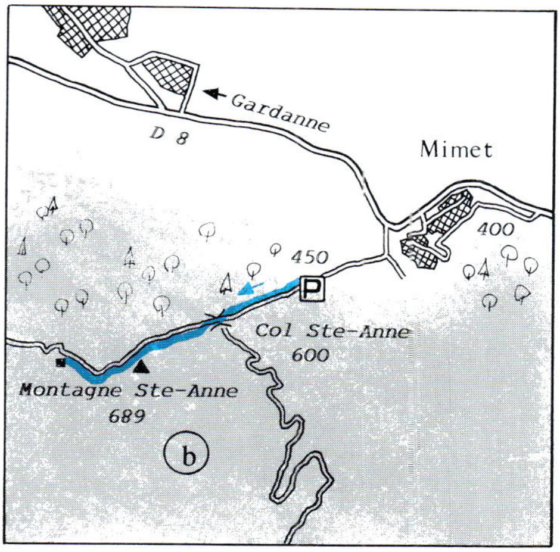

Tonnen zugelassenes Sträßchen ab (als Orientierungshilfe wichtig), auf dem man bis zu einer nächsten Wegteilung emporfährt. Hier geht's nochmal rechts weiter und zu einem Parkplatz (450 m) hinauf, wo das Fahrzeug stehengelassen wird. Anschließend spaziert man auf einem Teersträßchen mit einigen Kehren zu einem Sattel, auf dem zur Rechten ein höchst kontrastreiches Gipfelszenarium ins Blickfeld rückt.

Vom Sattel wird auf dem Forstweg rechts vor gewandert und ohne bemerkenswertere Höhendifferenzen ein links abzweigender und blau markierter Steig erreicht, auf dem man zum Ziel des kleinen Bergspaziergangs (689 m nach Auskunft eines einheimischen Jägers; die Angaben in den Karten stimmen damit nicht ganz überein) gelangt.

Nachdem die eindrucksvolle Rundschau beendet ist, kehrt man wieder auf dem Herweg zum Auto und Ausgangspunkt zurück.

c) Wege auf den Garlaban

600 Höhenmeter; An- und Abstieg insgesamt 9–10 km; Gehzeit jeweils 3–3 ½ Stunden (bei vorgeschobenem Ausgangspunkt etwas weniger); Großrunde 19 km und 5–5½ Stunden Gehzeit.

Auf den 714 Meter hohen Garlaban, einen typischen Provenceberg mit steilem Südabbruch und relativ sanft geneigter Nordschulter, gibt es von Aubagne aus zwei Standardwege, die jeweils, wenn man in Aubagne unmittelbar startet, an die 3 Stunden mit An- und Abstieg erfordern. Insofern ließe sich mit beiden Routen ein Rundweg arrangieren, der nur den einen Nachteil hat, daß man in Aubagne mit dem Stadttrubel konfrontiert wird. So gesehen ist's also wohl vorteilhafter, wenn man im einen wie im anderen Fall die erste Wegetappe mit dem Auto absolviert und außerhalb der Peripherie, wo's ruhig geworden ist, sein Fahrzeug abstellt.

Der **erste**, besonders stimmungsvolle Garlaban-Anstieg beginnt bei einem *Supermarkt* (= Sodim) am Nordrand von *Aubagne*. Man verläßt also die nach Marseille führende Autobahn über die Ausfahrt *Aubagne-Nord* und stellt sein Auto, so man direkt in *Aubagne* starten will, auf den rechts der Straße liegenden und unübersehbaren Supermarktparkplatz. Westlich des Abstellgeländes geht's dann rechtsgerichtet über die Autobahn und

Von Aubagne führen zwei jeweils sehr ansprechende Wege zum Croix de Garlaban, die sich zu einer recht abwechslungsvollen Rundtour verbinden lassen. Im Bild die östliche Variante.

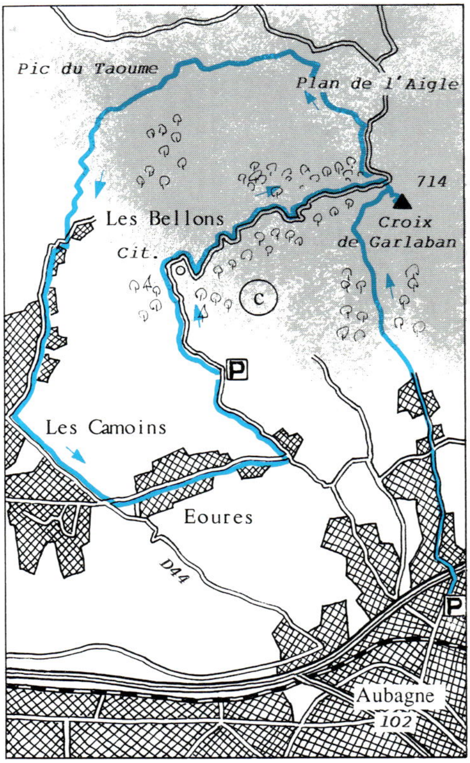

anschließend auf dem *Chemin du Pin Vert* (Wegweiser La Bretagne/Le Garlaban) in die nordwestliche Richtung. Beim *Mas dou Felibre* beziehungsweise bei einer Zisterne stehen dann ein paar Autostellmöglichkeiten zur Verfügung, bei denen man ebenso und etwas zeitsparender einsteigen könnte.
Der Weg steigt mäßig an und führt zu einem Hochspannungsmast, wo rechts ein reizender, grün markierter Wanderpfad weiterführt, der späterhin unter den Südwestabbrüchen des Garlaban durch gebüschgesäumtes Felsgelände emporsteigt und schließlich im Rechtsbogen einen Sattel unterm Nordhang des *Garlaban* erreicht, bei dem auch die nächstgenannte Route eintrifft. Zuletzt stehen auf dem Gipfelsteig noch ein paar Schweißtropfen an. Für derlei Mühen wird man allerdings durch eine fulminante Aussicht entschädigt.
Wer mit dem Auto einen Teil des Wegs eingespart hat, wird natürlich wieder auf der gleichen Route talwärts pilgern, ein Vorgang, der mit vielen eindrucksvollen Bildern der freundlichen Tallandschaft einhergeht und sich gänzlich anders gestaltet als der Anstieg. Andernfalls könnte man jedoch ebenso die anschließend beschriebene zweite Standardroute für den Rückweg nach *Aubagne* wählen, wo halt nur die Pflichtübung durch Autolärm und Benzindunst nicht ganz zu umgehen ist.
Die **zweite** Garlaban-Route verläuft zunächst westlich des vorgenannten Wegs und gelangt dann im Nordostbogen zum bereits erwähnten Sattel unter der Nordflanke des Gipfelaufbaus. Man verläßt also, wie soeben bereits beschrieben, auch dieses Mal die Autobahn in Richtung Marseille in *Aubagne-Nord,* fährt jetzt aber bis zum zweiten Straßenring und hier erst rechtsabzweigend in Richtung *Eoures.* Nach der Autobahnquerung geht's späterhin rechtsabbiegend auf die *Rue de Ruissatel* und bis zu einer kleinen Parkfläche, bei der (als Orientierungshilfe) rechts eine zur Auberge Marcel Pagnol ausgewiesene schmale Straße abzweigt. Hier hinterläßt man sein Auto und wandert schräg links auf der schmalen Teerstraße weiter. Vorbei am *Mas de Massacan* und eine grüne Wegschranke durchschreitend gelangt man wenig später auf ein Schottersträßchen, das entsprechend der »MP«-Markierung weiterhin in die nordwestliche Richtung zieht. Nach mäßigem Anstieg wird eine *Zisterne* erreicht, bei der unsere Route rechtsabzweigend weiterführt. Ohne jegliche Orientierungsschwierigkeiten strebt der Schotterweg beziehungsweise das gebüschgesäumte Sträßchen dem längst sichtbaren Ziel entgegen und trifft unterm Gipfelaufbau auf dem vorgenannten Sattel ein. Hier werden noch mal die Kräfte gesammelt und schließlich die Serpentinen über den *Garlaban*-Nordhang zum Gipfelkreuz in Angriff genommen.
Für den Abstieg und Rückweg nach *Aubagne* gilt das oben bereits Gesagte: Bei vorgerücktem Startplatz im Sinne dieser Wegbeschreibung bleibt nichts anderes übrig, als auf gleicher Route wieder zum Auto zurückzubummeln. Wenn das Fahrzeug jedoch in der Stadt abgestellt wurde, ließe sich ebenso die erstgenannte Wegvariante für die zweite Hälfte der Wanderung wählen, zumal sich dieser Steig im oberen Abschnitt wesentlich urwüchsiger und vergnüglicher gestaltet als

Der in Aubagne einsetzende östliche Garlaban-Anstieg nimmt im oberen Abschnitt sogar alpinere Formen an. Trotz derlei Steigerungen ist der Abstieg wegen der fabelhaften Talblicke nicht minder ansprechend.

die Ruissatel-Route. Fast noch mehr spricht allerdings für den Abstieg zum Supermarkt der nahezu ungestörte und umfassende Ausblick auf die Aubagne-Gegend.

Als **dritte** Garlaban-Wanderung sei noch die 19 Kilometer lange und wenigstens 5 Stunden beanspruchende Runde erwähnt, die bis zum Garlaban-Gipfel zunächst der eben beschriebenen Anstiegsroute entspricht. Man fährt also in *Aubagne,* vom Norden und von der Autobahnausfahrt *Aubagne-Nord* ankommend, beim zweiten Straßenring rechtsabzweigend in Richtung *Eoures,* dann abermals rechtsabbiegend auf der *Rue de Ruissatel* bis zum kleinen Stellplatz vor der Rechtsabzweigung zur Auberge Marcel Pagnol und marschiert anschließend, wie schon vorgestellt, in nordwestlicher, dann nordöstlicher Richtung zum Sattel unterm *Garlaban*-Nordhang hinauf, steigt zum Gipfelkreuz empor und kehrt anschließend wieder zum Sattel zurück.

Diesmal aber geht's nordwärts zum *Plan de l'Aigle* und *Butte des Pinsots* weiter. Der Weg wendet sich im Linksbogen in die südwestliche Richtung, passiert den *Pic du Taoume* und senkt sich nach *Les Bellons.* Auf einer Teerstraße gelangt man in südlicher Richtung zur Nordperipherie von *Les Camoins,* wo links hinüber eine fast schnurgerade Straße nach *Eoures* und zur *D 44* führt, auf der man schließlich, abermals links hinüber, wieder zur Abzweigung der *Rue de Ruissatel* zurückkehrt. Der Rest bis zum Parkplatz ist dann in Anbetracht der bereits überstandenen Wegstrecke kaum noch der Rede wert.

Touristische Angaben

Ausgangspunkte: a) Marseille/Septèmes-les-Vallons (50 m); b) Mimet (ca. 400 m); c) Aubagne (102 m).

Anfahrt: a) Von Aix auf der Autobahn nach Marseille, hier über Ausfahrt Saint-Antoine nach Septèmes und entsprechend der Wegtafel zur rechtsabzweigenden Rue de la Télévision. Parken vor der Wegschranke. b) Von Gardanne auf der D 58, dann D 8 bis zum westlichen Ortseingang von Mimet und hier rechtsabzweigend (beim Ortsschild) zu ei-

nem Parkplatz. c) Vom Norden und von Aix her zunächst auf der Autobahn in Richtung Marseille, dann über die Ausfahrt Aubagne-Nord entweder zum Supermarkt (Sodim) oder (Variante 2) bis zum zweiten Straßenring, hier in Richtung Eoures rechtsabzweigend und schließlich, abermals rechtsabbiegend, auf der Rue de Ruissatel zum Parkplatz.
Höhendifferenzen: a) ca. 500 m; b) je nach Ausgangspunkt 230 bis 270 m; c) 600 m.
Weglängen: a) Mit Rückweg (auf gleicher Route) insgesamt 14 km; b) hin und zurück (gleiche Route) ca. 6 km; c) Garlaban-Anstiegsvarianten je nach Ausgangspunkt insgesamt jeweils 7–10 km, Großrunde 19 km.
Gehzeiten: a) Hin und zurück max. 4¼ Stunden, mit dem Mountainbike je nach Kondition etwa 2 Stunden weniger; b) max. 1¾ Stunden; c) Garlaban-Anstiegsvarianten 3–3½ Stunden (je nach Ausgangspunkt ggf. etwas weniger); die Großrunde beansprucht in der Regel 5 Stunden oder sogar etwas mehr.
Karten: Michelin 1:200000, Nr. 245 Provence – Côte d'Azur (für die Anfahrt); Éditions Didier Richard 1:50000, Nr. 24 Collines et Montagnes Provençales (de Marseille à Hyères).
Wissens- und Sehenswertes:
1. *Marseille,* die nach Paris zweitgrößte Stadt Frankreichs, war als griechische Handelsniederlassung 600 v. Chr. gegründet worden. Unter römischem Schutz erfolgte ein rascher Aufstieg, der allerdings jäh beendet war, als sich die Mittelmeerstadt in der Auseinandersetzung zwischen Pompejus und Cäsar auf die Seite des erstgenannten, unterlegenen Thronanwärters schlug. Cäsars Vergeltung in Form der Vernachlässigung Marseilles zugunsten von Arles und Narbonne brachte eine längere wirtschaftliche Flaute, der jedoch bis zur Mitte des 17. Jahrhunderts ein Wiederaufstieg folgte, ohne daß sich noch mal der alte Glanz eines international renommierten, autonomen Stadtstaates einstellte. Für einen erneuten Aufschwung sorgten im 19. Jahrhundert die Eroberung Algeriens und der Bau des Suezkanals, wodurch Marseille als Mittelmeerhafen und Wirtschaftsknotenpunkt erheblich aufgewertet wurde. Da Wirtschaft und Handel stets im Vordergrund standen, war die Kunst sichtlich zu kurz gekommen. So ist neben einigen ansehnlichen Repräsentationsbauten nur die alte Kathedrale La Major hervorzuheben, die in Expertenkreisen als vorzügliches Beispiel provençalisch-romanischer Baukunst geschätzt wird. Daneben wird man natürlich dem alten Hafen seine Aufwartung machen, um das lokaltypische Flair wenigstens flüchtig in sich aufzunehmen.
2. *Aubagne:* Ein paar hübsche Altstadtwinkel und eine Kirche aus dem 14. Jahrhundert deuten darauf hin, daß Aubagne vor der Geschäfts- und Verkehrshektik neuerer Zeit idyllischere Tage gesehen hat. Gewichtiger ist der Umstand, daß hier Marcel Pagnol, der berühmte Schriftsteller und Filmemacher, 1895 geboren wurde, der nach seinen satirischen Milieuschilderungen vor allem provençalische Themen aufgriff und seiner Heimat ein Denkmal setzte. 1946 wurde Pagnol Mitglied der Académie française. Er starb 1974 in Paris.

29 Die Calanques bei Cassis

Naturgala ums Fischer- und Feriendorf

> Kurze Spaziergänge und ausgedehntere Wanderungen; grandioser Landschaftsrahmen, der sich zu abendlicher Stunde zu traumhafter Schönheit steigert; trotz allem Tourismustrubel gelegentlich noch stille, abgeschiedene Pfade.

Das geflügelte Wort, daß derjenige, der nur Paris, nicht jedoch Cassis gesehen hat, im Grunde genommen nichts gesehen hat, mag zwar manchem Frankreichkenner etwas pathetisch und überzogen in den Ohren klingen. Wer jedoch, wie es den Verfassern mehrfach beschieden war, das traumhaft schöne Naturschauspiel eines Sonnenuntergangs in Cassis erlebt hat, wird solch kühnem Urteil ohne Zögern beipflichten. Angesichts des glühenden Felsen überm goldglänzenden Wasser wird selbst der prosaischste

Trotz des romantischen Naturrahmens aus Felsküste und malerischen Calanques führte das Mittelmeerdorf Cassis bis in die jüngere Zeit ein ruhiges Dasein. Inzwischen blüht der Fremdenverkehr.

Mensch zum ehrfürchtigen Naturschwärmer und heißen Cassis-Fan bekehrt, wenngleich im tagtäglichen Tourismustrubel so manch fromme Illusion vom romantischen, unberührten und friedlichen Fischerdorf längst verflogen ist. Wie überall, wo's besonders schön ist, muß man sich eben auch in Cassis mit Kontrasten abfinden.

6000 Einwohner zählt das Mittelmeerstädtchen im Süden der Provence, das nach jüngsten aufsehenerregenden Höhlenmalereifunden bereits in vorgeschichtlicher Zeit besiedelt war. 30000 Feriengäste gesellen sich in den Monaten Juli und August dazu. Eine Entwicklung, die erst relativ spät begann, weil die berühmten Badeorte an der Côte d'Azur lange Zeit das Rennen um den Urlaubsgast unter sich austrugen. Dafür schmückte sich Cassis mit Künstlerprominenz, etwa mit den Malern Matisse, Dufy oder Vlaminck, die in der bewegten Szenerie zwischen verwegenem Steilkliff und lauschiger Meeresbucht ihre Motive suchten. Naturvorzüge, die nicht allein dem Künstlerauge zusprachen. Heute klettern in den Senkrechtwänder, die ohne Absatz ins Meer tauchen die verwegenen Felsartisten. In den Calanques, den fjordartigen Buchten zwischen dem hochfahrenden Küstengemäuer, drängt sich indessen die Flotte betuchter Privatskipper. Dem schlichten Wanderer schwant unter derlei Vorzeichen verständlicherweise zunächst nichts Gutes. Trotzdem besteht in Cassis, so man nicht gerade im ohnehin zu heißen Hochsommer antritt, kein Anlaß, von vorneherein die Segel zu streichen. So kann man an einem milden Spätherbsttag, wenn die Urlauberinvasion für eine Saison wieder einmal überstanden ist, in aller Ungestörtheit auf die Calanque de Port-Miou hinausbummeln, oder aber parallel zur Route des Crêtes auf einem gesonderten Wanderweg zum Cap Canaille und zur Grande Tête spazieren, wo sich ein umfassender Blick auf Cassis und seinen prachtvollen Landschaftsrahmen eröffnet. Oder man unternimmt westlich von Cassis eine höchst eindrucksvolle, wenn auch nicht ganz mühefreie 16-Kilometer-Rundtour, die mit der vielgerühmten Calanque d'En-Vau den Höhepunkt der fulminan-

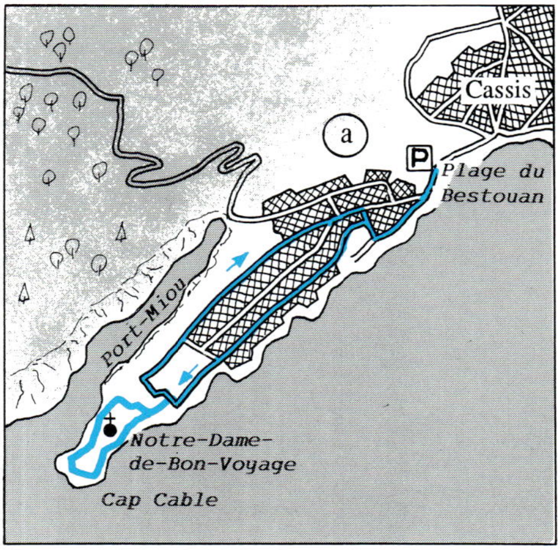

ten Naturgala um die gewesene Fischeridylle einbezieht.

Der Wegverlauf

a) Port-Miou und Notre-Dame-de-Bon-Voyage

Kleiner Spaziergang; hin und zurück 3 km; 1 Stunde.

Der Parkplatz *Plage du Bestouan* als Ausgangspunkt des kleinen, einstündigen Informationsspaziergangs wird vom *Hafen* aus über die *Avenue Amiral Ganteaume* erreicht. Anschließend geht man auf der *Avenue des Calanques* in Ufernähe in die südwestliche Richtung, folgt dann dem Wegweiser in Richtung *La Presqu'ile* und gelangt linksabbiegend über die *Avenue Jean-Jacques Garcin* zu einem Freizeitgelände, wo man nicht ungern zwischendrin zum Ufer runterschaut, um die beeindruckende Kulisse mit Cassis und dem vis-à-vis hochfahrenden Cap-Canaille-Steilufer zu betrachten. Hinter der schlichten Kirche *Notre-Dame-de-Bon-Voyage* geht's noch ein paar Schritte bis zum Südende des Landzipfels, der *Cap Cable* heißt und zu einer kurzen Verschnaufpause und Mittelmeerausschau einlädt. Schließlich schlendert man auf dem Herweg oder westlich davon und an der *Calanque de Port-Miou* entlang wieder zur Wegschranke zurück, wo man diesmal linksgerichtet zur *Avenue Notre-Dame* hinüberspaziert. Zuletzt kommt man auf der *Avenue des Calanques* wieder zum Parkplatz und Auto zurück.

b) Cap Canaille – La Grande Tête (399 m)

Fast 400 m Höhendifferenz und Anstiegsleistung; ab Cassis mit Rückweg (auf gleicher Route) 15 km; Gehzeit insgesamt also annähernd 5 Stunden.

Von *Cassis* wird auf der *Avenue du Revestel* und entsprechend der Markierung der *GR 98* in die südöstliche Richtung gewandert und der Anstieg zu einer Straßenteilung genommen, bei der sich rechts die *Route des Crêtes* von der Straße nach La Ciotat trennt. Der einzigartige Panoramaweg führt an mehreren Aussichtspunkten vorbei und trifft nach dem *Cap Canaille* (363 m) schließlich bei der *Grande Tête* (399 m) ein, zu der die gemütlicheren Touristen natürlich mit dem Auto hinaufkutschieren. Nachdem die während des Wegs schon ausführlich studierte und bewunderte Bilderbuchvollkommenheit der hellen Berge, blauen Wasser, weißen Häuser, bunten Hafen- und Fjordidylle ein weiteres Mal angemessen in Augenschein genommen ist, macht man sich wieder auf den Rückweg, der dem Herweg entspricht. Es sei

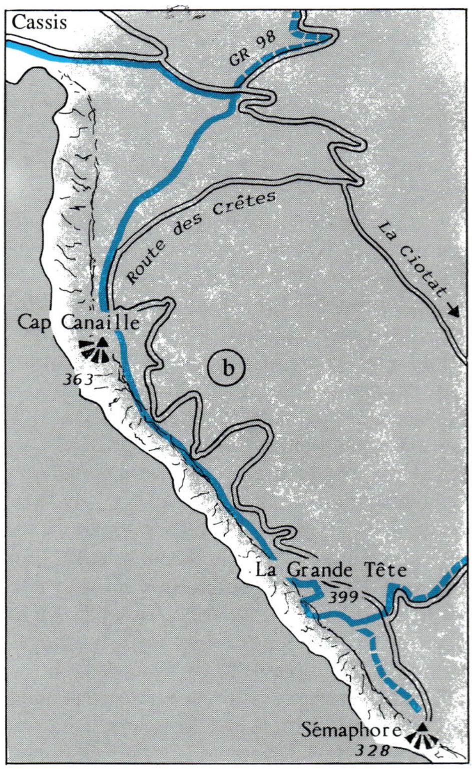

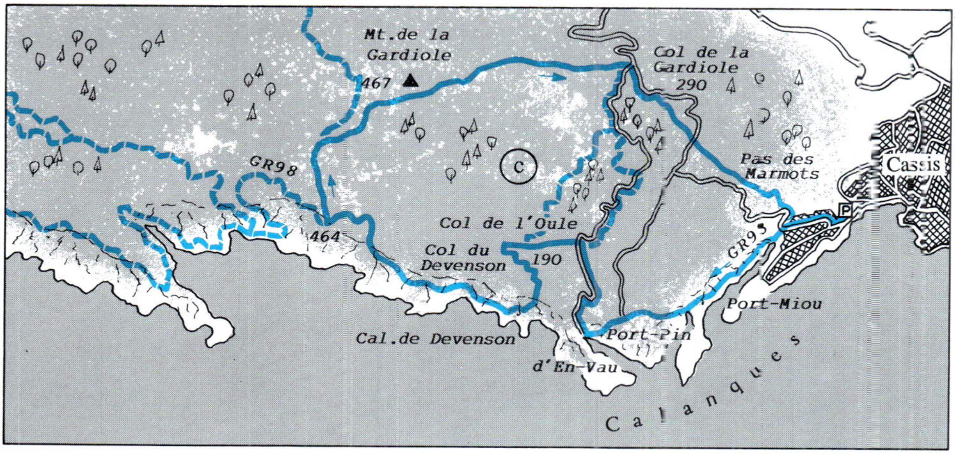

denn, man hat eine hilfreiche und gehunlustige autobewehrte Begleitung zur Verfügung, so daß man die Rückkehr nach *Cassis* auf geruhsamere Weise einrichten kann.

c) Großrunde zu den Calanques von Port-Miou und En-Vau

480 Höhenmeter; 16 km; ca. 5 Stunden.

Wie bei Route a) bereits beschrieben, fährt man in *Cassis* zuerst einmal zum Hafen und weiter zum Parkplatz *Plage du Bestouan,* stellt hier sein Auto ab und wandert auf der *Avenue des Calanques* in Richtung *Port-Miou.* Anschließend wird der weiß-roten GR-Markierung gefolgt. Der Teilabschnitt der *Grande Randonnée 98* wendet sich nach links und zieht nordwestlich der *Calanque de Port-Miou* für einige Zeit in die südwestliche Richtung. Der markierte Fernwanderweg bleibt uns auch für die nächste, landschaftlich außerordentlich schöne Etappe erhalten, so daß sich merklichere Orientierungsprobleme erübrigen. Nachdem also als nächste Station die *Calanque de Port-Pin* passiert und das *Plateau de Cadeiron* überquert ist, kommt man nach einem Bergabintermezzo zur *Calanque d'En-Vau,* die für Cassis-Verehrer wie gesagt als vollkommenste Augenweide über allem steht. Anschließend geht's im Waldschatten nordwärts, dann bei einer Wegteilung links zum *Col de l'Oule* empor (190 m). Danach wendet sich der Weg wieder in die südliche Richtung und dem Mittelmeersteilufer zu. Die *Calanque de Devenson* zu Füßen steiler Abbrüche weckt leise Beklemmung (so manche wagemutigen Kletterakrobaten mußten dem Vernehmen nach hier schon ihr Leben lassen). Nachdem der *Col du Devenson* überwunden ist, wird das *Vallon des Charbonniers* durchquert. Auf abwechslungsvollen Felsuferhöhen geht's in nordwestlicher Richtung bis zu einer Wegteilung (464 m), bei der von der GR 98 Abschied genommen wird. Wir stiefeln nämlich in die nördliche Richtung weiter (blaue Markierung), gelangen dann, rechtshaltend und am *Mont de la Gardiole* (467 m) vorbei, zum *Col de la Gardiole* (290 m), wo ein südöstlich gerichteter Weg einsetzt, der uns schließlich zum *Pas des Marmots* und zur Eingangsroute zurückbringt, so daß die letzten paar Meter bis zum Autoabstellplatz kein Kopfzerbrechen mehr verursachen.

Alles in allem zeigt sich die Calanques-Großrunde jeder Konkurrenz gewachsen und liefert den überzeugenden Beweis, daß selbst in der Touristenhochburg Cassis der friedliche und naturverbundene Wanderer eine reelle Chance für sein stilles Vergnügen erhält.

Touristische Angaben

Ausgangsort: Cassis (4–130 m).
Anfahrt: Von Aubagne auf der A 50 in Richtung Toulon und entsprechend der Beschilderung nach Cassis oder von Marseille aus auf der N 559.
Höhendifferenzen: a) Der kleine Spaziergang zur kleinen Notre-Dame-de-Bon-Voy-

age-Kirche und zum Cap Cable verbindet sich mit keinerlei bemerkenswerteren Anstiegen; b) bis zur Grande Tête ab Cassis 400 Höhenmeter; c) 480 m; die gesamte Anstiegsleistung liegt bei einigen Gegenanstiegen etwas darüber.
Weglängen: a) Insgesamt 3 km; b) Cassis – Grande Tête mit Rückweg (auf gleicher Route) insgesamt 15 km; c) 16 km.
Gehzeiten: a) 1 Stunde; b) zur Grande Tête hin und zurück annähernd 5 Stunden; c) 5 Stunden oder sogar etwas darüber.
Karten: Michelin 1:200 000, Nr. 245 Provence – Côte d'Azur (für die Anfahrt); Édi-

Über die Calanque von Port-Miou hinweg geht der Blick zum abendlich erglühenden Riff mit dem Cap Canaille hinüber, auf dem sich eine unserer allerschönsten Wanderungen abspielt.

tions Didier Richard 1:50000, Nr. 24 Collines et Montagnes Provençales (de Marseilles à Hyères)

Wissens- und Sehenswertes: Die zerklüftete Mittelmeerfelsenküste um das alte Fischerdorf und heutige Feriendorado Cassis zählt mit den romantischen, fjordartigen Calanques zu den absoluten Landschaftshöhepunkten unseres gesamten Provenceführers. Wie jüngst entdeckte Wandmalereien in einer Meeresgrotte in der Sormiou-Bucht zwischen Cassis und Marseille belegen, geht die Besiedelung in dieser vom Mistral geschützten, sonnenverwöhnten Gegend bis in die Altsteinzeit zwischen 12000 und 20000 v. Chr. zurück. Später nisteten sich hier die Römer ein. Im Schatten einer Burg und von der lokalen Obrigkeit kräftig unterstützt, entwickelte sich Cassis zu einem ansehnlichen Städtchen und Badeort, der im Gegensatz zu den mondänen High-Society-Treffpunkten wie Cannes, Nizza oder Saint-Tropez allerdings noch einiges von seinen idyllischen, malerischen Reizen bewahren konnte, die Künstler wie Matisse, Dufy oder Vlaminck in ihren Bann zogen. Einen umfassenden, eindrucksvollen Ausblick auf das hinreißend schöne Cassis-Szenarium gewähren das Cap Canaille und die auch per Auto erreichbare Grande Tête.

Wenngleich bei derart geballter Naturpracht die Wahl schwerfällt, kommt die Krone in den Augen der Gebietskenner zweifelsohne der Calanque d'En-Vau zu, die mit ihrer vom Steilgewände gesäumten Bucht ein geradezu zauberhaftes Gemälde abgibt.

Ergänzender Hinweis: In der westlichen Fortsetzung der vorgenannten Gardiole-Großrunde lassen sich bis zu den Bergen von Marseilleveyre zwei ebenso ansprechende Rundwanderungen durchführen, die den beschriebenen Cassis-Unternehmungen in jeder Weise das Wasser reichen können, zumal sie mit den Calanques von Morgiou und Sormiou (siehe oben) weitere Landschaftshöhepunkte berühren. Die Runden sind miteinander verbunden und beanspruchen jeweils 5½ bis 6 Stunden. Für kartenkundige Wanderer also ein fast unerschöpfliches Dorado, das in unserer Kartenskizze wenigstens als Anregung angedeutet wird.

30 Aix-en-Provence

Verträumte Ex-Metropole mit Künstlercharme

Unter Einbeziehung aller Sehenswürdigkeiten ein ausgefülltes Tages-, wenn nicht Zweitageprogramm; trotz der bis ins 19. Jahrhundert währenden Sonderstellung als Metropole der Provence ohne jegliche großstädtische Kühle und nach wie vor von ungebrochenem künstlerischem Charme.

»Die Lage von Aix ist günstig; an einem Hügel gelehnt, wendet es sich dem Süden zu, und man wird weniger durch den Mistral belästigt als in all den kleinen Städten der Umgebung; man genießt noch fast alle Freuden des Ancien régime und eine Gesellschaft voller Geist, Heiterkeit und Abenteuer. In Aix ist man mit 28 Jahren Königlicher Hofrat und denkt nur noch daran, sich zu amüsieren. In Paris träumt der Königliche Hofrat davon, Polizeipräfekt zu werden und er denkt kaum an das Vergnügen des Geistes.« Diese Kurzcharakteristik von Stendhal aus dem Jahr 1835 läßt sich in ihrem Grundtenor ohne weiteres auf die Gegenwart übertragen. Denn anders als Paris oder Marseille, das im vorigen Jahrhundert Aix-en-Provence als Provence-Metropole ablöste, hat sich die Heimatstadt Paul Cézannes ihr künstlerisches Fluidum und ihr heiteres Lebensgefühl bewahrt, auch wenn die Einwohnerzahl die 100 000-Grenze längst überschritten hat.

Vor allem aber ist Aix ein Paradies für Gourmands, die sich in den zahllosen Restaurants und Bistros von provençalischen Koch- und Gewürzkünsten verwöhnen lassen, wenngleich schon seinerzeit der dazu erforderliche tiefere Griff in den Geldbeutel von Vincent van Gogh schmerzlich empfunden wurde.

Zwischen dem heutigen Aix und den Siedlungsanfängen liegen mehr als zwei Jahrtausende. Zuerst gründeten keltisch-ligurische Salyer auf einem Hügel von Aix ihre Hauptstadt. 123 v. Chr. wurde das Oppidum d'Entremont von den Römern jedoch zerstört. Gleichzeitig erfolgte ein paar Kilometer südlich und in geschützter Tallage die Neugründung von Aquae Sextiae Saluviorum. In der Folge gedieh der erste Römerstützpunkt in Gallien zur Stadt und schließlich im 3. Jahrhundert n. Chr. zur Metropole der römischen Provinz Gallia Narbonensis Secunda. Nach der frühen Blüte stellten sich allerdings manche Schicksalsschläge ein. So war die Stadt etlichen Überfällen ausgesetzt, an denen sich nacheinander Alemannen, Franken, Westgoten, Langobarden und Sarazenen beteiligten. Die Erhebung zur Residenzstadt der Grafen der Provence im Jahr 1189 war dafür aber mehr als nur ein Trostpflaster. Dann brachte das 14. Jahrhundert mit einer Pestepidemie und dem Hundertjährigen Krieg einen erneuten Tiefschlag, der jedoch ebenso schnell überwunden war. Dies nicht zuletzt durch die zahlreichen Relikte aus der Römerzeit, die billiges Baumaterial für die expandierende Stadt lieferten. Als Zeichen neugewonnener Bedeutung entstand 1409 in Aix eine Universität. Als im selben Jahrhundert der feinsinnige König René von Anjou seinen Sitz nach Aix-en-Provence verlegte, setzte eine bemerkenswerte Kulturblüte ein. Der 1501 vom französischen König Ludwig XII. hier gegründete Gerichtshof brachte die Provence-Metropole freilich ins Zwielicht, weil er dem französischen Süden hauptsächlich horrende Steuerlasten aufbürdete. Neben dem rauhen Mistral und der unberechenbaren Durance galt er somit als dritte Geißel der Provence. Aber auch diese entbehrungsreiche Zeit fand in der Französischen Revolution ebenso ihr Ende wie die Herrschaft des Adels. Trotzdem überstand der illustre Graf Mirabeau mit Bravour alle Klippen und Fährnisse dieser unruhigen Zeit, eine diplomatische Großtat, die ihm Aix mit dem vornehmen, nach ihm benannten Boulevard in besonderer Weise dankte.

Wenngleich dem Grafen Mirabeau in der Französischen Revolution eine zwielichtige Rolle zugeschrieben wird, hat ihm Aix dennoch einen Prachtboulevard gewidmet.

Der platanengesäumte Cours Mirabeau gilt nach wie vor als eleganteste Avenue der Provence und war bis zum Beginn des 19. Jahrhunderts als reines Wohnviertel den Nobeldomizilen der High-Society vorbehalten. Als jedoch das aufstrebende Marseille der bisherigen Provencehauptstadt Aix den Rang ablief, hat man den elitären Anspruch etwas gelockert und den Prachtboulevard ebenso der Geschäftswelt geöffnet. Eine Maßnahme, die dem Nobelimage des Cours keinerlei Abbruch tat.

Südlich des Cours Mirabeau liegt das dereinst und stellenweise auch heute noch vornehme Quartier Mazarin, dessen rechtwinklig angelegte Straßenzüge mit manch ansehnlichen Gebäudefassaden von glanzvollen Tagen berichten. Im Zentrum findet sich mit der Place des Quatre Dauphins und dem originellen Delphinbrunnen ein besonders malerischer Winkel, der schon allein den Abstecher in dieses Stadtviertel lohnt. Nördlich des Cours drängt sich die Altstadt um den Rathausplatz, für deren eingehende Besichtigung vernünftigerweise ein ganzer Tag eingeplant wird. Stehen auch noch zusätzlich das Atelier Cézanne und Oppidum d'Entremont auf dem Programm, sind zwei Aix-en-Provence-Tage durchaus kein Luxus, auch wenn der Kunstfreund und Cézanne-Verehrer vergeblich nach einem Musentempel zu Ehren des berühmtesten Sohns der Stadt Ausschau hält. Aber so wenig der Prophet im eigenen Lande gilt, war der große Maler zu Lebzeiten nicht eben hochgeachtet.

Stadtrundgang

Das Zentrum von Aix mit den hauptsächlichen Sehenswürdigkeiten wird von einem Straßenring umschlossen, der sich, von der *Place du Général de Gaulle* ausgehend, aus der *Avenue Victor Hugo*, den *Boulevards du Roi René* und *Carnot*, dem *Cours Saint-Louis*, den *Boulevards Aristide Briand* und *Jean Jaurès* sowie dem *Cours Sextius* zusammensetzt, der im Westteil der Umgebung in die *Place Niollon* und *Avenue Napoléon Bonaparte* mündet, auf der man in südöstlicher Richtung wieder zur Rotunde beziehungsweise zur *Place de Gaulle* gelangt. Bei der stark frequentierten Verkehrsdrehachse des De-Gaulle-Platzes, an dessen Südrand auch ein Tourismusbüro dem Feriengast und Stadtbesucher mit Orientierungs- und Quartierhinweisen zur Verfügung steht, trifft auch die *Avenue des Belges* als vielbenutzter Autobahnzubringer ein. Außerdem drängen sich im Nahbereich des monumental angelegten Rondells geradezu die Parkmöglichkeiten, so daß man den Rundgang durch Aix vorteilhafterweise von hier aus in Angriff nimmt.

Von der *Place de Gaulle* geht's zunächst auf der *Rue de Villars* in die südöstliche Richtung und zur *Rue Cardinale,* die sich im Gegensatz zur vielversprechenden Bezeichnung als schmaler, fast malerischer Straßenzug entpuppt. Die Rue Cardinale wird von der *Rue du Quatre-Septembre* gekreuzt. Am Schnittpunkt der beiden Straßenzüge liegt die *Place des Quatre Dauphins* (1) mit dem originellen Delphinbrunnen, die neben einigen stattlichen Gebäuden noch so manches von der etwas verblaßten Noblesse dieses Stadtviertels in Erinnerung ruft.

Als nächstes bringt uns die Rue Cardinale zum *Musée Granet* (2) und zur benachbarten Johanniterkirche *Saint-Jean-de-Malte* (3), die als einstige Pilgerabsteige außerhalb der Stadtmauern stand und demgemäß ihr wehrhaftes Äußeres weniger ästhetischen Überlegungen zu verdanken hat.

Hinter der Kirche bummeln wir auf der *Rue d'Italie* und *Rue Thiers* in nordwestlicher Richtung zur *Place de Verdun,* an die sich nördlich gleich noch die *Place des Prêcheurs* mit der Kirche *Sainte-Marie-Madeleine* (4) anschließt.

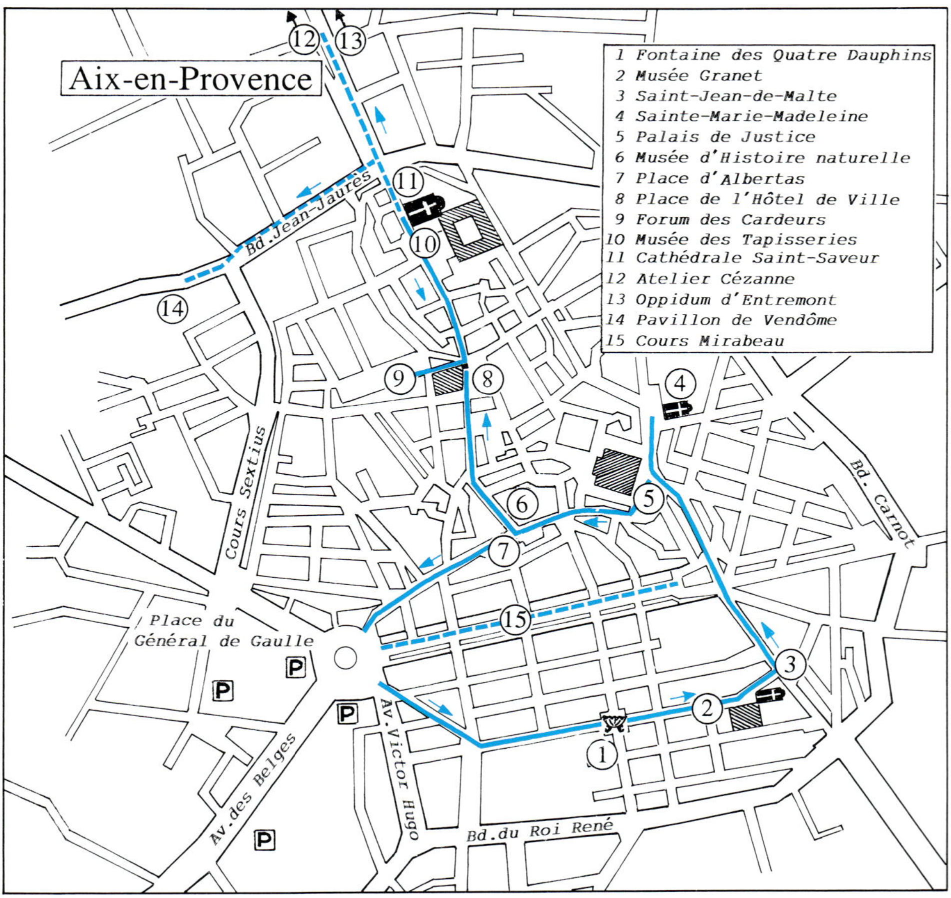

Nach dem Besuch des Gotteshauses geht man wieder südwärts zur *Place de Verdun* zurück, schaut sich kurz die Fassade des pompösen *Justizpalastes* (5) an und spaziert vom Südrand des Platzes rechtsgerichtet auf der stillen und schmalen *Rue Marius Reinaud* zum *Muséum d'Histoire naturelle* (6). Vis-à-vis der naturhistorischen Sammlung trifft man anschließend auf die ungemein stilvoll inszenierte *Place d'Albertas* (7), die mit ihrem reich ornamentierten, schloßartigen Gebäudehufeisen um den kopfsteingepflasterten Brunnenhof eine Welt für sich und mehr als nur einen Blick wert ist.

Bei der Place d'Albertas zweigt von der *Rue Espariat* schräg rechts die *Rue Aude,* die von der *Rue du Maréchal Foch* abgelöst wird, auf der man zum Rathausplatz gelangt. Die *Place de l'Hôtel de Ville* (8) wird von einigen repräsentablen Gebäuden gerahmt, unter denen neben dem Ratspalais das alte Postamt besonders ins Auge fällt. Nicht minder beeindruckend ist der stattliche Uhrturm, der *Tour de l'Horloge* am Nordwesteck des Platzes, durch den wir zum benachbarten *Forum des Cardeurs* (9) gelangen.

Wie auf dem Rathausplatz läßt sich's auch auf der wohnlichen und mit Straßencafés besetzten Place des Cardeurs gut und gerne seine ein oder zwei Stunden aushalten. Wer also genügend Zeit mitbringt, wird im Zentrum des alten Aix eine ausführliche Verschnaufpause einlegen und das heitere provençalische Lebensgefühl in vollen Zügen genießen. Gestärkt von derlei Seelenbalsam geht's darauffolgend auf der *Rue Gaston de Saporta* in nördlicher Richtung zur *Place des Martyrs de la Résistance* mit dem *Musée des Tapisseries* (10). Gleich darauf trifft man auf die *Cathédrale Saint-Sauveur* (11), die schon im stilistischen Vielerlei der Fassade auf eine lange Bauzeit verweist. Im Inneren ist der architektonische Bogen zwischen römischen Nachklängen und barocken Vorboten indessen noch weiter gespannt, so daß eingeschworenen Stilpuristen manche Überraschungen ins Haus stehen. Wer über derlei Widersprüchlichkeiten großzügig hinwegsieht und einen Blick für Besonderes hat, wird jedoch einige Ausstattungsdetails von hohem künstlerischen Rang entdecken.

Mit der Kathedrale als nördlicher Wendemarke könnte man den Stadtrundgang beschließen. Kunstsinnige Cézanne-Verehrer pilgern natürlich noch auf der *Avenue Pasteur* zur *Avenue Cézanne* (12) und zum Atelier des berühmten Sohnes der einstigen Provence-Metropole. Desgleichen finden sich im Nordteil der Stadt die Überreste der Saluvier-Vorgängersiedlung *Oppidum d'Entremont* (13), zu der von der *Cathédrale Saint-Saveur* aus etwa 20 Wegminuten zu veranschlagen sind. Dann gäb's noch den *Pavillon de Vendôme* (14) an der nordwestlichen Altstadtperipherie. Schließlich und endlich wird man aber Aix-en-Provence nicht ohne einen Bummel unterm Platanendach des eleganten *Cours Mirabeau* (15) verlassen, der den Übergang vom privilegierten Wohnboulevard zur vornehmen Geschäftsavenue schadlos überstanden hat.

Touristische Angaben

Ausgangspunkt: Place de Gaulle im südwestlichen Abschnitt der Altstadt-Ringstraße (etliche Parkmöglichkeiten im Umkreis des Platzes bzw. zu beiden Seiten der Avenue des Belges). Desgleichen stehen längs des Boulevard-Rings und an den Hauptzufahrtsstraßen zahlreiche Parkgelegenheiten zur Verfügung. Wer schnell in der Altstadt sein will, parkt entweder im Parkhaus Pasteur am Boulevard Jean Jaurès am Nordrand des Stadtrings oder, noch zentraler, im Parkhaus an der Place des Cardeurs beim Rathaus.

Anfahrt: Aix wird aus allen Richtungen von Autobahnen angesteuert. Zur Place du Général de Gaulle als Ausgangspunkt des vorgenannten Stadtrundgangs gelangt man über die Autobahn Avignon – Nizza und über die Avenue des Belges, die vom Südwesten her das großzügig bemessene Rondell des De-Gaulle-Platzes erreicht.

Weglänge: Ohne Atelier Cézanne und Entremont wenigstens 4,5 km, unter Einbeziehung der beiden zusätzlichen Programmpunkte ca. 10 km.

Zeitaufwand: Selbst für eine Kurzbesichtigung ist ein halber Tag das Minimum; wer auf Gründlichkeit bedacht ist, darf ohne weiteres zwei Tage veranschlagen.

Karten: Michelin 1:200000, Nr. 245 Provence – Côte d'Azur (für die Anfahrt); für den

Stadtrundgang kleiner Stadtplan (beim Tourismusbüro, Place de Gaulle, kostenlos erhältlich).

Sehenswürdigkeiten (in der Reihenfolge des Rundgangs):

1. *Fontaine des Quatre Dauphins:* Der Brunnen mit den vier wasserspeienden Delphinen entstand 1667 nach dem Vorbild des italienischen Barockbaumeisters und -bildhauers Bernini und zählt in Aix zu den prachtvollsten Anlagen dieser Art. Zugleich ist der römische Brunnen am Schnittpunkt der Rue Cardinale und der Rue du Quatre-Septembre das Zentrum des Quartier Mazarin, das als einstiges Nobelviertel noch einiges vom frühen Glanz behalten hat.

2. *Musée Granet:* Der Schwerpunkt des Museums hat sich von der Gemäldesammlung auf die archäologische Abteilung verlagert. Grund dafür waren die Ausgrabungsfunde von Entremont, die hier zu besichtigen sind und Einblick in die Merkwürdigkeiten der kelto-illyrischen Frühkultur gewähren.

3. *Saint-Jean-de-Malte:* Der Johanniter- und nachmalige Malteserorden sah eine seiner Hauptaufgaben in der Betreuung von Pilgern. So entstand 1180 außerhalb der Altstadt von Aix und an einer nach Italien führenden Pilgerstraße eine Komturei, deren Hauskapelle den Grafen der Provence im 13. Jahrhundert als Grablege diente. Gegen Ende des 13. Jahrhunderts wurde die Kapelle durch einen gotischen Neubau ersetzt, deren wehrhaftes Äußeres und ansprechend proportioniertes Inneres eine angemessene Betrachtung verdienen.

4. *Sainte-Marie-Madeleine* (Place des Prêcheurs): Die Dominikanerkirche, 1274 als

Die einstige Bischofskirche Saint-Sauveur zeigt schon in der Westfassade mit römischen, romanischen und gotischen Elementen ihre lange Entstehungsgeschichte vom 5. bis zum 17. Jahrhundert.

Geschenk Raymond Bérengers V. entstanden (damals noch außerhalb der Stadtmauern), war über die Jahrhunderte manchen Renovierungen und Veränderungen ausgesetzt. Zuletzt erhielt sie 1855–1860 in klassizistisch-historisierender Manier eine neue Fassade, die reichlich pompös ausfiel. Trotz des wenig ansprechenden Architekturkonglomerats rentiert sich ein Besuch des Gotteshauses, weil hier die Ausstattungspreziosen mehrerer nicht mehr bestehender Kirchen zusammengetragen wurden, unter denen ein Verkündigungstriptychon aus der ersten Hälfte des 15. Jahrhunderts (teils in Kopien, teils im Original) besondere Beachtung findet.

5. *Palais de Justice* (Place de Verdun, gegenüber von Sainte-Marie-Madeleine): An der Stelle, an der einst ein römisches Stadttor und später das Schloß der Grafen der Provence stand, wurde ab 1787 vom berühmten »Revolutions«-Architekten Ledoux ein großangelegtes Verwaltungszentrum geplant. Wenngleich Ledoux' Entwürfe nur teilweise zur Ausführung gelangten und ein 1957 aufgesetztes, unpassendes Obergeschoß die ursprünglichen Absichten des bedeutenden Baumeisters zusätzlich entstellten, spricht dessen Genialität noch aus manchen Bauteilen, wie etwa der zweigeschossigen Säulenhalle im Inneren

6. *Musée d'Histoire naturelle* (Rue Espariat): Die naturkundliche Sammlung zeigt als Hauptattraktion die an der Montagne Saint-Victoire gefundenen Dinosauriereier.

7. *Place d'Albertas:* Wie das 1675 entstandene Hôtel de Boyer d'Eguilles, in dem das eben genannte Naturkundemuseum unterge-

Vor der Ablösung durch Marseille war Aix die Metropole der Provence. Eine Vorrangstellung, die sich in manchen noblen Altstadtwinkeln, wie etwa in der Place d'Albertas (im Bild), beeindruckend verdeutlicht.

bracht ist, ist das Hufeisen der Herrschaftshäuser um die gegenüberliegende Place d'Albertas in der Zeit um 1700 entstanden und von höchst elegantem Schwung. In der Mitte des intimen, wie aus einem Guß wirkenden Platzensembles steht ein ebenso schmucker Brunnen.

8. *Place de l'Hôtel de Ville:* Ist man auf dem Weg von der Place d'Albertas durch die Rue Aude und Rue Maréchal Foch von vornehmen Gebäuden umgeben, steigert sich die Augenfreude noch etwas, wenn man den Rathausplatz betritt. Neben dem Rathaus, 1655–1670 nach italienischem Muster als dreigeschossige Vierflügelanlage errichtet, beeindruckt vor allem der Uhrturm, der als eines der Wahrzeichen der Stadt gilt. Die Stundenuhr des Tour de l'Horloge entstand bereits 1510. Die astronomische Uhr und der Glockenkäfig kamen erst 1661 hinzu.

Das dritte bemerkenswerte Bauwerk des Platzes, auf dem der internationale Tourismus brodelt, ist die Halle aux Grains an der Südseite, die 1760 als Kornspeicher errichtet und späterhin zum Postamt umfunktioniert wurde.

9. *Forum des Cardeurs:* Durch die Tour d'Horloge gelangt man zur Place des Cardeurs, die neben ihrer Rolle als Antiquitätenumschlagplatz insbesondere mit ihrer heiteren, südlichen Atmosphäre bezaubert.

10. *Musée des Tapisseries* (Place des Martyrs de la Résistance): Für Gobelin-Freunde ist die seit 1905 im ehemaligen bischöflichen Palais eingerichtete Sammlung berühmter Tapisserien aus Beauvais eine wahre Augenweide. Daneben werden noch Plastiken, Reliefs und Gemälde aus dem 17. und 18. Jahrhundert gezeigt.

11. *Cathédrale Saint-Sauveur:* Die Kirche wurde vom 5. bis zum 17. Jahrhundert erbaut und ausgestattet und erlaubt somit einen architekturgeschichtlichen Gang durch zwölf Jahrhunderte. Sind die stilistischen Kontraste schon an der Westfassade mit römischen, romanischen und gotischen Elementen unübersehbar, nimmt das Sammelsurium im Inneren vom frühchristlich geprägten Baptisterium bis hin zu barocken Anklängen geradezu groteske Formen an. Trotz dieser, dem Stilpuristen höchst befremdlichen Gegensätze sollte man schon wegen einiger kostbarer Ausstattungsdetails das Gotteshaus besuchen. So verwahrt die Kirche ein Triptychon aus der Hand des Nicolas Froment, das mit der einfühlsamen Darstellung der »Maria im brennenden Dornbusch« zu den Hauptwerken der provençalischen Malerei des 15. Jahrhunderts gehört.

12. *Atelier Cézanne:* Ehrfürchtige Kunstjünger lassen es sich natürlich nicht nehmen, von Saint-Sauveur noch zum Atelier Cézanne nördlich der Ringstraße zu wallfahren, wenngleich die verbliebenen Utensilien und das Gartenhaus-Atelier des Malers eher von anekdotischem Reiz sind.

13. *Oppidum d'Entremont:* Was dem Kunstfan das Cézanne-Atelier, ist dem Geschichtsbeflissenen die Ausgrabungsstätte der vorrömischen Salyermetropole auf dem Plateau d'Entremont. Wenngleich man auch zu Fuß hinpilgern könnte, wird man für die paar Kilometer in der Regel doch lieber ins Auto steigen. Das Oppidum war bis zur römischen Machtübernahme Heiligtum, Festung und Wohnsiedlung in einem. Der Besucher fühlt sich in eine geheimnisvolle und stellenweise makabre Welt entrückt, wenn er den düsteren Steinstatuen und Zeugnissen furchterregender Riten begegnet.

14. *Pavillon de Vendôme* (Rue de la Molle, Eingang Rue Célony): Das Prunkpalais wurde 1664–1667 für den Cardinal de Vendôme erbaut und im 18. Jahrhundert nach griechisch-antikem Vorbild in seiner Fassade verändert.

15. *Cours Mirabeau:* Trotz des zwielichtigen Lebenswandels und unbeachtet der wankelmütigen Rolle in der Französischen Revolution stand Honoré Graf Mirabeau stets in großen Ehren, so daß ihm seine Heimatstadt Aix ihre vornehmste Straße widmete. Die von Platanen gesäumte Avenue war einst den Nobeldomizilen der gesellschaftlichen Oberschicht vorbehalten. Später zogen auch Geschäfte ein, wenngleich nur die feinsten. So insbesondere Konfiserien, in denen Provencespezialitäten und Edelkonfekt zu haben sind.

Zuletzt sei noch auf die *Vasarély-Stiftung* und *-Ausstellung* hingewiesen, die westlich der Stadt in einem äußerlich aufsehenerregenden, op-art-würdigen Gebäude untergebracht ist. Die Zufahrt erfolgt über den Boulevard de la République.

31 Sainte-Victoire und Croix de Provence, 945 m

Felsbarriere mit Kunstkarriere

Bis zum Croix de Provence halbtägiges Programm; gut angelegter Pilgerweg bis zum Priorat »Notre-Dame-de-Sainte-Victoire«, dann unschwieriger Felssteig bis zum »Kreuz der Provence«; lange und anspruchsvolle Rundwegvariante über das Sainte-Victoire-Massiv, auf der die fabelhafte Umsicht noch zusätzliche Steigerungen bereithält.

Für den Kenner der jüngeren Kunstgeschichte und der Malerei Paul Cézannes ist der provençalische Sainte-Victoire-Gebirgszug ein fester Begriff. In zahlreichen Studien und Gemälden hat der Meister von Aix die Westansicht des Kalkrückens festgehalten, der zum Süden hin mit seinem schier uneinnehmbar anmutenden Senkrechtgemäuer wie eine Riesenfestung aus dem Talboden wächst, zum Norden mit gemächlicher ansteigenden Waldhängen indessen weit zugänglichere Züge zeigt. Auf diese Weise reduziert sich die Victoire-Besteigung, wenn man lediglich das Bittsteller-Wegerl von Vauvenargues zur immer noch gut besuchten, 900 Meter hoch gelegenen Notre-Dame-de-Sainte-Victoire-Wallfahrtsstätte ins Auge faßt, zu einer harmlosen Wanderung. Eine Idee anspruchsvoller ist aber bereits die kleine Felspartie von der frommen Pilgerstätte zum Croix de Provence, das 945 Meter überm Meeresspiegel und mehr als 600 Meter überm Talboden steht und solchermaßen ungehindert in die nahe und ferne Umgebung schaut.

Wer auf kräftigen Beinen steht und mit haarigeren Felspassagen vertraut ist, muß aber selbst beim 17 Meter hohen Kreuz der Provence noch längst nicht kehrtmachen, weil man auf einem Teilabschnitt der GR 9 in östlicher Richtung wenigstens die Hälfte des in der Höhe ungemein eindrucksvollen Victoire-Kamms überschreiten kann, um dann

Das Schloß von Vauvenargues war die letzte Station Pablo Picassos. Über dem herrschaftlichen Domizil kann man das weißleuchtende Croix de Provence erkennen, das von dieser Seite aus leicht zu erreichen ist.

mit einigen heikleren Intermezzos wieder nordwärts nach Vauvenargues abzusteigen. Aber wie gesagt: ein Honigschlecken bedeutet diese Großrunde für den Ungeübten nicht. Als ehrgeizloser Genußbummler wird man hingegen lieber auf gleichem Weg vom Croix de Provence wieder nach Vauvenargues zurückkehren und sich im malerischen Dorf am Nordfuß des Victoire in ein Straßencafé setzen, das den Blick aufs Gebirge und aufs nahe Schloß freigibt, in dem Pablo Picasso seine letzte Zeit verbrachte. Der spanische Kunstpapst liegt auch im Schloßpark begraben, ohne daß dem Kulturreisenden der Zutritt gestattet wird. Immerhin wird aber an eine Aufbereitung des berühmten Künstlerdomizils zu einer musealen Gedächtnisstätte gedacht.

Genießt man schließlich nach getaner Wadelpflicht in Aix noch ein wenig das unvergleichliche Provenceflair zwischen Wein und Nonchalance, kann sich der Victoire-Tag ohne weiteres zu einem unvergeßlichen Großerlebnis mausern. Chancen, die man nicht ungenutzt lassen sollte.

Der Wegverlauf

In *Aix-en-Provence* (165 m) zweigt von der östlichen Altstadtumgehung, dem *Boulevard Carnot* bzw. *Cours Saint-Louis,* in nordöstlicher Richtung eine nach *Jaumegarde* beschilderte Straße ab, die in landschaftlich höchst reizvoller Umgebung zum malerischen Dorf *Vauvenargues* (425 m) hinaufzieht. Kunstkenner und Cézanne-Verehrer sichten natürlich schon von weitem die typische Silhouette der Montagne de la Sainte-Victoire, die der Meister aus Aix mehr als einmal auf der Leinwand verewigte. Etwa einen Kilometer vor Vauvenargues ist dann rechts der Straße ein Parkplatz (366 m), wo man sein Auto stehen läßt und den Rucksack schultert.

Der markierte und in Richtung *Prieuré de Sainte-Victoire* beschilderte Weg setzt am Ostrand der Parkbucht ein und führt zunächst leicht bergab. Nachdem eine Brücke überschritten ist, geht's leicht bergan. Bei einer Wegteilung wird der rot-weißen Markierung gefolgt und rechtshaltend weitergewandert. Das Karrensträßchen hält sich im lichten Waldschatten auf, so daß auch die gelegentlich zügigeren Bergaufpassagen selbst im bacherlwarmen provençalischen Lüfterl gut auszuhalten sind. Inmitten der mediterranen, üppigen Vegetation und stets auf dem Fahrsträßchen bleibend (zumindest in der waldbrandgefährlichen Sommerzeit sind alle Abkürzungen in der Regel strikt untersagt!) wird in 1¼–1½ Stunden ein kleiner Wasserbehälter erreicht, bei dem man, rechts vorbei, von einem schmalen Felssteig aufgenommen wird. Anschließend wird in unzähligen langgezogenen Schleifen bei maßvollstem Anstieg durch dichtgedrängte Buschreihen gestiefelt, in denen sich zur Mittagszeit die heiße Luft einhängt. Dem eingefleischten Alpinisten wird also einige Geduld abverlangt. Schließlich trifft man aber nach einer weiteren halben Wegstunde auf der Kammhöhe der *Montagne Sainte-Victoire* ein, die von der *Grande Randonnée 9* überquert wird.

Die Wegtafeln zeigen in die verschiedenen Richtungen und verweisen unter anderem auch auf die Route Cézanne, die zusammen mit dem Refuge Cézanne unter den Südabbrüchen des Gebirgszugs an den künstlerischen Vorreiter der Victoire-Popularität erinnert. Nicht weniger gründet die Beliebtheit der Erhebung freilich im *Priorat »Notre-Dame-de-Sainte-Victoire«* (900 m) und der nach wie vor gern besuchten Wallfahrtskapelle, die unterhalb des »Kreuzes der Provence« steht. Vom schlichten, luftig postierten Gotteshaus sind's nur ein paar Schritte bis zur südlichen Abbruchkante, die ungemein imposante Ausblicke auf verwegenes Steilgewände und sonnenverwöhnte Niederungen eröffnet. Man könnte es dabei belassen und auf dem Rastplatz vor dem äußerlich ansehnlichen, aber spartanisch ausgestatteten Steinrefugium eine angemessene Brotzeitpause einlegen, um anschließend wieder auf gleicher Route den Rückzug anzutreten. Wer dem »I« jedoch das obligate Tüpferl aufsetzen möchte, wird auf der Rückseite der Kirche durch eine kleine Pforte zum Gipfelsteig aufschließen, der durch Felsgelände führt und zuletzt beim 17 Meter hohen, weithin sichtbaren *Croix* eintrifft.

Wenngleich der höchste Punkt unserer Wanderung mit 945 Metern nicht einmal die 1000er-Grenze überschreitet, ist die Gipfelumsicht wahrhaft überwältigend, weil ledig-

Der Sainte-Victoire-Anstieg zum Croix de Provence erfolgt auf einem soliden Weg, der gleichzeitig als Pilgerpfad zu einer luftig plazierten und populären Marienwallfahrtsstätte genutzt wird.

lich zum Osten hin mit dem 1010 Meter hohen und damit zweithöchsten Victoiregipfel der Blick unwesentlich behindert wird.
Man läßt also einen Großteil der Provence Revue passieren und macht sich nach geraumer Zeit wieder an den Abstieg, der sich auf der gleichen Route vollzieht.
Vom Ausgangspunkt und Parkplatz aus wird

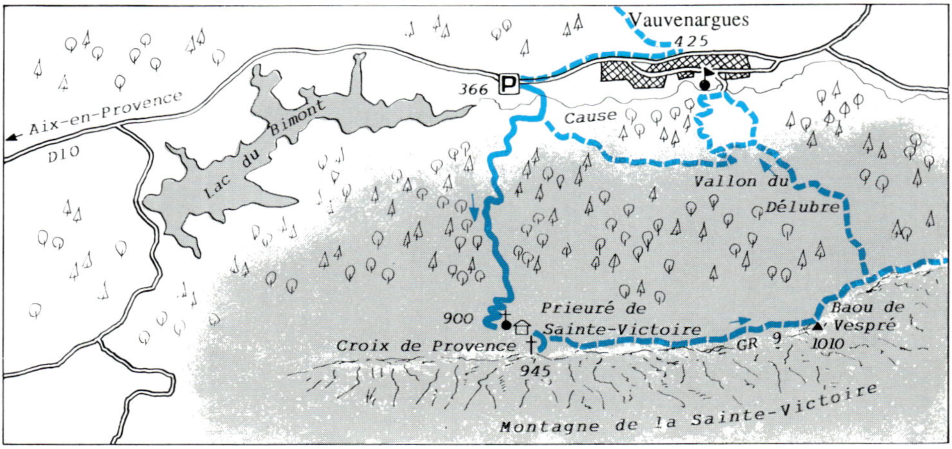

man, wie einleitend empfohlen, noch den Katzensprung nach *Vauvenargues* auf sich nehmen, das mit *Picassos Schloßresidenz* und dem Park mit der letzten Ruhestätte des Künstlers Berühmtheit erlangte. Außerdem warten im idyllischen Ausflugsdorf die Logenplätze freundlicher Straßencafés, wo sich vor der Bilderbuchkulisse aus Malerdomizil und Victoire-Formation der Wandertag in jeder Weise genuß- und stilvoll abrunden läßt.

Touristische Angaben

Ausgangspunkt: Parkplatz (366 m) an der D 10 ca. 1 km vor Vauvenargues.
Anfahrt: In Aix-en-Provence vom östlichen Altstadtring in Richtung Jaumegarde und auf der D 10 ostwärts bis zum Parkplatz kurz vor Vauvenargues.
Höhendifferenz: Mit Gegenanstieg etwas über 600 m.
Weglänge: An- und Abstieg auf gleicher Route insgesamt 9 km.
Gehzeiten: Anstieg etwa 2 Stunden oder etwas darüber; Abstieg (auf gleicher Route) 1½ Stunden.
Karten: Michelin 1:200000, Nr. 245 Provence–Côte d'Azur (ggf. für die Anfahrt); Éditions Didier Richard 1:50000, Nr. 14 Du Lubéron à la Sainte-Victoire.
Sehens- und Wissenswertes:
1. Der ostwestlich ausgerichtete Gebirgszug *Sainte-Victoire* unweit von Aix-en-Provence ist 12 Kilometer lang. Entgegen den zerklüfteten, fast senkrecht abfallenden Südwänden ist die Seite nördlich des Felskamms bewaldet und sanfter geneigt. Seine Berühmtheit verdankt das Victoire-Massiv in erster Linie dem Maler Paul Cézanne, der die Aix zugewandte Berggestalt in zahlreichen Skizzen und Gemälden festhielt. Wenngleich der Pic des Mouches in der Osthälfte der Montagne Sainte-Victoire mit 1010 Meter als höchster Punkt den meisten Wandererzuspruch verdiente, richtet sich das Hauptaugenmerk auf das Prieuré de Sainte-Victoire, einem kleinen, in 888 Meter Höhe am Westende gelegenen Kloster mit einer 1656–1661 auf altem Fundament errichteten Kapelle, zu der jedes Jahr Ende April die Victoire-Freunde eine Prozession durchführen. Fast 60 Meter über dem Gotteshaus steht auf aussichtsreicher Felskanzel das Croix de Provence, ein 17 Meter hohes Holzkreuz. Über die Namensgebung des Sainte-Victoire-Massivs gehen die Meinungen auseinander. Die populäre Version sieht eine Beziehung zum 102 n. Chr. von Marius über die Teutonen erfochtenen Sieg. Gründlichere Überlegungen sehen den Ursprung im Wort Ventour, das auch dem Mont Ventoux den Namen gab.
2. *Vauvenargues:* Das malerische Dorf am Fuß der bewaldeten Victoire-Nordhänge ist schon für sich sehenswert. Der besondere Klang des Ortsnamens verbindet sich vornehmlich jedoch mit dem separat plazierten Renaissanceschloß, das als quadratischer, mehrstöckiger Kasten aus dem Blätterdach schaut und äußerlich allenfalls durch seine gediegenen Proportionen für sich einnimmt.

Wer die zwei berühmtesten Schloßherrn erfährt, wird jedoch mit gesteigerter Hochachtung vom Straßencafé in Vauvenargues zum Château hinüberblicken. Zum einen lebte hier von 1715 bis 1747 der französische Moralist Luc de Clapiers de Vauvenargues, der als Freund Voltaires und als Vorbild Friedrich Nietzsches bekannt wurde. Zum anderen erwarb der Großmeister der jüngeren Malerei, Pablo Picasso, im Jahre 1958 das Schloß, auf dessen Terrasse er nach seinem Tod im Jahre 1973 auch bestattet wurde.

Zusatzmöglichkeiten zur vorgenannten Wanderung:

Die einleitend bereits angesprochene große Sainte-Victoire-Runde über wenigstens die halbe Länge des Felskamms ist mit 620 Höhenmetern, 14 km Weglänge, mindestens $5\frac{1}{2}$ Gehstunden und einigen technisch schwierigeren Wegstellen nur für den gut trainierten und im Felsgelände versierten Bergtouristen gedacht. Wer diese Voraussetzungen erfüllt, wird allerdings mit einer in jeder Hinsicht ungewöhnlich reizvollen Aufgabe befaßt.

Der Rundweg beginnt in *Vauvenargues.* Zuerst geht's auf der Straße in die westliche Richtung und bis zum Parkplatz, bei dem die

Der Victoire-Weg über die bewaldeten, seichten Nordhänge weckt die Vorstellung von einem arglosen Höhenzug. Um so größer ist die Überraschung, wenn oben die südlichen Steilabbrüche ins Blickfeld rücken.

beschriebene Hauptroute einsetzt (als Alternative kann man ebenso dem Straßendasein ausweichen und von Vauvenargues auf einem Verbindungsweg südwärts zum Cause-Bachgrund gelangen, um dann neben dem Bachbett westwärts zum Hauptwanderweg in Richtung Prieuré aufzuschließen). So oder so wird zunächst in der ausführlich geschilderten Weise auf einer Teiletappe des *GR 9* zum hochgelegenen Priorat und Gotteshaus sowie anschließend zum *Croix de Provence* aufgestiegen. Dann schwenkt der Fernwanderweg ostwärts und führt auf dem Kamm oder nördlich etwas darunter über den *Baou de Vespré* (1010 m) bis zum *Col de Subéroque,* wo links der grün gekennzeichnete und, wie gesagt, stellenweise knifflige Abstiegsweg abzweigt, der in nördlicher Richtung das *Vallon du Délubre,* eine stimmungsvolle Talsenke, erreicht und danach mit einigen Windungen, zuletzt auf einem Waldsträßchen, wieder in *Vauvenargues* eintrifft.

32 Rund um die Grotte der Maria Magdalena

Auf Pilgerpfaden zur Sainte-Baume-Aussichtsloge

Zweieinhalb- bis sechsstündige Bergwanderungen harmlosen und anspruchsvolleren Zuschnitts; großartige Ausblicke auf der Höhe des Sainte-Baume-Massivs und beeindruckende Landschaftserlebnisse am Weg; für fromme Menschen in Anbetracht der vielbesuchten Grotte der Maria Magdalena außerdem ein religiöses Großereignis.

Als eine der treuesten Begleiterinnen von Jesus spielte die Maria Magdalena in den ersten Stunden der Christenheit eine tragende Rolle. Nach der Auferstehung des Erlösers verwischten sich allerdings schnell ihre Spuren, so daß mancherlei Spekulationen Tür und Tor geöffnet waren. Eine der Legenden verhalf der Provence und hier wiederum dem Sainte-Baume-Gebirgszug zu nachhaltigem religiösen Ruhm und Pilgerzuspruch. So verbreitete sich schon frühzeitig die anrührende Vermutung, daß der engste Vertrautenkreis um Jesus in Judäa verfolgt und schließlich per Schiff abgeschoben wurde. Über die genaue Besatzung des steuer- und segellosen Bootes, das mit ungewissem Schicksal auf dem Mittelmeer trieb, verrät die Überlieferung nur so viel, daß sich darunter Maria Magdalena mit ihrem Bruder Lazarus und ihrer Schwester Martha, Maria Salome, die Mutter des Jakobus, und der Jünger Maximin befanden. Ob Sarah, die nachmalige Zigeunerheilige, von Anfang an zur frommen Reisegruppe gehörte oder erst bei der wundersamen Landung an der Rhônemündung vor dem heutigen Les Saintes-Maries-de-la-Mer dazustieß, bleibt ungewiß. Mit einiger Sicherheit läßt sich allerdings der weitere Weg nachzeichnen. So erfüllten Maria Magdalena und Lazarus zuerst in Marseille ihre missionarische Aufgabe. Anschließend zog Maria Magdalena mit Maximin nach Aix-en-Provence, um sich zuletzt in eine Grotte am Nordhang des Sainte-Baume-Höhenzugs zurückzuziehen. Als sie das Ende nahe fühlte, stieg die Heilige schließlich zu Maximin ins Tal hinab. Die Beisetzung erfolgte in Saint-Maximin in einer Krypta, über der ab dem 13. Jahrhundert eine Basilika entstand.

Wenngleich die Magdalena-Legende aus dem Blickwinkel der seriösen Geschichtsforschung natürlich nicht gerade auf den stabilsten Beinen steht, war die Karriere der Sainte-Baume-Grotte und letzten Heiligen-Bleibe als eines der meistbesuchten provençalischen Heiligtümer nicht aufzuhalten. So begaben sich über die Jahrhunderte sogar Päpste und Könige zur hochplazierten geweihten Stätte, die in der Gunst der Pilger bis auf den heutigen Tag noch nichts an Popularität eingebüßt hat. Wer sich mit profanen Wandergedanken trägt und eine der wunderschönen, aussichtsvollen Routen und Runden über den Sainte-Baume-Balkon in Angriff nimmt, muß sich also streckenweise mit zahlreicher Gefolgschaft abfinden. Zumindest auf den ausführlicheren und technisch anspruchsvolleren der nachgenannten Pfade legt sich jedoch schnell der Trubel, so daß man mit sich und den überwältigenden Natur- und Landschaftsbildern in aller Regel weitgehend allein gelassen wird.

Ausgangspunkt aller Wanderungen ist die Hôtellerie de la Sainte-Baume, die nicht nur als probates Nachtquartier gegebenenfalls zu Diensten steht, sondern auch mit ihrer Höhenlage weit über der 600-Meter-Marke erheblichere Aufstiegsstrapazen erspart.

Der Wegverlauf

a) Zum Saint-Pilon-Kircherl und zur Madeleine-Grotte

Hin und zurück insgesamt ca. 5 km; 300 Höhenmeter; Gehzeit insgesamt höchstens 2 Stunden.

Um zum Ausgangspunkt der Sainte-Baume-Wanderungen zu gelangen, fährt man am besten auf der *A 8* von *Aix* in Richtung Nizza. Die Autobahn wird über die Ausfahrt nach

Das Sainte-Baume-Massiv präsentiert sich als wuchtiger, wenig gegliederter Felskamm. Mittendrin lehnt sich die vielbesuchte Magdalenengrotte ans steile Gewände. Hoch darüber steht die Saint-Pilon-Kirche.

Saint-Maximin wieder verlassen. Dann orientiert man sich an der Wegtafel in Richtung Marseille/Aubagne und kommt zu einer Querstraße, der man nur für ein paar Meter nach rechts folgt, weil gleich wieder linksgerichtet die Zufahrt nach *Nans-les-Pins* abzweigt. In Nans-les-Pins setzt dann eine reizende Kurvenstraße ein, die entsprechend den Wegtafeln nach Plan-d'Aups und La Sainte-Baume inmitten stimmungsvoller Laubwälder zügig an Höhe gewinnt. Bei einer Straßengabelung geht's schließlich, in Richtung Plan-d'Aups rechtshaltend, zu den geräumigen Parkwiesen vor der *Hôtellerie* (670 m). Hier läßt man sein Fahrzeug irgendwo stehen, folgt dem südöstlich weisenden Wegschild zur Grotte und zum Baume-Aufstieg und spaziert zunächst, parallel zur Fahrstraße und ostwärts, zu einem weiteren Wanderparkplatz mit einer Wegtafel, auf der die verschiedenen Routen dargestellt sind, wobei die maßstäbliche Genauigkeit ein bißchen zu kurz wegkam. Derlei künstlerische Großzügigkeit bedingt jedoch keinerlei Verlegenheiten, weil der hier einsetzende breite und außerordentlich idyllische Waldweg zur Grotte schon allein wegen der Beliebtheit dieses Wallfahrer- und Ausflugsziels über mangelnden Zuspruch kaum zu klagen hat und auch solchermaßen nicht zu verfehlen ist. So fügt man sich in die buntgemischten Spaziererreihen und bummelt auf dem geruhsam ansteigenden und schattigen Weg über mehrere Kehren empor und erfreut sich zwischendrin an einem Brunnen, hinter dem sich die Pfade teilen. Wer zunächst das höhere Ziel in Angriff nehmen möchte, folgt linksgerichtet dem Wegpfeil zum Saint-Pilon-Gipfel und gelangt auf einem weiß-rot markierten und späterhin zunehmend felsigeren Kurvenweg, der jedoch keinerlei Gefahren mit sich bringt, auf die Kammhöhe des Baume-Massivs. Hier zeigt die Wegtafel des Fernwanderwegs 9 in der einen Richtung nach Saint-Zacharie und zur Montagne Sainte-Victoire und nordostwärts nach Signes und zu den höchsten Punkten des Felsrükkens, die immerhin deutlich über der 1100-Meter-Marke liegen. Derlei weiterreichende Ambitionen bleiben aber den strammen Dauermarschierern vorbehalten, während wir uns vom Pfeil zum *Saint-Pilon* den letzten Wegabschnitt zum schlichten, kleinen Steinkircherl (950 m) zeigen lassen, der westwärts über den mäßig geneigten, südlichen Felshang des Gebirgsstocks führt. Nach insgesamt einer knappen Stunde steht man auf der exquisiten Aussichtskanzel, genießt den atemberaubenden Tiefblick über die senkrechten Nordabbrüche auf die Dächer von Plan d'Aups und genehmigt sich auf der luftigen Sonnenterrasse eine ausführliche Schau- und Brotzeitrast.

Anschließend wird auf dem gleichen Weg wieder bis zur bereits erwähnten Wegteilung (ca. 800 m) zurückgestiefelt und schräg links noch schnell zur *Grotte Sainte-Marie-Madeleine* (ca. 870 m) hinaufgeschaut, die auf einem kommoden Plattenweg und zuletzt auf einem Serpentinen- und Treppenaufgang ab der Weggabelung in einer Viertelstunde erreicht ist. Alles in allem kommen für beide Ziele also nicht viel mehr als 2 Wegstunden zusammen, so daß auf der Rückreise zumindest für den Besuch der stattlichen Basilika von *Saint-Maximin* reichlich Zeit bleibt, die schon bei der Anfahrt ausnehmend eindrucksvoll ins Blickfeld rückte.

b) Über den östlichen Sainte-Baume-Kamm

Hin und zurück 15 km; 500 Höhenmeter; insgesamt max. 5½ Stunden. Rundwegvariante 16 km; Anstiegsleistung ca. 600 Höhenmeter, max. 6 Stunden.

Die Teiletappe der *GR 9* über den Ostteil des *Sainte-Baume*-Kamms gehört mit zu den eindrucksvollsten Unternehmungen unseres gesamten Provence-Programms, weil man wie auf einer exzellenten Aussichtsgalerie in luftiger Höhe dahinspaziert. In der Gesamtheit kommt natürlich ein recht beachtliches Wanderpensum zusammen, zumal das Geländeprofil einige Gegenanstiege und zusätzliche Anstiegseinlagen bedingt.

Der Wegverlauf entspricht bis zur Kammhöhe vor der *Saint-Pilon*-Kapelle der unter a) vorgestellten Route. Diesmal wird jedoch entsprechend der weiß-roten *Grand-Randonnée*-Markierung in die östliche Richtung weitergestiefelt und der ganze Ostabschnitt des Gebirgszugs abgeschritten. Die höchste Marke liegt bei 1134 Meter und läßt auf die überragenden Qualitäten der umfassenden Aussicht schließen.

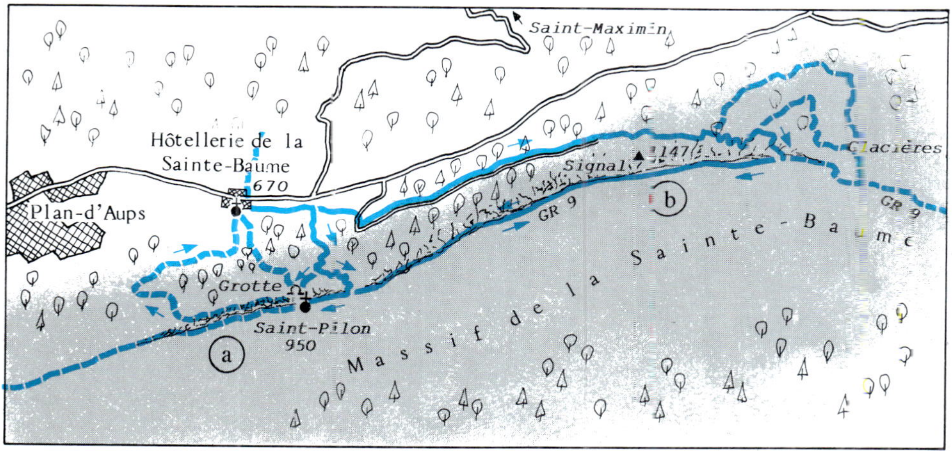

Wenngleich unter derlei Vorzeichen nichts dagegen spricht, in der einen wie in der anderen Richtung die gleiche *CR*-Route zu wählen, sei noch eine Rundwegvariante vorgestellt, die zugegebenermaßen mit adäquaten Höhepunkten aufwartet.

So kann man zuerst einmal wie beschrieben von der *Hôtellerie* bis zum rechts abzweigenden Pilgerpfad gehen, dann aber geradeaus in die östliche Richtung weitermarschieren. Nach einem Rechts- und Linksbogen führt der Weg unterm Nordabbruch des langgezogenen Felsrückens unentwegt ostwärts. Nach etwa 6 Kilometern wird schließlich ein rechts abzweigender Serpentinenpfad erreicht, der zur Kammhöhe und zur *GR 9* hinaufzieht. Der Vollständigkeit halber ist in der Skizze am Ostrand des Baume-Massivs noch eine erweiterte Rundwegvariante eingezeichnet, die an den sogenannten *Glacières* vorbeiführt. Die im vorigen Jahrhundert angelegten Becken dienten in Zeiten vorindustrieller Kühlverfahren den Städten Toulon und Marseille als Eisreservoir.

Touristische Angaben

Ausgangspunkt: Hôtellerie de la Sainte-Baume (670 m).

Anfahrt: Auf der Autobahn (A 8) von Aix-en-Provence in Richtung Nizza, Ausfahrt Saint Maximin, weiter in Richtung Marseille/Aubagne, auf einer querenden Straße kurz rechts, dann links in Richtung Nans-les-Pins und weiter in Richtung Plan-d'Aups.

Höhendifferenzen: a) 300 m; b) 500 m. Die tatsächliche Anstiegsleistung liegt allerdings um einiges darüber.

Weglängen: a) Insgesamt 5 km; b) 15 km; erweiterte Variante 16 km.

Gehzeiten: a) Zur Saint-Pilon-Kapelle für den An- und Abstieg insgesamt etwa 2 Stunden; wenn die Madeleine-Grotte zusätzlich besucht wird, sind alles in allem 2½ Stunden zu veranschlagen. b) Etwa 5½ Stunden, für die Rundwegvariante max. 6 Stunden.

Karten: Michelin 1:200000, Nr. 245 Provence – Côte d'Azur (für die Anfahrt). Éditions Didier Richard 1:50000, Nr. 24 Collines et Montagnes Provençales (de Marseille à Hyères).

Sehens- und Wissenswertes:

1. Der etwa 15 Kilometer lange und ost-westlich verlaufende *Sainte-Baume*-Gebirgszug im Süden der Provence ist als wenig gegliederte Felsbarriere nicht gerade von spektakulärem Aussehen. Trotzdem geraten die Wanderungen auf dem über 1100 Meter hohen Kamm zu beeindruckenden Erlebnissen, weil die Aussicht auf keiner Seite behindert wird. Der Legende nach war eine Grotte auf der Nordseite des Massivs die letzte Behausung der heiligen Maria Magdalena, die mit frommem Gefolge in einem segel- wie ruderlosen Boot in Les Saintes-Maries-de-la-Mer wundersamerweise angetrieben wurde. Späterhin etablierte sich in der grottenreichen Sainte-Baume-Gegend zur Betreuung der Magdalenenwallfahrt eine kleine Dominikanergemeinschaft. Die nach wie vor vielbe-

Der Nordanstieg zur Grotte der Maria Magdalena und zur Saint-Pilon-Kapelle (oben in Bildmitte) auf dem Sainte-Baume-Kamm ist trotz einer kurzen Felspassage jedem zuzutrauen. Oben wartet ein Fabelausblick.

suchte Sainte-Marie-Madeleine-Grotte ist in ihrer schlichten, volkstümlichen Aufmachung von eher anrührendem Charakter, gewinnt jedoch dank ihrer romantischen Lage an einer senkrechten Felswand an Reiz.

2. *Saint-Maximin-la-Sainte-Baume:* Der Ort an der Zufahrt zur Hôtellerie und zum Ausgangspunkt unserer Baume-Wanderungen war schon zu Römerzeiten als Landhaussiedlung bekannt. Einer frommen Überlieferung entsprechend ließ sich hier der heilige Maximin nieder, der mit Maria Magdalena auf dem ausgesetzten Boot das Mittelmeer überquert hatte und an Provencegestaden gestrandet war. Maria Magdalena verbrachte ihre letzte Stunde bei Maximin und wurde an ihrem Sterbeort auch beigesetzt. Obwohl der seit dem 12. Jahrhundert nach Maximin benannte Ort solchermaßen frühzeitig in christlichen Ehren stand, war das Heiligtum vor der ersten Jahrtausendwende nahezu vergessen. Die Entdeckung des Magdalenen- und Maximin-Sarkophags führte jedoch zu einer neuen Wallfahrtsblüte, die im Neubau der Sainte-Madeleine-Basilika auch ihren architektonischen Ausdruck fand. Das stattliche und unübersehbare Gotteshaus zählt zu den bedeutendsten Beispielen provençalischer Gotik. Nach dem Baubeginn im Jahre 1295 zog sich das Vorhaben allerdings ungewöhnlich lange hin, weil recht oft die finanziellen Mittel ausgingen. Der dreischiffige Innenraum verwahrt einen reichen Gemälde- und Skulpturenschmuck aus dem 16. und 17. Jahrhundert. Das Hauptinteresse gilt natürlich der Krypta mit den Grabmälern der Heiligen Magdalena, Maximin, Marcellus und Sidonius.

Zusätzliche Wegvariante: Wer die Gesamtheit der Sainte-Baume-Grotten ums Marie-Madeleine-Refugium besuchen will, steigt zunächst, wie unter a) beschrieben, zur *Magdalenen-Grotte* hinauf, wandert dann aber nicht auf gleichem Weg wieder zum Ausgangspunkt bei der Hôtellerie zurück, sondern zu Füßen des grauen Senkrechtgemäuers in die westliche Richtung weiter. Nach der *Grotte Dalmace Moner* wird die *Grotte aux Œufs* erreicht. Hier geht's rechtshaltend wieder talwärts und späterhin linksgerichtet zu einem Gehöft, wo der Weg in die nordöstliche Richtung schwenkt. Zuletzt gelangt man auf einem kurzen Teilstück der *GR 9* wieder zum Startplatz zurück. Der 6 Kilometer lange und über fast 500 Höhenmeter führende Rundweg ist in 2½ Stunden bewältigt, verlangt jedoch einige Vertrautheit mit unruhigerem Berggelände.

33 Zwei Tage auf Sainte-Baume-Höhen

Landschaftsparade vom Hochbalkon

Ausgiebige Zweitage-Rundtour über den westlichen Sainte-Baume-Kamm; eindrucksvolle Ausblicke auf die Provencelandschaft im Vorfeld des Mittelmeers; nur wenige anspruchsvollere Wegstellen; gegebenenfalls auch ohne Übernachtung in Gémenos in Form zweier Tagestouren durchführbar.

Zur Abrundung des Sainte-Baume-Programms, das damit jedoch keinesfalls erschöpft ist, seien hier noch zwei weitere Tagestouren vorgestellt, die sich jedoch unter Einbeziehung einer Nächtigung in Gémenos ebenso zu einer ungemein beeindruckenden Großrunde verknüpfen lassen. Welcher der beiden Etappen dabei der Vorzug gebührt, mag dahingestellt bleiben, weil die eine Route zwar auf der kahlen Höhe des Kalkkammes dahinführt, die Schmucklosigkeit des Felsterrains aber mit einer grandiosen Umsicht mehr als ausgleicht, während die andere Etappe hauptsächlich durch die stimmungsvolle Waldlandschaft unter den Sainte-Baume-Nordhängen zieht und damit nicht weniger für sich gewinnt.
Um die Qual der Wahl von vornherein auszuschließen, wird man sich also am besten beide Routen verknüpfen. Ein Vorhaben, das von einer Wandergruppe mit mehreren Autos insbesondere deshalb in Einzeldurchgängen gut zu arrangieren ist, weil zwischen Gémenos am einen und der Hôtellerie de la Sainte-Baume am anderen Ende eine schnelle Straßenverbindung über Saint-Zàcharie besteht.

Der Wegverlauf

1. Hôtellerie de la Sainte-Baume – Kammweg – Gémenos
350 Höhenmeter; 17 km; 5–6 Stunden.
Der Eingangsabschnitt entspricht bis zur Kammhöhe und bis zur *Saint-Pilon-Kapelle* dem ersten Teil der vorgenannten Tour 32.

Über den Sainte-Baume-Gebirgszug führt ein markierter Fernwanderweg, der die Überschreitung zum unriskanten Vergnügen gestaltet. Derlei Komfort erklärt die saloppe Montur der Wanderer.

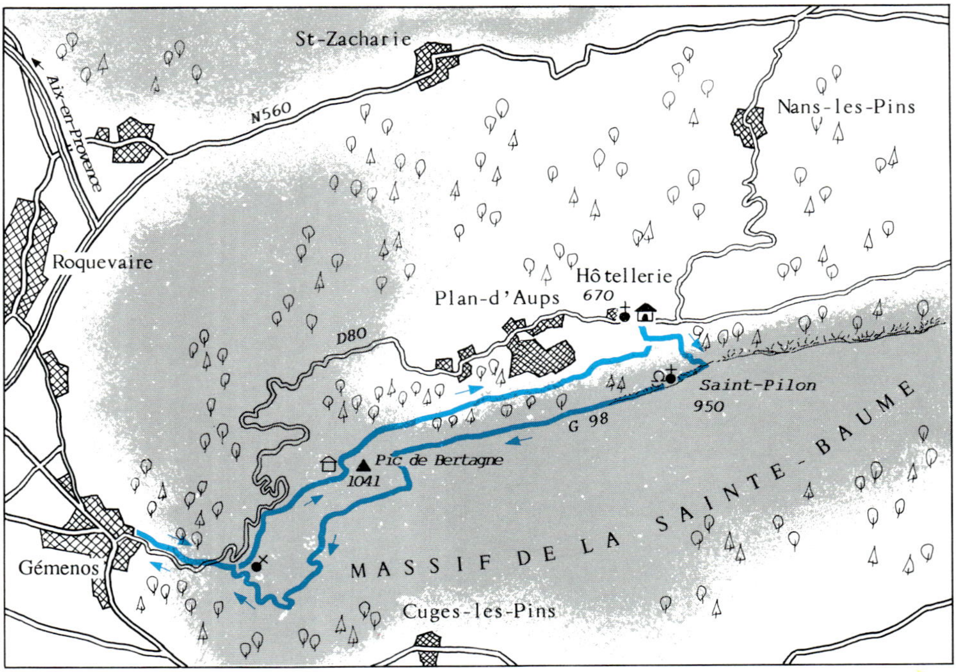

Dann aber geht's entsprechend der rot-weißen *GR-98*-Markierung auf dem Kamm mit bewegenden Ausblicken in die westliche Richtung und auf den technisch aufgerüsteten Pic de Bertagne zu. Vor der Radarplattform wird jedoch im Linksknick gegen Süden abgestiegen und eine *Zisterne* passiert, hinter der unser *GR-98*-Pfad wieder in die südwestliche Richtung schwenkt und ein Tal durchquert. Danach geht es noch einmal in die südliche Richtung und zuletzt zu einem Sträßchen, das man jedoch auf einer Höhe von 445 Metern und kurz vor einer Hochspannungsleitung rechtsabzweigend gleich wieder verläßt. Anschließend wird über einige Kehren in die nordwestliche Richtung bergab marschiert und der Talboden von *Gémenos* (150 m) aufgesucht, wo man sich gegebenenfalls für eine Nacht sein Quartier besorgt.

2. Gémenos – Col de Bertagne – Hôtellerie de la Sainte-Baume

760 Höhenmeter; 13 km; 4½ Stunden.

Wie am Schluß der vorgenannten Etappe wandert man zunächst von *Gémenos* (150 m) neben der *D 2* ostwärts, folgt dann aber bei der Wegteilung dem nordwärts gerichteten Pfad, der gelb gekennzeichnet ist und eine betagte, längst aufgelassene Abtei passiert. Stets der gelben Markierung folgend erreicht unser Weg eine *Zisterne* und wendet sich hier in die östliche, dann nordöstliche Richtung. Vorbei an steilem Gemäuer gelangen wir nach einem Linksbogen zum *Refugium Glacière,* hinter dem der Weg nach einem Rechtsknick den *Col de Bertagne* überschreitet. Anschließend wird für einen knappen Kilometer der Straße nach Plan-d'Aups gefolgt, die man schließlich auf dem zweiten, schräg rechts abzweigenden Waldweg wieder verläßt. Stets in nordöstlicher Richtung kommt man zum Anwesen *Giniez,* hinter dem man, kurz links- und gleich wieder rechtshaltend, den Rest bis zur *Hôtellerie* unter die Sohlen nimmt.

Touristische Angaben

Ausgangsorte: Hôtellerie de la Sainte-Baume (670 m) bzw. Gémenos (150 m).
Anfahrt: Zur Hôtellerie, wie in Tour 32 schon beschrieben, über Saint-Maximin-la-

Sainte-Baume und Nans-les-Pins; nach Gémenos auf der A 52 über Aubagne und zuletzt auf der D 2.
Höhendifferenzen: 350 bzw. 760 m.
Weglängen: 17 bzw. 13 km.
Gehzeiten: 5–6 bzw. 4½ Stunden.
Karten: Michelin 1:200 000, Nr. 245 Provence – Côte d'Azur (für die Anfahrt); Éditions Didier Richard 1:50 000, Nr. 24 Collines et Montagnes Provençales (de Marseille à Hyères).
Besondere Hinweise: Die Routen führen durch Berggelände und erfordern robustes Schuhwerk und stellenweise einige Trittsicherheit. Wichtiger ist jedoch ein ausreichender Wasservorrat, weil in der karstigen Felsöde kein Tropfen aufzutreiben ist.
Zwischen Gémenos und der Hôtellerie de la Sainte-Baume besteht über Saint-Zacharie eine günstige Straßenverbindung. Eine Wanderergruppe mit mehreren Fahrzeugen kann also am einen wie am anderen Start- oder Zielort Autos abstellen und aus der Zweitagetour zwei Einzelunternehmungen machen.

Die freistehende Position des Sainte-Baume-Massivs und seine Nähe zum Mittelmeer ermöglichen im Verlauf der Überschreitung ungemein umfassende und erhebende Ausblicke und Eindrücke.

34 Im Canyon du Verdon

Naturzauber in der Felsschlucht

Halbtägiger Spaziergang bis zum strammen Tagesprogramm; landschaftlich grandios; besonders schön im Herbst.

»Für die nächste Fahrt bedürfte es eines Dichters, und zwar eines außerordentlichen Sängers, der mit noch nie gebrauchten Worten, mit noch nie geformten Sätzen eine Landschaft zu beschwören vermöchte, die zu den wahrhaft unerhörten Wundern unserer erstaunlichen Erde gehört.« Wer mit derlei euphorischen Lobeshymnen konfrontiert wird, fühlt sich in die schwärmerische Romantik des vergangenen Jahrhunderts zurückversetzt und zur abwartenden Skepsis veranlaßt, weil die Wirklichkeit meistens weniger rosig ausschaut. Aber zum ersten entstammt die überschwengliche Huldigung einem wortgewandt verfaßten und vor gerade drei Jahrzehnten erschienenen Provenceführer. Und zum zweiten hält der Grand Canyon du Verdon auch aus der Nähe betrachtet, was die literarische Huldigung aus der Ferne verspricht.

Der Verursacher des grandiosen Naturspektakels, der Fluß Verdon, entspringt nördlich des gewaltigen Felsdurchbruchs beim Col d'Allos. Die Talsperren von Castillon und Castellane regulieren den Oberlauf, Maßnahmen, die den unberechenbaren Hochwassern zumal zur Zeit der Schneeschmelze das oft zerstörerische Handwerk legten. Nach diesen Dressurakten zieht der Verdon aber bald wieder andere Saiten auf und zwängt sich zwischen mehrere hundert Meter hohem Senkrechtgewände durch eine beklemmende, zwanzig Kilometer lange Schlucht, die im nüchternen Urteil des Geographen Reclus zu den »bemerkenswertesten Beispielen auf der Erde von riesigen Einschnitten« gehört, »welche die Wasser während Jahrtausenden gegraben haben«.

Vom Point Sublime gelangt man zum Osteingang des Canyon du Verdon mit der düsteren Couloir-Samson-Enge, die nach einem Treppenaufgang (im Bild) in einem Felsstollen durchquert wird.

Die Erkundung des Canyons setzte im Jahre 1905 ein, in dem der Hydrograph und Geologe Martel zum ersten Mal die Klamm in ihrer vollen Länge erforschte. Nicht ohne empfindliche Querschläge und Einbußen, wie er seinem Tagebuch anvertraute. Nachdem bei der Premiere etliche Kanus gekentert und zu Bruch gegangen waren, folgte 1906 ein weiterer Anlauf, diesmal mit besseren Mitteln. »Wir haben dem Reiz eines zweiten Besuchs des Grand Canyon nicht widerstehen können. Unser Entzücken war unsäglich, um so mehr, da wir dank der gewonnenen Erfahrungen und besseren Organisation mehr Zeit zum Bewundern hatten, und ganz besonders da die sperrigen Boote durch einfache Rettungsringe ersetzt worden waren, für die Stellen, die nun einmal nur schwimmend zu bezwingen sind [...]«, notierte Martel, um anschließend in den allgemeinen Tenor einzuschwenken, der sich den naturgegebenen Vorzügen der Klamm widmete: »Zwanzigmal müßte man den Canyon passieren, bevor man sagen kann, man hat ihn gesehen: Er ist ein Wunder ohnegleichen in Europa, größer, wilder und abwechslungsreicher als alle Abgründe der Alten Welt. Bestimmt übertrifft ihn der Grand Cañon des Colorado beträchtlich an Größe und Farbreichtum, aber er ist weniger schmal und vor allem fast ohne Pflanzenwelt.«

Daß seit Martels Zeiten der einst schwer zugängliche Grand Canyon du Verdon mancherlei Erschließungsmaßnahmen und touristischen Verwertungsbestrebungen ausgesetzt wurde, ist bei derart überzeugendem Naturpotential natürlich nur zu verständlich. So hat der Touringclub de France in so mühevoller wie geschickter Weise in der Schluchttiefe einen Wandersteig angelegt, der vom Point Sublime beziehungsweise vom Chalet la Maline aus einen Großteil der erlebnisvollsten Passagen der Jurakalk-Flußkerbe ausleuchtet. Außerdem gäbe es für eingeschworene Autotouristen eine 130 Kilometer lange Rundstrecke, die zwischen der Verdon-Brücke von Soleils, dem Lac de Sainte-Croix und der traumhaft malerisch plazierten Fayence-Hochburg Moustiers den ganzen Canyon umkreist und mit mancherlei berük-

kenden wie beängstigenden Ausblicken auf halsbrecherische Kletterwände und atemberaubende Tiefen aufwartet.
Wer allerdings auf Martels Spuren noch weiter in die Schlucht vordringt, wird nach wie vor mit einem unvergeßlichen Abenteuer belohnt, das seit den Tagen der Ersterkundung von seinen hohen Ansprüchen noch wenig eingebüßt hat und allein dem versierten Querfeldein-Allrounder vorbehalten bleibt.
Bevor wir uns auf einen der Wege in den Grand Canyon du Verdon machen, lassen wir uns aber noch von einem weiteren Lobgesang aus der Feder Albert Mahusiers einstimmen, der bekennt: »Ich habe mich nicht wenig in der Welt umgesehen [...] aber weder in Amerika, Australien noch Afrika oder Asien habe ich dieses Licht wiedergefunden, diese Umwelt, diese Verzauberung, die jedes harmlose Picknick in ein Bad im Quell reinster Schönheit verwandeln, und jedes ernsthafte Eindringen zu einem Kampf mit der Natur, in einen Schmelztiegel, wo sich die dauerhaftesten Freundschaften besiegeln. [...] Diese Landschaft mußt du ergreifen, darin eindringen, Müdigkeit und Schwere vergessen, bei Tag und Nacht sich an Duft und Licht berauschen, dann wirst du ›deinen‹ Verdon nicht verlassen können ohne die Sehnsucht, ihn eines Tages wiederzusehen.«

Wanderwege im Canyon du Verdon

a) Couloir Samson

Keine bedeutenderen Höhenunterschiede; 5–7 km für den Hin- und Rückweg; 1½–2 Stunden; Taschenlampe und wasserfestes Schuhwerk unbedingt erforderlich.

Von *Moustiers* führt die *D 952* über *La Palud* zum *Point Sublime* (785 m), wo man sein Auto bereits stehen lassen könnte, weil ein Fußsteig zum Verdongrund hinabführt. Bequemer gestaltet sich der Auftakt freilich, wenn man von der *Auberge du Point Sublime* bergab noch in Richtung Castellane weiterfährt und im Rechtsbogen zum *Couloir-Samson*-Parkplatz (ca. 630 m) abzweigt, auf dem's in der Ferienhochsaison und an Ausflugswochenenden reichlich eng wird. Irgendein Plätzchen läßt sich für den fahrbaren Untersatz aber in der Regel doch noch auftreiben. Ist das Fahrzeug untergebracht, spaziert man zuerst auf einem Schotterweg und über Treppen zu einer Bachbrücke hinab, die einen Verdon-Ableger überquert. Anschließend wird bald ein Leiter- und Treppenaufgang erreicht, der zu einem 670 Meter langen Felstunnel hinaufführt, in dem es mit knöcheltiefen Wasserpfützen normalerweise recht feucht zugeht. Wer in dem drei Meter breiten, stockdunklen Stollen noch dazu keine Taschenlampe zur Hand hat, wird möglicherweise umgehend das Handtuch werfen und das Abenteuer abbrechen.
Ansonsten balanciert man nicht ohne Vergnügen durch den nassen Durchlaß, genießt von den wenigen Fenstern und Öffnungen aus die wilde Romantik der schattigen Klamm und tritt schließlich wieder ins Freie hinaus.
Wer sich mit der lustigen Höhlen-Ouvertüre bereits zufriedengibt, wird sich hinterm Tunnelausgang vielleicht noch ein wenig im Canyon umsehen, dann aber wieder auf den Rückweg begeben, der ein zweites Mal mit der Wasserpassage einhergeht. Wer hingegen vom Verdonzauber einiges mehr erfahren möchte, wird auf dem Schluchtweg etwas weiterstiefeln und vielleicht erst beim nächstfolgenden Tunnel kehrtmachen. Auf diese Weise mausert sich der Spaziergang zur soliden Wanderung, die alles in allem zumindest einen halben Tag ausfüllt.

b) Von La Maline zum Point Sublime

Anstiegsleistung alles in allem etwa 150 Höhenmeter (bei Start in La Maline!); 10 km; 5 Stunden und darüber; Taschenlampe, robustes Schuhwerk mit griffigen Profilsohlen, stellenweise Trittsicherheit und Schwindelfreiheit erforderlich.

Wenngleich die grandiose Wanderung auf dem gut angelegten Weg in der Tiefe der Schlucht in die eine wie in die andere Richtung erfolgen kann, wird man den Start in *La Maline* (900 m) bevorzugen, weil dieser Ausgangspunkt mehr als hundert Meter überm *Point Sublime* (758 m) liegt. Das Chalet la Maline wird auf der *Route des Crêtes* erreicht, die in *La Palud* von der *D 952* südwärts abzweigt und als ausgesprochene Panoramastraße dicht an den Senkrechtabbrüchen und Kraxlerdorados des *Canyon* vorbeizieht. So wird man an besonders aussichts-

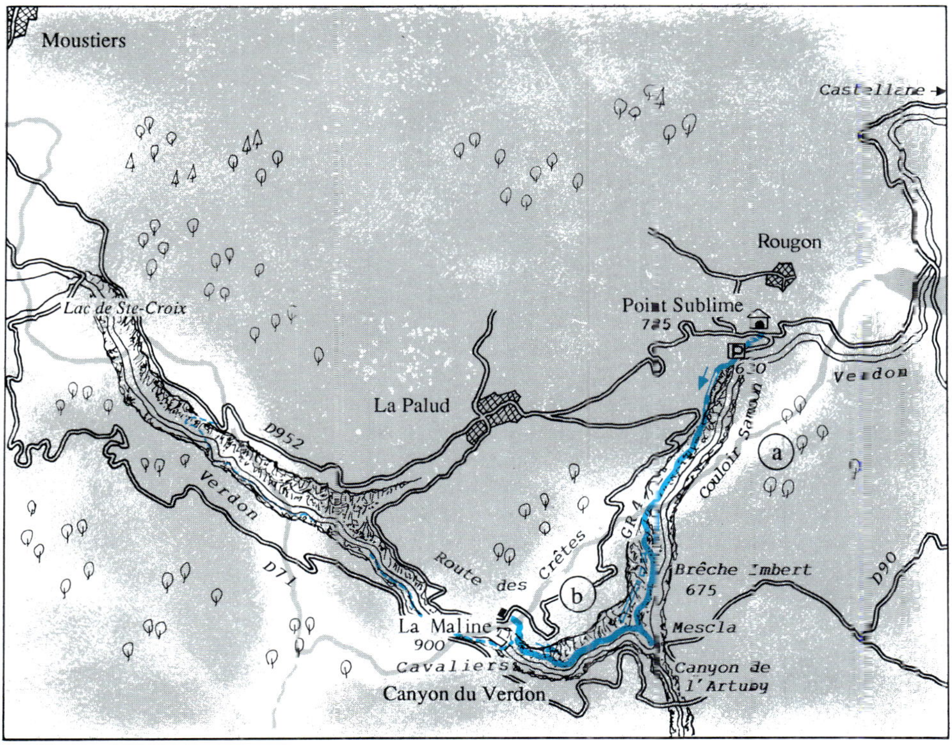

reicher Stelle vernünftigerweise aus dem Auto steigen und den Tiefblick in die gewaltige Felskerbe genießen, die der Legende nach der Riese Roland mit einem Schwerthieb in den Felsen schlug. Neben dem Naturschauspiel behaupten sich die verwegenen Steilwandakrobaten als weitere Touristenattraktion, die im Zeitalter ungeahnter klettertechnischer Revolutionen die Extremwände der Verdonschlucht zu einem ihrer Lieblingsreviere kürten. Derlei schwindelerregende Perspektiven verursachen beim weniger wagemutigen Wanderer vielleicht einen flauen Vorgeschmack auf das Kommende, das sich dann aber ungleich harmloser erweist. Wenn das Fahrzeug nämlich 8 Kilometer nach La Palud beim *Chalet la Maline* (900 m) abgestellt ist, wird ein ordentlich angelegter und gefahrlos zu benutzender Fußpfad angetroffen, der als Teilabschnitt der *Grand Randonnée 4* vom Südrand der kurvenreichen Fahrstraße in den Grund hinabführt. Über Steilserpentinen, Treppen und Leitern geht's zügig bergab. 350 Meter unterm Ausgangspunkt wird dann eine Wegteilung erreicht, bei der man rechtshaltend und über einen Steg hinweg ans andere Canyon-Steilufer gelangen könnte. Wir aber nehmen den links weiterführenden Steig und marschieren flußabwärts unterm eng zusammengedrängten Gewände dahin. Eine kurze Abwärtspassage über einen Schutthang erfordert etwas Improvisationstalent. Schließlich trifft man jedoch wieder auf den soliden Wanderweg, der anschließend zur Linken einer Grotte ansteigt und bald auf die Wegabzweigung zur *Mescla* stößt. Wer besonders Eindrucksvolles erleben will, läßt sich keinesfalls den Abstecher zur *Artuby*-Mündung entgehen, die in bizarrer Felsszenerie eine weitere Steigerung bedeutet. Der *Canyon de l'Artuby* ist nämlich gegenüber der Verdonschlucht noch um ein, zwei Grade düsterer, enger und wilder.

Nach dem Zusatzschmankerl wird auf der Hauptroute das Bergaufintermezzo zur *Brêche Imbert* (675 m) bewältigt, wo sich die Pracht der zerklüfteten Canyonverliese ein weiteres Mal von der vorteilhaftesten Seite präsentiert. Der *Verdon* rauscht hundert Meter tiefer in seiner steingesäumten Rinne. Die nächste Etappe bringt uns über einen lustigen, zuverlässig angelegten Leitersteig und über 240 Stufen fast bis zum Grund hinab, wo wir wieder sicheren Boden unter den Füßen haben. Mittendrin wird ein uferangrenzender Rastplatz passiert. Mit einigem Auf und Ab erreicht der 20 bis 30 Meter überm Fluß dahinziehende Weg schließlich den Aussichtspunkt vor dem schattigen *Couloir-Samson*-Durchbruch, wo das malerische, hochplazierte Bilderbuchdorf Rougon im Hintergrund auftaucht. Der Rest des Wegs ist von der vorgenannten Canyon-Stipvisite bereits bekannt. So vertraut man sich also seinem wasserfesten Schuhwerk und seiner funktionstüchtigen Taschenlampe an und bringt das meist feucht-fröhliche Finale durch die finstere 100- bzw. 670-Meter-Tunnelpassage mit Anstand hinter sich. Vom Stollenausgang ist's zuletzt fast nur noch ein Katzensprung bis zum Parkplatz unterhalb vom *Point Sublime*. Je nachdem, wie die Frage der Rückbeförderung zum Ausgangspunkt gelöst wird, kann man schließlich vom Autoabstellplatz im Tal (ca. 630 m) noch auf einem markierten und beschilderten, 900 Meter langen Fußweg zum Taxistand bei der *Auberge du Point Sublime* (785 m) hinaufsteigen und mit dem Mietauto zum *Chalet la Maline* zurückfahren. Schonender und sparsamer ist's freilich, wenn die Wandergesellschaft über zwei Fahrzeuge verfügt und den Pendelverkehr zwischen Start und Ziel in eigener Regie abwickelt. Die bereits zum Klassiker avancierte Verdon-Tour könnte, wie eingangs schon erwähnt, natürlich ebenso in der umgekehrten Abfolge durchgeführt werden. Dagegen spricht allerdings, daß der Weg zum ersten sonnig und gelegentlich sehr heiß ist und zum zweiten bei der flußabwärts führenden Version vom Point Sublime zum Chalet la Maline paradoxerweise etliche Anstiegshöhenmeter mehr zu verkraften sind.

Grundsätzlich ist, wie bei fast allen in diesem Führer vorgeschlagenen Unternehmungen sehr wichtig, für einen angemessenen Flüssigkeitsnachschub und Proviant vorzusorgen, weil unterwegs keine Versorgungsstelle angetroffen wird.

c) Zusätzliche Möglichkeiten:

Neben den eben genannten Spaziergängen und Wanderungen von La Maline beziehungsweise vom Point Sublime aus hält der Canyon du Verdon noch etliche Varianten und Zusatzmöglichkeiten parat, die hier der Vollständigkeit halber nur kurz angedeutet werden sollen. So kann man von der Südseite und vom *Restaurant des Cavaliers* aus ebenso zum Flußbett und zum *Estelliés-Steg* absteigen, der bereits beim La-Maline-Abstieg (Route b) erwähnt wurde. Auf diese Weise könnte man mit etwas umschweifigeren Anfahrtswegen und Querverbindungen

die große Canyonwanderung auch vom Cavaliers-Startplatz aus arrangieren

Von wesentlich abenteuerlichem Zuschnitt ist dann noch die westwärts gerichtete Wegfortsetzung von der *Estelliés-Brücke* aus, die auch für den mit allen Wassern gewaschenen und in jedem Gelände erfahrenen Haudegen eine interessante Aufgabe bedeutet. Wer sich mit Klettertalent und Pfadfinderroutine allerdings durch das Fels- und Wasserlabyrinth glücklich bis zum *Baou-Béni* durchgeschlagen hat, wird dem allgemeinen Urteil von der beeindruckendsten sportlichen Wanderung Frankreichs durchaus zustimmen.

Die Berühmtheit Moustiers gründet nicht allein in der unvergleichlich romantischen Lage vor einer zerklüfteten Felsbarriere, sondern ebenso in der hier hochentwickelten Fayencekunst.

Die ausgesprochenen Spezialisten gehen natürlich aufs Ganze und lassen selbst beim Baou-Béni noch nicht locker. War aber schon der Abschnitt vom Steg bis hierher für den Normalsterblichen wenigstens eine Nummer zu groß, gehört die Schlußetappe der Canyon-Gesamtdurchquerung zu einem ganz neuen Kapitel, das irgendwann aber für jeden Verdon-Fan zur unweigerlichen Herausforderung und Krönung wird.

Touristische Angaben

Ausgangspunkte: Chalet la Maline (900 m) bzw. Point Sublime (785 m) oder Parkplatz darunter (ca. 630 m).
Anfahrt: Beispielsweise aus westlicher Richtung auf der D 952 über Moustiers und La Palud, wo in Ortsmitte die Route des Crêtes nach La Maline abzweigt.
Höhendifferenzen: a) Der Spaziergang vom Parkplatz unterhalb vom Point Sublime durch den Couloir-Samson-Tunnel geht mit keinen bedeutenderen Höhendifferenzen und Anstiegsmühen einher. b) Die große Canyon-Wanderung wird vorteilhafterweise von La Maline aus in Angriff genommen, weil dieser Ausgangspunkt mit 900 Metern wesentlich höher als der Parkplatz unterhalb vom Point Sublime (ca. 630 m) liegt. Außerdem ist bei dieser Abfolge die Leiterpassage bei der Brêche Imbert absteigenderweise, das heißt kräfteschonender als umgekehrt, zu bewältigen. Insgesamt sind im Falle des Starts in La Maline mit einigen Zwischenanstiegen etwa 150 Anstiegshöhenmeter zu bewältigen.
Weglänge: a) 5–7 km; b) ca. 10 km.
Gehzeiten: a) 1½–2 Stunden; b) 5 Stunden und mehr.
Karten: Michelin 1:200000, Nr. 245 Provence – Côte d'Azur (für die Anfahrt); für die Wanderungen empfiehlt sich außer den Gebietskarten des Instituts Géographique National wenigstens ebenso der von den lokalen Touristikbüros herausgegebene detaillierte Wanderplan, der das Gesamtnetz der Fußwege im Bereich des Grand Canyon du Verdon übersichtlich vorstellt.
Sehens- und Wissenswertes:
1. *Grand Canyon du Verdon:* Die mehr als 20 Kilometer lange und durchschnittlich 400 Meter eingeschnittene Felsschneise des Verdon im Osten der Provence zählt seit ihrer Erforschung und Beschreibung nach der letzten Jahrhundertwende zu den größten europäischen Sehenswürdigkeiten. Neben dem grandiosen Landschaftsszenarium, das dank des Waldreichtums der Schlucht und ihrer Umgebung in der herbstlichen Farbenpracht noch zusätzliche Reize gewinnt, wartet der Canyon zudem mit halsbrecherischen Kletterwänden auf, die als Extremistenarena hoch im Kurs stehen. Einen ersten Eindruck und Überblick vermittelt die 130 Kilometer lange Autorunde zwischen Lac de Sainte-Croix und Pont de Soleils, die von La Palud aus im weiten Bogen dicht an die Nordabbrüche der gewaltigen Flußkerbe heranführt und mit etlichen Aussichtspunkten dem motorisierten Touristen in jeder Weise entgegenkommt. Aufschlußreicher ist allerdings ein zu Fuß vorgenommener Ausflug in die Tiefe des Verdongrabens, der durch einen zwischen La Maline und Point Sublime angelegten Wanderweg, einem Teilabschnitt der Grande Randonnée 4, auch vom weniger versierten Bergwanderer gefahrlos durchzuführen ist. Die Gesamtdurchquerung der felsgesäumten Enge bleibt hingegen den erfahrenen Könnern und Gebietskennern vorbehalten, die sich in jedem Gelände und Element zu helfen wissen, zumal im Westteil bis zum Aufstieg nach Mayreste allein die wilde, unberührte Natur das Sagen hat.
2. *Moustiers-Sainte-Marie:* Die ungewöhnlich malerische Lage vor einer mächtigen Felsbarriere verschaffte dem Ort an der Zufahrtstraße zum Canyon du Verdon ebenso den Rang einer besonderen Sehenswürdigkeit. So bezaubernd sich das Äußere gibt, so idyllisch und stimmungsvoll erweist sich das alte, verschachtelte Zentrum des Bergdorfs, das hier im Gefolge eines 435 n. Chr. errichteten Klosters entstand. Im 16. Jahrhundert begann mit einem Mönch aus Faenza, der die Fayencekunst nach Moustiers brachte, eine erste Hochblüte. Bis zum Jahre 1874, in dem die Fayenceherstellung aufgegeben wurde, standen die Erzeugnisse aus Moustiers in größtem Ansehen. 1926 ließ Marcel Provence die alte Tradition erneut aufleben, die auch in einem Fayence-Museum in Erinnerung gerufen wird. Daneben lassen sich noch bemerkenswerte Sakral- und Profanbauten entdecken, wie das 1512 erbaute Rathaus oder die Pfarrkirche aus romanischer und gotischer Zeit oder die an den Fels gesetzte Kapelle Notre-Dame-de-Bauvoir, über der die Grotte Chapelle de la Madeleine einen aussichtsvollen Standort gefunden hat.

Register

Die gerade stehenden Ziffern verweisen auf die Textseiten, die *kursiven* auf die Seiten mit den Abbildungen.